# HISTÓRIA CONTEMPORÂNEA

IMPRENSA DA UNIVERSIDADE DE COIMBRA
COIMBRA UNIVERSITY PRESS

**Direcção da Colecção História Contemporânea**
Maria Manuela Tavares Ribeiro

Os originais enviados são sujeitos a apreciação científica por *referees*

**Coordenação Editorial**
Maria João Padez Ferreira de Castro

**Edição**
Imprensa da Universidade de Coimbra
Email: imprensauc@ci.uc.pt
URL: http://www.uc.pt/imprensa_uc
Vendas online: http://livrariadaimprensa.com

**Design**
António Barros

**Pré-Impressão**
António Resende

**Infografia da capa**
Carlos Costa

**Revisão de texto**
Vânia Pereira

**Print by**
CreateSpace

**ISBN**
978-989-26-0010-9

**ISBN Digital**
978-989-26-0202-8

**DOI**
http://dx.doi.org/10.14195/978-989-26-0202-8

**Depósito Legal**
306515/10

**Obra publicada com a colaboração de:**

VERA MARGARIDA COIMBRA DE MATOS

# PORTUGAL E ITÁLIA

## RELAÇÕES DIPLOMÁTICAS [1943-1974]

IMPRENSA DA UNIVERSIDADE DE COIMBRA
COIMBRA UNIVERSITY PRESS

2 0 1 0 • C O I M B R A

# Sumário


Prefácio .......................................................................................................7

Lista de abreviaturas ...................................................................................9

Introdução ..................................................................................................11

Cap. I: Diplomacia e estratégias no período fascista ...............................15

Cap. II: O carácter simbólico de uma diplomacia de transição ...............29

1. A Itália e a negociação da paz separada .................................................31

2. A coarctação do mussolinismo ...............................................................33

Cap. III: O jogo de posicionamento euro-atlântico e as relações luso-italianas .........41

1. O posicionamento euro-atlântico de Portugal e da Itália ......................43

1.1. Portugal .............................................................................................43

1.2. Itália ...................................................................................................47

2. Os projectos europeístas italianos e a prevista adesão de Portugal ......52

3. As relações luso-italianas no quadro do reposicionamento euro-atlântico ......58

Cap. IV: O estreitamento dos laços históricos e de amizade ...................65

1. A consolidação dos vínculos históricos e políticos ...............................66

2. A Itália e o Império Português: consenso e dissenções ........................86

Cap. V: Os «anos de chumbo» da diplomacia luso-italiana. A questão colonial............107

1. As Províncias Ultramarinas: tensão e conflituosidade nas relações luso-italianas.....108

2. O movimento contestatário anti-salazarista em Itália .................................128

3. O reforço da imagem da portugalidade.................................................142

Cap. VI: A consolidação das relações diplomáticas luso-italianas?...........................159

1. Roma e o estreitamento das relações entre Portugal e a Itália...........................161

2. O pragmatismo diplomático: manifestações e contrariedades................................172

    *2.1. As manifestações do pragmatismo diplomático* .................................173

    *2.2. As contrariedades do pragmatismo diplomático*................................178

Conclusões ....................................................................................193

Fontes e bibliografia ........................................................................201

Anexos  ......................................................................................209

    Anexo I........................................................................................209
    Anexo II ......................................................................................217
    Anexo III .....................................................................................219
    Anexo IV ......................................................................................221

O livro agora publicado, da autoria de Vera Margarida Coimbra de Matos, intitulado *Portugal e Itália. Relações Diplomáticas 1943-1974*, analisa, de uma forma rigorosa, o relacionamento diplomático entre os dois países, que se caracterizou por uma diplomacia de progressiva aproximação, muito embora existissem, pontualmente, períodos de tensão que contribuíram para a existência de algumas dificuldades entre Portugal e a Itália. Toda essa problemática é abordada ao longo dos seis capítulos do livro que sistematizam os principais temas no âmbito do relacionamento entre os dois Estados, desde uma súmula da diplomacia estabelecida entre o Governo português e o regime de Mussolini, passando pela definição de uma estratégia de posicionamento euro-atlântico considerada essencial por ambos os países para a prossecução de uma política externa tendo em vista a definição e a valorização das respectivas esferas de intervenção e de acção comum, como a OTAN, África e o Atlântico – até ao esforço do Governo italiano para melhorar o seu relacionamento com Portugal.

É, igualmente, importante fazer referência ao anexo documental que é incluído no trabalho e que se reveste de grande relevância para o correcto entendimento da problemática em apreço.

Por outro lado, as fontes utilizadas revelaram-se particularmente importantes para o entendimento das relações entre Portugal e a Itália ao longo do período estudado, designadamente o Arquivo Histórico Diplomático do Ministério dos Negócios Estrangeiros e o Arquivo de Salazar na Torre do Tombo. É necessário, porém, proceder-se à análise dos arquivos italianos, o que será realizado numa fase posterior como é referido pela própria autora.

Gostaríamos ainda de realçar que se trata de um contributo que é, em larga medida, inédito e que nos dá uma visão clara, precisa e muito bem documentada das relações diplomáticas entre Portugal e a Itália de 1943 a 1974.

Vera de Matos, neste livro que é o resultado da sua dissertação de Mestrado apresentada à Faculdade de Letras da Universidade de Coimbra, sob a orientação da Senhora Professora Doutora Maria Manuela Tavares Ribeiro, conseguiu atingir os principais objectivos a que se propôs.

As nossas felicitações à autora, fazendo votos no sentido de continuar a sua investigação e consequente publicação do próximo livro que, temos a certeza, constituirá um novo contributo para uma melhor compreensão das relações bilaterais entre o nosso país e a Itália no período que vai de 1943 a 1974.

Ponta Delgada, 3 de Setembro de 2009

Luís Manuel Vieira de Andrade
(Professor Associado com Agregação
e Pró-Reitor da Universidade dos Açores)

ACLI – *Associazioni Cristiane Lavoratori Italiani*

AGIP – *Azienda Generale Italiana Petroli*

AHD/MNE – Arquivo Histórico Diplomático do Ministério dos Negócios Estrangeiros, Lisboa

AOS/ANTT – Arquivo de António de Oliveira Salazar/Arquivo Nacional da Torre do Tombo

ASSA – *Associazione per lo Studio degli Scambi con Angola*

CCTA – Comissão de Cooperação Técnica em África ao Sul do Saara

CEE – Comunidade Económica Europeia

CGIL – *Confederazione Generale Italiana del Lavoro*

CISL – *Confederazione Italiana Sindacati dei Lavoratori*

ENI – *Ente Nazionale Idrocarburi*

EUA – Estados Unidos da América

FIAT – *Fabbrica Italiana Automobili di Torino*

FRELIMO – Frente de Libertação de Moçambique

FPLN – Frente Patriótica de Libertação Nacional

GATT – *General Agreement on Tariffs and Trade*

IAC – Instituto para a Alta Cultura, a partir de 1952, Instituto de Alta Cultura

IIC – *Istituto Italiano di Cultura*

IRI – *Istituto Italiano per la Ricostruzione*

MAE – *Ministero degli Affari Esteri*, Roma

MEC – Mercado Europeu Comum

MPLA – Movimento Popular de Libertação de Angola

MNE – Ministro ou Ministério dos Negócios Estrangeiros, Lisboa

MSI – *Movimento Sociale Italiano*

NATO/OTAN – *North Atlantic Treaty Organisation*/Organização do Tratado do Atlântico Norte

OECE – Organização Europeia de Cooperação Económica

ONU – Organização das Nações Unidas

PAIGC – Partido Africano para Independência da Guiné e Cabo Verde

PCI – *Partito Comunista Italiano*

PCP – Partido Comunista Português

PDC – *Partito della Democrazia Cristiana*

PLI – *Partito Liberale Italiano*

PSI – *Partito Socialista Italiano*

PSDI – *Partito Socialista Democratico Italiano*

PRI – *Partito Repubblicano Italiano*

RAI – *Radiotelevisione Italiana*

RFA – República Federal da Alemanha

PVDE/PIDE – Polícia de Vigilância e Segurança do Estado/Polícia Internacional de Defesa do Estado

SDN – Sociedade das Nações

SONAP – Sociedade Nacional de Petróleos de Moçambique

SPN/SNI – Secretariado de Propaganda Nacional/Secretariado Nacional de Informação, Cultura Popular e Turismo

UIL – *Unione Italiana del Lavoro*

UNURI – *Unione Nazionale Universitaria Rappresentativa Italiana*

UPA – União dos Povos de Angola

URSS – União das Repúblicas Socialistas Soviéticas

*«A Itália e Portugal, filhos da mesma civilização, são dois irmãos
que ainda se ignoram, que vivem afastados um do outro.
Qualquer coisa que seja realizada para aproximá-los é obra
meritória, que serve a boa causa da amizade entre os dois povos,
a causa, ainda mais vasta da latinidade [...].»*

António Ferro
Ministro de Portugal em Roma (1954-1956)
(Magulno 1970, p. 275)

Julho, 25, 1943: Benito Mussolini, *il Duce d'Italia*, é exonerado pelo Grande Conselho Fascista. Abril, 25, 1974, a Revolução dos Capitães saía vitoriosa do golpe militar executado durante a madrugada. Dois acontecimentos fundamentais da História italiana e portuguesa que assinalam o final da vigência de dois regimes antidemocráticos e antiliberais, respectivamente, o fascismo italiano e o Estado Novo. Por conseguinte, balizam cronológica e simbolicamente este ensaio de historiografia sobre as relações diplomáticas entre Portugal e a Itália, por nós apresentado à Faculdade de Letras da Universidade de Coimbra para a obtenção do grau de Mestre e que a Imprensa da Universidade de Coimbra me deu a honra de ver publicado.

Numa caracterização muito breve, as relações bilaterais luso-italianas pautaram-se por uma diplomacia de progressiva aproximação, pontuada por ciclos de inércia, isto é, por ciclos de tensão que arrefecem a cordialidade entre ambos os países, desacelerando um processo político de estreitamento de vínculos histórica e culturalmente sólidos. De entre as condicionantes da diplomacia luso-italiana sobressaem dois factores principais. Primeiro, o facto de nenhuma das partes integrar o grupo das grandes potências europeias, com a premência estratégica no reconhecimento da necessidade de uma maior aproximação diplomática a adaptar-se à evolução da conjuntura internacional, marcada pelo jogo da guerra-fria, pela construção da Europa comunitária, pela emergência do Terceiro Mundo e pelo processo de descolonização. Segundo, a influência político-social da esquerda partidária em Itália e a prorrogação continuada do antidemocratismo, autoritarismo e colonialismo do Estado Novo, criando entraves ideológicos e políticos no referente à concertação de acções bilaterais comuns.

Os assuntos foram reflectidos e articulados num total de seis capítulos. No primeiro, é feita uma súmula da diplomacia estabelecida entre Lisboa e o regime de Mussolini. Esta reflexão, correlacionando as afinidades ideológicas atribuídas ao fascismo e ao salazarismo com os interesses convergentes e divergentes (concorrentes) que assistiram à demarcação das políticas externas daqueles dois regimes, será útil para compreender porque razão o Estado Novo não reconheceu política e juridicamente a República de Salò, criada por Mussolini, no Norte de Itália, depois de exonerado do cargo de Presidente do Conselho (Julho de 1943). No capítulo segundo, a análise centra-se no período que medeia entre a assinatura da paz separada pelo Governo monárquico liderado por Pietro Badoglio (1943) e a instauração da República da Itália (1946). Caracterizámo-lo como sendo um período de transição na medida em que nele se processa a reorganização de uma plataforma diplomática configurada pela Segunda Guerra Mundial, tacitamente executada em reacção a uma conjuntura que poderia culminar na ruína dos sistemas políticos nacionais. Os objectivos são, por isso, convergentes: demarcar a aproximação aos Aliados e precaver as invectivas dos governos democráticos contra, no caso português, o autoritarismo e antiliberalismo do regime, e, no caso italiano, contra as represálias que cairiam sobre um antigo membro do Eixo. No capítulo III, referente ao período 1946-1949, definimos a estratégia de posicionamento euro-atlântico elegida por cada um dos dois países na prossecução de uma política externa de valoração e de definição das esferas de intervenção. O decénio de 50, analisado no quarto capítulo, constitui um período inédito e relevante na História diplomática luso-italiana, no decorrer do qual ficam definidas as esferas de acção particulares, os interesses prioritários e uma plataforma de acção comum: a NATO, a África e o Atlântico. Esta conjuntura torna perceptível a indispensabilidade do estreitamento das relações diplomáticas entre Roma e Lisboa, facto assinalado pela elevação das legações nas duas capitais à categoria de Embaixada (1956). No entanto, como sugerimos no capítulo V, a década de 60, em concreto até 1967, constitui uma fase de retrocedimento no processo de aproximação diplomática: a guerra colonial, a maior influência governativa das esquerdas na Itália, assim como a crescente mobilização da sociedade italiana contra o colonialismo e o antidemocratismo do Estado Novo, fizeram com que o Governo italiano, a fim de desenganar qualquer acusação de lusofilia, adoptasse procedimentos nem sempre em conformidade com as expectativas portuguesas. Por fim, no derradeiro capítulo, ocupamo-nos do período 1968-1974, no qual é notório o esforço de Roma para restabelecer o clima de cingida cordialidade entre os dois governos, quer adoptando uma atitude favorável a Portugal nas votações no quadro das Nações Unidas, quer enviando para Lisboa um Embaixador proeminente – Girolamo Messeri.

Resta apenas referir que em qualquer um dos períodos assinalados o valor dos laços históricos e culturais entre Portugal e a Itália é recorrentemente sublinhado por políticos e diplomatas, louvando a naturalidade de uma aproximação cada vez mais estreita em torno da latinidade compartilhada.

Relativamente às fontes utilizadas, sendo este um estudo de História diplomática, o acervo do AHD/MNE constituiu o principal núcleo documental. Igualmente se procedeu a pesquisas no Arquivo Salazar/ANTT. Foram também compulsadas várias fontes impressas, repartidas pelas categorias de memórias, discursos, artigos de opinião e jornalísticos e monografias temáticas.

Uma última nota para referir que a diplomacia luso-italiana entre 1943-1945 tem permanecido, em grande parte, pouco estudada, sendo parcas e esparsas as referências a assuntos de matéria diplomática entre a Itália e Portugal.

Os investigadores têm privilegiado sobretudo a época dos Descobrimentos e do Renascimento, conjuntura de distendida influência italiana. Por outro lado, se existem inúmeras reflexões comparativas entre os fascismos italiano e estadonovista, há ainda muito para fazer ao nível do aprofundamento do estudo crítico das relações diplomáticas entre os dois regimes. Nestas circunstâncias, o anexo que incluímos é uma mais-valia, oferecendo a possibilidade de complementar e aprofundar os assuntos que trazemos à colação. Nele constam excertos dos discursos de António Oliveira Salazar relativos à política externa portuguesa e à conjuntura internacional, assim como a transcrição dos documentos diplomáticos que considerámos relevantes, um apêndice informativo biográfico, brevíssimo, mas útil para o conhecimento das personalidades que vão surgindo ao longo do trabalho, e uma lista com os Presidentes da República, Presidentes do Conselho, Ministros dos Estrangeiros e representantes diplomáticos italianos e portugueses.

Finalizo agradecendo franca e reconhecidamente a várias pessoas de quem também dependeu o bom termo desta investigação e posterior publicação: à minha Orientadora de Mestrado, Professora Doutora Maria Manuela Tavares Ribeiro, cuja disponibilidade e solicitude é uma qualidade, diria, inata; à Dra. Maria Isabel Fevereiro, Directora do AHD, e às Funcionárias deste Arquivo por todos os seus préstimos; ao Director da Imprensa da Universidade de Coimbra, Professor Doutor João Gouveia Monteiro, e à Dra. Maria João Padez de Castro pela solicitude com que dissolveram dúvidas editoriais; aos profissionais da editora pelo empenhamento posto na publicação deste estudo. Uma palavra de grato agradecimento ao Professor Doutor Luís Manuel Vieira de Andrade por ter amavelmente prefaciado o livro.

À minha irmã, Patrícia, pela paciência e cumplicidade.
À minha Mãe, por tudo.

I

# Diplomacia e Estratégias no Período Fascista

O fascismo constituiu, nas palavras de René Rémond (1994, p. 344), «a terceira linha de forças do período de entre as duas guerras, juntamente com a crise da democracia clássica e a irradiação da experiência soviética». Desenvolvido na Itália do após Primeira Guerra Mundial, este inovado movimento político, social, económico e cultural posicionava-se na cena política nacional com um discurso agressivo contra o quadro político-social e económico-laboral estabelecido pelo demo-liberalismo e contra a utópica sociedade sem classes instituída, segundo a doutrina marxista-leninista, pela ditadura do proletariado (Milza & Berstein 1980, Nolte 1991, Berstein 1992). Os seus princípios ideológicos centravam-se num desígnio fundamental: restaurar a grandeza da Nação italiana. Benito Mussolini foi o seu mais exímio intérprete e executor, logrando estabelecer um regime internamente sólido e internacionalmente influente, em concreto nos anos 30, quando o nacionalismo fascista adquire uma propensão claramente internacionalista/europeísta.

O fascismo italiano precede a fundação do Estado Novo em pouco mais de uma década, tendo sido considerado por Oliveira Salazar e pelos salazaristas, até certa altura e dentro de certos limites, um paradigma político-social de reordenação europeia.

Esta questão incide directamente sobre a controvertível categorização fascista do Estado Novo[1]. Como o título do capítulo sugere, consideramos

---

[1] O debate, inconclusivo, decorre entre três posições fundamentais: o Estado Novo é, *de facto*, um regime fascista; o Estado Novo constitui uma das variantes concretizadas do fascismo, pluralizando o termo fascismo(s); o Estado Novo é uma vertente do tradicional autoritarismo político (Lucena 1976, Cruz 1988, Pinto 1992, Collotti 1992, Torgal 1993).

a propensão fascista do regime. Contudo, as suas particularidades – ou originalidade, como argúi Oliveira Salazar (1939, pp. 333-335) – abonam uma posição apriorística, isto é, o Estado Novo assume propriedades marcadamente fascistas na fase de consolidação do regime (*grosso modo*, até à Segunda Guerra Mundial) – Luís Bensaja dei Schirò (1997, p. 18) recorre à expressiva expressão «fascismo salazarista» para designá-la –, aproximando-se, no restante da sua vigência, da fórmula tradicional dos autoritarismos políticos.

A posição de Oliveira Salazar é, contrariamente, irredutível. Insistindo na «bem marcada originalidade» do Estado Novo (Salazar 1939, p. 333), refutava a atribuição do «apodo fascista» (Salazar 1946, p. 302) ao regime português, muito embora reconhecesse similitudes ideológicas entre o fascismo e o salazarismo. A entrevista dada a António Ferro, em 1932 (editada, em 1933, com o título *Salazar. O Homem e a Sua Obra*), em particular o capítulo «A ditadura e o seu contacto com a Nação», tal como algumas passagens dos seus discursos são elucidativas a este respeito[2].

Em 1934, o *Sindacato Italiano di Arte Grafiche* editava a tradução italiana, por Corrado Zoli, do livro de Ferro com o título *Salazar. Il Portogallo e il Suo Capo*, integrando-o na colecção *Sprazzi dell'Idea Fascista nel Mondo*. Uma escolha paradoxal, pois Salazar não nega só a congeneridade dos regimes estadonovista e mussoliniano, mas faz todo um rol de afirmações que, no seu conjunto, não abonam em absoluto o fascismo italiano. Compreende-se, portanto, que Zoli, na «presentazione al lettore», tenha considerado pertinente comentá-las, concluindo, indulgentemente, que esta

---

[2] Na entrevista de 1932, Salazar, depois de reconhecer que o Estado Novo se assemelhava ao fascismo italiano «no reforço da autoridade, na guerra declarada a certos princípios da democracia, no seu carácter acentuadamente nacionalista, nas suas preocupações de ordem social» (Ferro 1935, p. 74), assinalava que cada ditadura constituía um «caso nacional», reagindo a condicionantes sociais, políticas, morais e culturais específicas e não emulando regras de acção externas (*vide* a transcrição parcial da entrevista no anexo, pp. 221-222). Em 1934, no discurso da sessão inaugural do I Congresso da União Nacional, deixava claro que a «bem marcada originalidade» derivava da natureza pacífica do nacionalismo português e da essência autoritária (e não totalitária) do poder político, duas condicionantes positivas do funcionamento orgânico do Estado (Salazar 1939, pp. 334-346). Não obstante, na mesma sessão, reiteraria implicitamente a existência de «pontos de contacto» com o fascismo italiano, ainda que «quase só restritos à ideia corporativa» (*vide* a transcrição parcial do discurso no anexo, pp. 222-223).

visão infundada e arbitrária dever-se-ia «ao escasso conhecimento das nossas coisas e não à antipatia ou hostilidade preconcebida» (cit. por Medina 2000, p. 118).

A problemática do fascismo e as suas afinidades com o salazarismo foi também debatida e reflectida nos círculos políticos e intelectuais[3]. Não deixará de ser curioso notar a popularidade do artigo de Augusto de Castro, Ministro de Portugal na capital italiana, intitulado «O destino imperial de Roma». Trata-se de uma espécie de panegírico mussoliniano, em contraponto, e como que desagravando, as considerações de Salazar propaladas pela obra de António Ferro[4].

Posto isto, e a nível diplomático, que relações se estabeleceram entre os dois regimes? Que condicionantes ideológicas, positivas e negativas, emergiram do fascismo e do salazarismo? Que tipo de comentários ou observações suscitou a acção de Salazar a Mussolini e vice-versa?

Como é manifesto nos documentos diplomáticos, embora em contraste com a reserva de Salazar em fazê-lo publicamente e além dos trâmites oficiais, ambos os Chefes de Governo afirmaram a mútua admiração pela obra desenvolvida.

Diplomaticamente, se as relações entre Portugal e a Itália decorriam num clima de bom entendimento e cordialíssima amizade, existiam dois factores, mais propriamente duas diferenças políticas e ideológicas, que condicionaram a proximidade entre os dois regimes: o totalitarismo e o nacionalismo. Segundo Irene Pimentel (1995, pp. 15-16), de entre os dois, o nacionalismo constitui o «principal conceito paradigmático sem o qual não se percebem as relações entre Portugal e a Itália», nomeadamente porque «o nacionalismo compartilhado por dois regimes afasta-os, [tornando-os] concorrentes

---

[3] Quirino Avelino de Jesus, por exemplo, na obra *Nacionalismo Português* (1932) recusa explicitamente o fascismo; outros, como Augusto de Castro, António de Eça ou Homem de Cristo Filho, três personalidades com acção interventiva em Roma e em Portugal em prol da propaganda e da afirmação do fascismo, exprimem a sua admiração pela obra de Mussolini.

[4] Em Portugal, o artigo seria publicado na obra *Imagens da Europa Vistas da Minha Janela* (1936). Em nota de rodapé, o autor alude à difusão que o artigo teve em Itália: «Este artigo [...] foi reproduzido em quase toda a imprensa italiana e, mais tarde, numa edição de um milhão de exemplares distribuídos pelas escolas e estabelecimentos oficiais e afixados nas ruas das principais cidades de Itália» (cit. por Torgal 1994, p. 87).

entre si». Com efeito, Salazar temia que a política imperialista de Mussolini (procedente do nacionalismo) convergisse para os territórios do Império Colonial Português, especialmente no Índico, por constituir um prolongamento da zona de influência mediterrânica que a Itália, em memória do Império Romano, pretendia reaver.

A conquista italiana da Abissínia, logo condenada por Lisboa no quadro da SDN[5], parecia vir confirmar aqueles pressupostos. Vittorio Salvadorini (2000, pp. 13-30) analisa detalhadamente as relações diplomáticas luso-italianas no contexto da crise ítalo-etíope, temporariamente melindrosas em consequência da acção punitiva de Portugal. Temporariamente, porque a representação portuguesa naquela Sociedade apelaria depois à suspensão colectiva das sanções, salientando que mantê-las significava prolongar o estado de perturbação e de incerteza da Europa. Em 1937, o Governo português reconheceria ainda a soberania italiana sobre o território conquistado.

Como interpretar este reposicionamento de Portugal? Ter-se-á agido realmente, como dizia Oliveira Salazar (1946, pp. 115-116), em busca de uma propalada «concórdia» e de uma «solução conciliatória» em nome das múltiplas afinidades e «ininterruptas relações de boa amizade»?

A retórica do Presidente do Conselho não sendo inteiramente verdadeira, possuía um fundo de verdade. Isto é, Salazar procurava concentrar atenções na Europa, em particular na Espanha, cuja instabilidade política augurava a guerra civil. É neste contexto que o apoio à Itália na SDN adquire um pleno significado, não contraditório com a suspeição dada ao nacionalismo italiano. De facto, se este poderia convergir para o Império Colonial, o comunismo, expansível numa Europa em crise (comprovada pela situação espanhola), constituía uma ameaça superior. Dada a consonância de princípios (anticomunismo, antiparlamentarismo e antidemocratismo), o salazarismo admitia cooperar estrategicamente com o fascismo contra o bolchevismo.

---

[5] A guerra da Abissínia decorreria entre 3 de Outubro de 1935 a 10 de Maio de 1936. Não obstante as sanções aplicadas pela SDN contra um acto de violação da integridade territorial de um país membro, o regime fascista dominaria numa África Oriental italiana (Etiópia, Somália e a Eritreia). Mussolini parecia, assim, cumprir a promessa de ressurgimento imperial da Itália.

Estas referências tornam convenientes algumas considerações relativas aos projectos salazarista e fascista para a construção europeia, proveitosas para a compreensão do estreitamento das relações diplomáticas entre os dois regimes.

Esse projecto europeu articulava a europeídade das duas nações com o nacionalismo dos dois regimes. Ou seja, na perspectiva salazarista e mussoliniana, Portugal e Itália, enquanto nações europeias, cuja ordem e prosperidade fora restabelecida por regimes autoritários, e ante a crise social, económica, política e institucional da Europa – considerada oriunda da inaptidão governativa das democracias –, deveriam envolver-se na estruturação de uma nova ordem europeia, sucedânea de uma «Europa trágica», na expressão de Gonzague de Reynold, autor cuja influência no pensamento europeu de Mussolini e de Salazar é evidente.

Oliveira Salazar defendia que a nova ordem europeia propendia para um «internacionalismo autoritário» (Ribeiro 2003, p. 54). Exemplificamos referindo o já citado discurso proferido, em 1934, perante o I Congresso da União Nacional:

> «É certo que a desordem económica do mundo e as dificuldades daí derivadas facilitaram o advento das ditaduras, mas enganar-nos-íamos vendo na sua génese apenas o mal-estar económico e não aspirações mais profundas de transformações políticas, como nos enganaríamos considerando as várias ditaduras como tréguas necessárias à resolução de certos problemas e não experiências com larguíssima influência nos regimes futuros.
>
> As ditaduras não me parecem ser hoje parêntesis dum regime, mas elas próprias um regime, senão perfeitamente constituído, um regime em formação» (Salazar 1939, p. 346).

Posteriormente, reforçaria esta ideia, afirmando que «nações que supõem defender a paz [referência implícita às nações democráticas] estão deixando a outras nações [aquelas governadas por regimes ditatoriais] o cuidado de defender a autoridade e a ordem», facto tanto mais significativo quando considerada a conjuntura de «desconcerto europeu» e de «perturbação mental e moral da Europa» (Salazar 1946, pp. 278, 303). Todavia, se, por um lado, as democracias influíam, portanto, a ascensão do autoritarismo, por outro, intercooperavam para refreá-la. Salazar (1959, p. 139) colocava, assim, a questão: «Que pretendemos nós da Europa ou até que ponto nos devemos considerar solidários com a sua vida e cultura?». Segundo ele (Salazar 1946, p. 280), Portugal, ligado «por sua essência e História à civilização ocidental», tinha, por dever moral, de salvaguardá-la, mobilizando as nações europeias para a instauração da nova ordem (desde logo, mediante uma estratégia anticomunista concertada). Neste contexto, a «nossa compreensiva universalidade» e experiência diplomática – singularidades que permitiam «as melhores e mais amigáveis relações com todos os Estados» (Salazar 1959, p. 146) –, assim como a importância estratégica das relações históricas e de amizade entre Portugal e os países do Atlântico e a sua presença e ligações na África acresciam a importância estratégica da presença portuguesa numa batalha na qual Salazar (1946, p. 304) cria se arriscava «a própria civilização do Ocidente».

A nova ordem projectada pelo fascismo italiano possuía um carácter universalista (a ideia de um panfascismo). Vicenzo Zangara designou-a «Il nuovo ordine corporativo» num artigo homónimo publicado, em 1930, na revista *Antieuropa*[6] (Dumoulin & Stelandre 1998, pp. 135-142). Segundo o autor, a essência da crise europeia não era meramente económica ou materialista, mas, e sobretudo, cultural, espiritual e moral. Era, em suma, uma crise de civilização, contra a qual o comunismo e o fascismo reagiam, propondo, cada qual, um modelo de civilização particular alternativo. Zangara sustém que o modelo fascista era o único exequível dada a natureza eminentemente destrutiva dos princípios bolchevistas subjacentes à edificação da nova ordem, articulados em torno do conceito de luta de classes. Este método, inimizando grupos sociais, seria incapaz de restabelecer a unidade espiritual, afectando o funcionamento do Estado e as relações entre este e

---

[6] Citando Yves Stelandre (1998, p. 135): «*Antieurope* s'oppose à la «vieille» Europe, celle de Paris, Moscou et Genève. Par contre, *Antieurope* se montre favorable à la création d'une «nouvelle» Europe, unifiée sous la conduite de Mussolini. […] D'après *Antieurope*, partout en Europe doit se déclencher une révolution fasciste qui remplacera les idéaux de la Révolution Française (liberté, égalité, fraternité) par l'autorité, l'ordre et la justice».

os cidadãos. Em compensação, o fascismo propunha o ordenamento corporativo da sociedade, o qual, sem contemplar apenas as necessidades dos trabalhadores ou capitalistas e sem adquirir uma propensão unicamente económica ou materialista, assumia-se como um princípio ético e político geral, regulamentando as relações laborais, aquelas entre Estado e Nação e entre autoridade e liberdade.

A Guerra Civil de Espanha (1936-1939) representa, do ponto de vista das relações luso-italianas, a primeira intervenção conjunta orientada segundo os princípios europeus do salazarismo e do fascismo. Com efeito, Itália e Portugal, distanciando-se da política de não-intervenção seguida pela Inglaterra, França e EUA, cooperaram com os nacionalistas espanhóis, liderados pelo General Francisco Franco. Ideológica e politicamente, apenas a vitória do *Generalísimo* conviria à política interna e externa dos dois países, porquanto resguardaria o sul da Europa da crescente influência da União Soviética, aliada do Governo republicano da Frente Popular. Contrariamente, a possível instalação de um regime comunista ibérico no seguimento da vitória falangista não só representaria uma ameaça para a independência portuguesa e continuação do regime salazarista, como colocaria os comunistas numa posição de clara superioridade estratégica mediterrânica, colidindo directamente com os interesses do imperialismo italiano.

Vittorio Salvadorini (2000, pp. 31-56) analisa também as relações luso-italianas no contexto da Guerra Civil de Espanha. Um documento secreto do *Ministero degli Affari Esteri*, concernente à política interna portuguesa em 1937, mostra a importância que o assunto adquirira para Roma, em virtude da aproximação da diplomacia luso-italiana. Como é ali salientado, nesse ano, fora com a Itália fascista que as relações portuguesas mais haviam progredido, facto que assinalava o nível «di franca e sincera collaborazione, completata e inquadrata in una serie di rapporti e manifestazioni sviluppate in ogni occasione e in ogni campo possibili» (cit. por Salvadorini 2000, p. 46).

De referir que, do ponto de vista da política externa italiana, esta evolução correspondia aos objectivos do internacionalismo fascista. Nas palavras de Salvadorini (2000, p. 44), «il regime italiano era giunto al massimo della popolarità e cercava conforto internazionale ovunque, ma suprattuto in quei paesi ove i simboli, le istituzioni e le caratteristiche del regime venivano in qualche modo imitate, o ammirate».

Em suma, ao nível da política interna portuguesa, a Guerra Civil de Espanha constitui «a causa principal daquilo a que diversos autores têm chamado o período mais «fascizante» da História do Estado Novo e, consequentemente, de um aumento das políticas repressivas para com as oposições ao regime» (Rodrigues 2001, p. 505). Neste contexto, o estreitamento das relações luso-italianas (particularmente intenso entre 1936 e 1938) surge como uma evolução natural numa conjuntura de conflitos/alianças estabelecidos segundo princípios político-ideológicos. Em concreto, o relacionamento bilateral processa-se ao nível da troca de ideias sobre o corporativismo, nos contactos entre as organizações de juventude e na colaboração policial (Pimentel 1995, p. 20). Em 1936, enfatizando a ameaça comunista e os intuitos internacionalistas e anexionistas dos comunistas ibéricos, o Estado Novo instituía a Legião Portuguesa e a Mocidade Portuguesa, de clara inspiração fascista, enquanto, no ano seguinte, confrontado com a crescente violência do movimento oposicionista, patente em vários atentados à bomba no primeiro semestre de 1937 (entre eles o atentado de 4 de Julho contra o Presidente do Conselho), promoveria, com o aval de Mussolini, a colaboração entre as polícias portuguesa e italiana ao nível da formação e treino.

Consequentemente, em 1937, Salazar utiliza as celebrações da Revolução de 28 de Maio, formalmente encerradas em Lisboa com a parada de 12000 homens da Legião Portuguesa e 5000 membros da Mocidade Portuguesa, para demonstrar a força e o estabelecimento político do regime. O relatório enviado para Roma pelo Ministro de Itália em Lisboa, Francesco Mameli, é bastante elucidativo e inequívoco a este respeito, aludindo, inclusive, ao facto da fascização do Estado Novo representar, para a Inglaterra, o insucesso da política britânica em Portugal e, para a França, um motivo de consternação[7].

---

[7] Citemos o relato do Ministro Francesco Mameli, bem expressivo: «Nella stessa tribuna i Portoghesi e gli stranieri notavanno altre cose interessanti. La sorridente e cortese indifferenza dell'Ambasciatore d'Inghilterra che incassava meglio che poteva, visto che la costituzione della Legione e della Mocidade e questa loro pubblica ed entusiastica affermazione non potevano essere certo considerati un succeso della politica inglese in Portogallo. Il Ministro

Convém agora fazer algumas considerações sobre a forma como se processaram as relações luso-italianas. Como notou Irene Pimentel (1995, p. 16), os condicionalismos ideológicos «reflectiram-se no tipo de intervenção da Itália fascista no Portugal salazarista»: marcadamente ideológica e propagandística (a tentativa de formação de um *Comitato d'Azione per l'Universalità di Roma* em Lisboa constitui o acto mais expressivo[8]), até ao início da expansão imperialista, nos finais de 1935; doravante mais institucionalizada e estatizada, privilegiando a diplomacia e os organismos oficiais no exterior – o *Fascio* e o *Istituto di Cultura Italiana*.

Verificando a desconfiança nacionalista existente junto do Governo salazarista, agravada, como referimos, pelo dissidendo ítalo-etíope, e a imagem pouco gloriosa da Itália projectada, em especial, pela Emissora Nacional e o *Diário de Notícias*, o Ministro Alberto Tuozzi, antecessor de Francesco Mameli, sugeria para Roma que «a presença italiana, no nosso país, deveria privilegiar a actividade cultural» (Pimentel 1995, p. 22).

Neste contexto, a inauguração do *Istituto di Cultura Italiana* em 1936, em pleno período fascizante do Estado Novo, revestiu um carácter realmente estratégico, cujas actividades balançavam entre a promoção cultural e doutrinária. Várias personalidades italianas de primeiro plano viriam a convite do Instituto para participarem nas diversas conferências que organizava. Seria o caso de Bruno Biagi, membro do Grande Conselho Fascista da Previdência Social e Professor de Economia Corporativa da Universidade de Bolonha, que, em Maio de 1937, conferenciou sobre «I principi fondamentali

di Francia [...] appariva meno buon giocatore. Aveva un viso poco meno che costernato. Mentre scendevo dalla tribuna alla fine della sfilata, i legionari, Mocidade e folla hanno improvvisato una entusiastica e commovente manifestazione all'Italia Fascista e al Duce. Lungamente hanno echeggiato tra applausi scroscianti le grida di Viva il Duce! Viva l'Impero Italiano! [...] Viva l'Etiopia italiana. Nel Portogallo già cosi accesamente sanzionista cio ha tanto maggiore significato» (cit. por Salvadorini 2000, p. 50, nota 76).

[8] Instituição de difusão do fascismo, tendente a reunir os movimentos fascizantes europeus numa Internacional Fascista, isto é, numa «frente anticomunista e antiliberal em torno da hegemonia ideológica e do modelo de corporativismo e de regeneração nacionalista da Itália fascista» (Pimentel 1995, p. 16). Reconhecendo-lhe potencialidades para destabilizar a ordem política na Europa, o regime cria, embora sem qualquer referência ao fascismo, uma organização portuguesa congénere, a Liga de Acção Universal Corporativa (Pimentel 1995, pp. 17-19).

del corporativismo». Em Novembro do mesmo ano, regressaria a Portugal para receber o doutoramento *honoris causa* pela Universidade Técnica de Lisboa. Desta segunda viagem resulta um relatório no qual Biagi faz o ponto de situação das relações diplomáticas, avançando sugestões para o aprofundamento:

> «Ho tratto la impressione che il momento sia particolarmente favorevole per sviluppare i nostri rapporti culturali, politici ed economici. Una maggiore attività, attraverso il nostro Istituto di Cultura, alle università di Lisbona, Oporto e Coimbra – ove si possono tenere conferenze e corsi – una maggiore diffusione di libri italiani, completamente assenti nelle librerie portoghesi, una maggiore azione di propaganda, varranno a sviluppare rapporti utilissimi di collaborazione» (cit. por Salvadorini 2000, p. 52).

Aludiremos ainda a outra declaração pública, importante por ocorrer fora do circuito político da amizade luso-italiana e demonstrar que as iniciativas de aproximação perpassavam os meios oficiais. Em 1939, 9 de Março, decorria a sessão plenária extraordinária da Academia das Ciências de Lisboa em homenagem à *Reale Accademia d'Italia*, congénere italiana, na qual vários académicos reiteraram a existência de boas relações entre as duas nações e respectivos governos. Citamos, como exemplo, as declarações dos presidentes das academias portuguesa e italiana, respectivamente, Júlio Dantas e Luigi Federzoni. Enquanto aquele objectivamente sublinhou o «entendimento cada vez mais íntimo, não apenas entre as duas academias, mas entre os dois países em que palpita e resplandece, como chama viva, a alma da latinidade» (Academia das Ciências de Lisboa 1939, p. 7), as declarações de Luigi Federzoni são plenas de uma lusofilia encomiástica:

> «Muitos são os laços históricos e sentimentais que ligam os dois povos português e italiano: origem étnica, religião, alto espírito latino; ambos são por instinto e por destino missionários e guerreiros, navegadores e poetas, fundadores de impérios. [...] E ainda hoje, [...] a Itália Fascista olha com admiração e fé para esse sempre jovem e ardoroso povo lusitano, que

fiel à tradição de Roma não falta à missão do seu destino e, quase paralelamente ao exemplo oferecido a todos os povos pela genialidade providencial de Mussolini, empreendeu já, quase felizmente realizou, em tão breve volver de anos uma profunda reconstituição do Estado e da sociedade nacional, que coloca Portugal entre as nações politicamente mais avançadas. Mais uma vez, pois, as duas nações latinas se encontram, para reconhecer-se unidas por uma absoluta identidade de ideias e de acção no campo da cultura, da ciência, e das conquistas sociais e para prometer-se uma fecunda e fervida cooperação destinada a dar os melhores frutos à causa da civilização» (Academia das Ciências de Lisboa 1939, pp. 16-17).

Com estas referências assinalamos o ocaso do período de abertura e progressivo aprofundamento da diplomacia luso-italiana. Começada a Segunda Guerra Mundial, em 1939, ano em que Mussolini transformou a Albânia num protectorado fascista e assinava o Pacto de Aço com a Alemanha, e, a partir de 1940, com a declaração de guerra da Itália aos Aliados, as relações entre os dois regimes entraram num processo de estagnação e regressão.

Entre 1939 e Julho de 1943, até à deposição de Mussolini, as relações diplomáticas articulam-se entre a gestão da nova situação criada pela entrada da Itália na guerra no contexto da neutralidade portuguesa e a conservação de um aparelho de propaganda susceptível de subverter o crescente sentimento anti-italiano em Portugal, expresso em artigos jornalísticos agressivos e em manifestações de rua (Telo 1990; Salvadorini 2000, pp. 121-160).

O sucessor de Francesco Mameli, Renato Bova Scoppa, em vários relatórios remetidos para Roma entre 1940 e 1941, nos quais sumulava as audiências com Salazar, que entretanto assumira a pasta dos Estrangeiros, reproduzia as reflexões e ideias do Presidente do Conselho sobre o conflito mundial, consideradas similares às da Itália fascista quanto à construção da nova ordem europeia e à necessidade de estabelecer a talassocracia mediterrânica italiana. O diplomata não deixa também de notar sucessivamente o grande interesse em conservar boas relações com Portugal, fonte privilegiada de informações sobre a Inglaterra (obtidas directamente ou através da espionagem) e entreposto comercial fundamental para a Itália, dadas as dificuldades criadas pelo conflito e o bloqueio britânico (Salvadorini 2000, p. 121).

Em 5 de Junho 1943, no mês precedente à destituição de Mussolini, Bova Scoppa, nesta altura Ministro de Itália na Roménia, expedia para Galeazzo Ciano, *Ministro degli Affari Esteri* de Itália, uma *aide-mémoire*, assaz importante para compreender as relações luso-italianas nos três últimos anos da vigência do regime de Mussolini e na qual é evidente a centralidade que Salazar poderia vir a adquirir no caso da Itália avançar com a proposta de celebração de uma paz separada com os Aliados:

> «From the knowledge I have of the man and the statements which he has made repeatedly to me in confidence and also has had transmitted to me indirectly recently, I am convinced that the *Duce* of Fascist Italy might have in the Portuguese Statesman a sure friend of proven discretion to whom we could appeal and eventually interest him in giving directives concerning the possibility and feasibility of a diplomatic action intended to survey the horizon and find an honourable way out.
>
> To give weight to this idea, please bear in mind that *Senhor* Salazar considers the presence in the Mediterranean of a great Italian power of essential interest to the iberian people»[9].

Terminaremos este capítulo referindo um dos sobreditos relatórios remetidos por Bova Scoppa para Roma, quando Ministro de Itália em Lisboa. Mais especificamente, o relatório datado de 13 de Maio de 1940, portanto, nas vésperas da entrada da Itália na guerra, no qual o diplomata reproduz as considerações de Salazar relativas à importância da neutralidade armada de Mussolini para a manutenção da paz no Mediterrâneo e nos Balcãs, à função europeia da Itália e às consequências da entrada dos Italianos na guerra. Citando o documento:

---

[9] AHD/MNE, 2P A48 M185: *Aide-mémoire* de 5 de Junho de 1943, a Legação de Itália em Lisboa ao MAE.

«Se l'Italia dovesse entrare in guerra ne avrei un profondo dolore perchè la Turchia seguirebbe inevitabilmente il movimento e i Balcani finirebbero per essere coinvolti anche essi nel conflitto. La mia speranza sinora è stata che il Duce potesse conservare le sue forze intatte per agire col peso di esse ed organizzare così la pace e la nuova Europa. Se tutta l'Europa sarà presa nel rogo della guerra la sola potenza che veramente profitterà dell'avvenire sarà la Russia che si guarderà bene dal lasciarsi trascinare nella mischia e propagherà su un'umanità sanguinante e minorata il veleno del bolscevismo. Io [...] mi chiedo quale convenienza abbiate a favorire lo stabilimento di un'egemonia continentale tedesca che sarà d'un terribile peso per voi. A mio avviso la funzione dell'Italia dovrebbe essere quella di equilibrare le forze, tenendo presente che i Tedeschi hanno la guerra e la conquista nel sangue» (Ministero degli Affari Esteri 1960, pp. 335-336).

Enfim, estas eram as previsões optimistas e construtivas para uma Itália cujo regime político se considerava na vanguarda política europeia. Todavia, as campanhas de guerra italianas e a crescente instabilidade política interna, em conjunto com a concretização progressiva da vitória pelos Aliados, constituem um rol de factores que levam o Estado Novo a não reconhecer, em 1943, a República de Salò como o legítimo Governo de Itália.

As afirmações de Salazar reproduzidas neste relatório, sugerimos, poderão ter constituído a base da plataforma diplomática na qual prosseguiram as relações luso-italianas com a Monarquia. Por outras palavras, as considerações e expectativas ali enunciadas, primeiramente votadas ao regime de Mussolini, foram transmutadas para o novo Governo monárquico. Refira-se ainda que o vaticínio feito por Bova Scoppa na *aide-mémoire* citada *supra* revelou-se acertado, pois as negociações para uma paz separada decorreram por intermédio de Lisboa.

II

O CARÁCTER SIMBÓLICO
DE UMA DIPLOMACIA DE TRANSIÇÃO

A diplomacia que definimos como sendo de transição reporta-se à conjuntura bélica e pós-bélica delimitada pelos anos 1943 e 1946, constituindo o período charneira para a nova ordem europeia e internacional, marcada pela bipolaridade da guerra-fria. No referente a Portugal e à Itália, este triénio representa um ciclo de reconfiguração da política interna e externa, tacitamente executada a fim de demarcar a aproximação aos Anglo-americanos e reforçar uma posição internacional resguardada das invectivas dos vencedores contra, no caso português, o autoritarismo e antiliberalismo do Estado Novo, e, no caso italiano, contra as represálias procedentes da política belicista de Mussolini.

Em Portugal, o regime procura resistir à sobrevalorização dos sistemas democráticos na conjuntura do pós-guerra, um processo que começara em 1943. Quando os sucessos militares viraram a favor dos Aliados, prenunciando a derrota do fascismo e do nazismo, o Governo estadonovista opta por aplicar um conjunto de medidas aptas à execução dos ajustamentos necessários à respectiva legitimação político-ideológica. Nesta base, a neutralidade equidistante, seguida por Lisboa até fins de 1942, prevendo o menor envolvimento possível com as partes beligerantes, é convertida numa neutralidade colaborante em favor dos Aliados (Rosas 1994, pp. 301-322)[1].

---

[1] Em termos práticos, a neutralidade colaborante traduziu-se na concessão das primeiras facilidades nos Açores à Inglaterra, em Agosto de 1943, e na suspensão da venda de volfrâmio à Alemanha.

Seguir-se-iam outras medidas tendentes a adular a natureza ditatorial do Estado Novo, como a extinção do SPN e da PVDE[2], enquanto Oliveira Salazar (1951, pp. 55-69), no II Congresso da União Nacional (25 de Maio de 1944), apresentava uma política reformista de teor democratizante e anunciava, na Assembleia Nacional de 18 Maio de 1945, a realização, para Novembro desse ano, das famosas eleições legislativas «tão livres como na Inglaterra». Estas, no entanto, além de evidenciarem a astenia e a desorganização da oposição, permitiram, tal como ideado, reforçar subterraneamente o poder do Estado.

Deste modo, o Estado Novo logrou assegurar um novo ciclo de relativa estabilidade que duraria até ao «terramoto delgadista» e às eleições presidenciais de 1958 (Rosas 1994, pp. 369-381).

Em Itália, o triénio 1943-1946 representa uma época extremamente conturbada do ponto de vista político, militar e social e preenchida de acontecimentos singulares: a exoneração de Mussolini, em 25 de Julho de 1943, e a desarticulação institucional do regime fascista; a assinatura do armistício com os Aliados, em 3 de Setembro de 1943; a guerra civil e, por último, o referendo de Junho de 1946, através do qual se processou a substituição da Monarquia pela República, marcando o início formal do restabelecimento de uma nova ordem política interna[3].

Posto isto, compreender-se-á porventura com maior facilidade porque considerámos esta diplomacia de transição como simbólica: dois países inicialmente semelhantes em termos político-ideológicos prosseguem as

---

[2] Em Fevereiro de 1944, extinguia-se o SPN, organismo responsável pela propaganda e inculcação ideológica, e instituía-se, nos mesmos princípios, o SNI. Na mesma lógica, em Outubro de 1945, extinguia-se a PVDE para instituir a PIDE, uma medida de cosmética tendente a reverter a negatividade resultante das acções repressivas daquela e dos estreitos acordos de cooperação estabelecidos com as polícias políticas fascista, nazi e franquista.

[3] O desaparecimento da Monarquia Italiana foi uma das consequências da Segunda Guerra Mundial, pois irremediavelmente conotada com o fascismo e imputada pelo atraso económico--social da Itália. Foi deposta democraticamente através do referendo de 2 de Junho de 1946, no qual se inqueria os Italianos sobre qual deveria ser a natureza do regime: monárquica ou republicana. Uma pequena maioria votou a favor da República, cerca de doze contra dez milhões de sufrágios. A forma assimétrica como se repartiram fez, na altura, recear a ruptura geográfica da península, porquanto o norte e o centro, até ao Lácio, votaram pela República, o sul e as ilhas votaram pela Monarquia (Nolfo 1996, pp. 175-204).

cordiais relações de amizade quando anulada esta similitude. Deste modo, o facto de a Itália intentar profusamente escamotear o recente passado fascista não interfere negativamente na diplomacia luso-italiana, nem o Estado Novo reconhece qualquer legitimidade político-diplomática à República Social Italiana, instalada por Mussolini em Salò.

As grandes questões deste período prendem-se com os assuntos procedentes da guerra, nomeadamente a negociação da paz separada entre Roma e os Anglo-americanos através de Lisboa e a cooperação luso-italiana ao nível da coarctação da actividade política e propagandística dos mussolinistas em Portugal continental e ultramarino.

## 1. A Itália e a negociação da paz separada

Em Roma, quando apercebido que a guerra seria mais longa do que o inicialmente previsto e sendo evidente a fraca operacionalidade estratégica do exército fascista, o Governo e algumas individualidades políticas de primeiro plano menos afectas ao mussolinismo[4] ensaiam uma aproximação táctica aos Aliados no sentido de promover negociações para uma paz separada, a qual, esperava-se, revertesse a posição da Itália e atenuasse as inevitáveis represálias adstritas à beligerância. O papel de Lisboa foi importante neste processo, não só porque constituiu o palco das negociações entre as partes, mas também porque Salazar, desde Junho de 1943, serviu de intermediário entre Londres e Roma, em anuência à petição da Princesa e Presidente da Cruz Vermelha Italiana, Maria José do Piemonte (Milza 1980, p. 407). A este facto não terá sido alheio o conhecimento da evolução da política interna italiana, muito desfavorável para o fascismo e para Mussolini (Salvadorini 2000, pp. 161-178).

---

[4] Por mussolinismo entendemos a acção política e militar de Mussolini, a qual processou uma apropriação pessoal do fascismo enquanto ideologia político-social surgida da Primeira Guerra Mundial. Distinguimo-lo do fascismo porquanto o *Duce*, pelas suas acções bélicas, criou um núcleo de opositores dentro do fascismo. Estes subscreviam a ideologia, no entanto discordavam da forma de execução aplicada por Mussolini, como ficou patente na realização do Grande Conselho Fascista, em Julho de 1943, no qual se decidiu a deposição daquele. Por alongamento, designamos de mussolinistas os apoiantes e seguidores de Mussolini, mesmo depois de exonerado.

Os contactos italianos com os Anglo-americanos foram iniciados no Verão de 1942, porém, só em 1943 se avança no sentido da negociação efectiva da paz[5]. Este foi, sem dúvida, um longo processo de mutações conjunturais psicológicas e políticas, promovido pela carestia de bens essenciais, pelos sucessivos bombardeamentos dos pontos estratégicos e citadinos italianos e pela invasão e conquista da Sicília pelos Aliados (Milza 1980, pp. 406-407; Ray 1999, pp. 210-221; Nolfo 1996, pp. 57-85)

Este conjunto de factores precipitou a realização da Assembleia do Grande Conselho Fascista, convocada por Mussolini, a pedido do Rei Vittorio Emanuele III, para 24 de Julho de 1943, na qual o movimento da oposição fascista ao mussolinismo veria legitimada a sua causa: terminar com o poder pessoal do *Duce*. Como refere Salvadorini (2000, pp. 172-173), o Conselho concluiu que a solução imposta pelos acontecimentos devia ser de cariz monárquica, católica e tradicionalista para servir a unidade da Itália como elemento positivo dum bloco latino. Este consistiria na formação de um eixo entre os países fascizantes do sul, de Bucareste a Lisboa, como contraponto ao poderio alemão e à concórdia anglo-saxónica (Pimentel 1995, pp. 16, 23-24). Neste sentido, e citando aquele autor (Salvadorini 2000, p. 173):

«L'ipotesi di un blocco latino prendeva corpo come salvezza del futuro dell'Italia e per necessità di equilibrio internazionale, indirizzando speranze a Lisbona, come centro di tale iniziativa, in quanto si considerava Salazar come persona capace di assumerla direttamente ed opportunamente, d'intesa con Madrid».

---

[5] As primeiras diligências, inconsequentes, dada a intransigência britânica na exigência de uma rendição incondicional para a Itália, decorreram por iniciativa do Duque d'Aosta, do Príncipe do Piemonte e do Rei Vittorio Emanuele III, via Genebra. O contacto seguinte, em Novembro de 1942, novamente sem resultado, procederia do Ministro dos Estrangeiros, Galeazzo Ciano, instruindo o Ministro italiano em Lisboa para aferir da receptividade dos Aliados a uma proposta italiana para a negociação da paz. Uma nova tentativa falhada ocorreria no início de 1943 por iniciativa da Princesa do Piemonte, intervindo junto do Ministro britânico no Vaticano, à qual se segue a petição a Salazar. Mussolini incumbiria ainda, em Julho de 1943, o Subsecretário dos Estrangeiros Bastianini de tentar uma nova abordagem aos Aliados através de Lisboa (Milza 1980, pp. 406-407).

Exonerado Mussolini, a 25 de Julho, Pietro Badoglio assumia a presidência do novo Governo. Sob o máximo secretismo, para evitar as represálias alemãs, o Marquês d'Ajeta e os generais Castellano e Zanussi continuaram as diligências para a negociação da paz separada com os Anglo-americanos, sempre por intermédio de Lisboa (Nolfo 1996, pp. 60-79). A 3 de Setembro de 1943, assinava-se o armistício. Paradoxalmente, este acto levaria a Itália para a guerra civil, sendo prontamente retaliado pela Alemanha com a invasão da península itálica, doravante bipartida pela linha *Gustav* (fixada um pouco abaixo de Roma), ficando o sul sob o controlo dos Aliados e o norte sob as forças nazis e afectas a Mussolini, cuja potestade, depois de libertado pelo exército alemão de *Gran Sasso* (12 de Setembro de 1943), encontraria exercício na República Social Italiana (a Republica de Salò), fundada no Norte da Itália com o apoio de Adolf Hitler (Nolfo 1996, pp. 87--118).

Em Lisboa, o evoluir dos acontecimentos era seguido atenciosamente, mas sem que Portugal reconhecesse qualquer legitimidade política à República de Mussolini, considerando o Governo Real como o único e legítimo Governo de Itália. Esta posição, além dos procedimentos diplomáticos adoptados em favor da Monarquia Italiana, ficaria clara quando, em resposta ao convite oficial de Salò para a transferência da Legação de Portugal de Roma para o Norte de Itália, Salazar ordenou o regresso a Lisboa do Ministro de Portugal em Roma, José Caetano Lôbo de Ávila da Silva Lima.

Dado o interesse para o entendimento da diplomacia luso-italiana neste período, procederemos seguidamente à análise das acções antifascistas executadas por Lisboa a pedido do Reino de Itália.


## 2. A coarctação do mussolinismo

As intervenções da Legação de Itália junto do Ministério dos Negócios Estrangeiros em Lisboa a propósito da actividade política e propagandística executada por Italianos em prol da República de Salò eram constantes e insistentes a fim de limitar a sua actuação no território nacional, colónias incluídas. Este grupo de republicanos-fascistas era constituído por antigos funcionários diplomáticos e consulares exonerados por falta de lealdade ao Real Governo de Itália; por funcionários e quadros de importantes empresas italianas com negócios em Portugal[6] e ainda por seguidores fiéis, cuja influência era utilizada junto das missões diplomáticas estrangeiras acreditadas em Lisboa em benefício da República de Salò. Outros tentavam entrar no país via Madrid, importante centro fascista, a coberto de propósitos comerciais, quando o objectivo real consistia na prossecução da actividade política e propagandística contrária aos interesses do Estado italiano.

Além da normal propaganda de cariz político, o grupo dissidente adoptava procedimentos coercitivos contra o corpo diplomático do Reino de Itália. Num memorando de 28 de Janeiro de 1944, a Legação comunicava que eram transmitidas ao Governo de Salò informações detalhadas e precisas referentes às famílias dos membros da Legação residentes no Norte de Itália com vista à aplicação de represálias. Por sua vez, em Lisboa, eram frequentes as ameaças telefónicas contra as suas pessoas e bens.[7]

Perante estes factos, e em nome das estreitas e leais relações de amizade que uniam os dois países, o Real Governo de Itália solicitava ao Governo português os bons ofícios das autoridades nacionais para limitar tais invectivas[8]. A anuência do Estado português decompunha-se em medidas de natureza diplomática e policiária.

No primeiro caso, conta-se as instruções ministeriais à Embaixada portuguesa em Madrid para não conceder vistos de entrada em Portugal a Italianos provenientes da Itália do Norte e o encaminhamento pelo MNE dos pedidos relativos à contenção da actividade política dos dissidentes para as autoridades competentes. Refira-se que a Missão italiana apelava inclusive à expulsão do país de tais indivíduos, notando que estes não

---

[6] Neste caso são referenciáveis alguns dos colaboradores da empresa *Snia Viscosa*, parceira da firma portuense *Fibro Lusitana*, cuja intensa actividade propagandística e prestígio adquirido nos meios fascistas levava a Legação de Itália a considerá-los elementos de elevada perigosidade (AHD/MNE, 2P A48 M185: Ofício n.º 22, confidencial, de 26 de Fevereiro 1944, o Director-geral dos Negócios Políticos ao Director da PVDE).

[7] *Ibidem*: *Aide-mémoire* de 28 de Janeiro de 1944, a Legação de Itália em Lisboa ao MNE.

[8] *Ibidem*: *Aide-mémoire* de 28 de Janeiro de 1944, a Legação de Itália em Lisboa ao MNE (convém referir que este e o documento anterior são independentes entre si).

poderiam invocar as prerrogativas inerentes ao estatuto de refugiados políticos, porque, apesar da conjuntura política e militar existente em Itália, o Real Governo oferecia todas as possibilidades de livre entrada na península.

Ao nível da segurança e policiamento, a PVDE exercia o controlo acrescido da entrada de Italianos em Portugal, cujo ingresso condicionava segundo as referências obtidas junto de pessoas e firmas idóneas ou de instituições estatais. O policiamento dos edifícios diplomáticos e consulares foi também reforçado (incluindo a residência do Chefe da Missão Diplomática), assim como se exercia a discreta e possível vigilância sobre elementos da colónia italiana.[9]

Não obstante, apesar de atender «prontamente [...] e com toda a boa vontade» as solicitações das autoridades italianas acreditadas por Lisboa, o Secretário-geral da PVDE assume uma atitude bastante crítica, considerando excessivos os pedidos da Legação. Segundo ele, nenhum facto teria ainda justificado a tomada de medidas especiais contra todos os cidadãos italianos que não aderiram ao Real Governo, as quais eram, aliás, solicitadas «quase diariamente» desde Setembro de 1943[10]. Ademais, as denúncias tinham sido «sempre baseadas em simples hipóteses». E aqui residia o cerne da questão para o Secretário-geral:

> «Estas assustadiças manifestações [...] podem conduzir ao cometimento de injustiças e a causar prejuízos a terceiros, com a agravante de, a serem sempre atendidas, transformarem as autoridades portuguesas em instrumento de perseguição e vinganças por conta das autoridades italianas. [...] Divergências de opiniões evidentemente que existem, mas existem igualmente entre os Franceses, por exemplo, para não citar outros, sem que a representação diplomática venha pedir a expulsão ou extermínio de todos os que não acatam o Governo legal de Vichy»[11].

---

[9] *Ibidem*: Ofício n.º 29, confidencial, de 14 de Março de 1944, o Director-geral dos Negócios Políticos do MNE ao Secretário-geral da PVDE.

[10] *Ibidem*: Ofício n.º 5.133/SE, confidencial, de 23 de Fevereiro de 1944, o Secretário-geral da PVDE ao Secretário-geral do MNE.

[11] *Ibidem*.

Estes comentários mereceram algumas observações da Secretaria de Estado do Ministério, declarando que, no seu parecer, deveriam ser tomadas algumas providências, não no sentido de violentar ou perseguir os Italianos desafectos ao Rei de Itália (referência ao último parágrafo citado *supra*), mas porque «não se pode reputar conveniente que entrem em Portugal elementos que possam vir agravar as dissidências já existentes e colocarem--nos possivelmente em situações embaraçosas» [12].

As dissidências políticas observaram-se também entre Italianos oficialmente nomeados para o exercício de funções culturais junto de instituições e universidades portuguesas. Foi, por exemplo, o caso de Vincenzo Spinelli, Leitor de Língua e Cultura Italiana junto da Faculdade de Letras da Universidade de Coimbra, exonerado pelo Real Governo de Itália pela prossecução de uma actividade política absolutamente contrária aos interesses nacionais. Entretanto, o Leitor havia sido nomeado assistente da cátedra de Filologia Românica pelos órgãos universitários, nomeação posteriormente ratificada pelo Ministério da Educação Nacional. O caso Spinelli, conjecturado de simples despacho, adquiria, com esta provisão, contornos delicados e complexos, transformando-se numa questão de política interna e de clara prevalência da lei portuguesa.

Em nota de 2 de Agosto de 1944, a Legação italiana chamava a atenção para uma situação difícil e absurda criada pela existência, na mesma Universidade, de dois professores italianos, um (Giacinto Manuppella) oficialmente nomeado pelo Governo legítimo de Itália na qualidade de digno representante da cultura italiana, e outro (Vincenzo Spinelli) que, desprovido de qualquer qualificação oficial, representava as ideias e a ideologia em voga entre o grupo político sedicioso. Desta forma, o Ministro de Itália solicitava que o Governo português, além de suspender o processo de investidura de Spinelli, não concedesse ou legitimasse quaisquer outros indivíduos sediciosos em cargos públicos, resguardando, deste modo, a exemplar colaboração cultural ítalo-portuguesa.[13]

---

[12] *Ibidem*: Ofício n.º 29, confidencial, de 14 de Março de 1944, o Director-geral dos Negócios Políticos do MNE ao Secretário-geral da PVDE.

[13] *Ibidem*: Nota n.º 1292 de 2 de Agosto de 1944, a Legação de Itália em Lisboa ao Director--geral dos Negócios Políticos do MNE.

Confirmando a nomeação de Spinelli, o Ministério da Educação Nacional defende a ilegitimidade do pedido da Legação de Itália, porquanto a legislação portuguesa concernente à actividade docente por estrangeiros previa que as universidades nacionais poderiam beneficiar da colaboração de estrangeiros competentes independentemente de serem *persona non grata* para o Governo do respectivo país. Nestes termos, exonerado das funções de representante oficial da cultura italiana, Spinelli seria apenas um funcionário do Governo português, desempenhando as funções de assistente do grupo de Filologia Românica como as desempenharia um português reputado competente pela Faculdade[14]. No entanto, segundo nota da Legação Real, o Professor não só teria sido investido no cargo nos fins de 1944, como exerceria funções lectivas na dependência do Instituto de Estudos Italianos, quebrando-se, assim, a lógica processual enunciada no ofício da Educação Nacional. Um facto que a Legação considera grave e despeitoso ou não fosse o Instituto subsidiado pelo Governo de Itália[15].

Em todo o processo de coarctação do mussolinismo, o caso Umberto Campini, que até meados de 1943 exercera funções de Cônsul-geral de Itália em Lourenço Marques, Moçambique, foi o mais complexo e moroso, não só devido à categoria e actividade do diplomata, mas também pelo envolvimento dos EUA e da Inglaterra.

Durante a Segunda Guerra, Moçambique tornou-se numa zona estratégica primacial ligada à movimentação dos beligerantes no Índico, apta, por isso, ao exercício de uma intensa actividade de espionagem por parte de Italianos, Alemães e Britânicos. Campini, enquanto Cônsul-geral, actuou com a máxima diligência em prol dos interesses italianos, sendo-lhe atribuída a formação da rede de espionagem fascista, basicamente dedicada à observação do movimento dos navios aliados (Salvadorini 2000, p. 162, nota 327; Telo 1990, pp. 163-165). Exonerado Mussolini, o diplomata ratifica a fidelidade ao *Duce* e ordena a perseguição e detenção dos Italianos antifascistas.

---

[14] *Ibidem:* Ofício n.º 287, confidencial, de 7 de Agosto de 1944, o Chefe do Gabinete do Ministro da Educação Nacional ao Director-geral dos Negócios Políticos.

[15] *Ibidem*: Nota n.º 147 de 19 de Janeiro de 1945, a Legação de Itália em Lisboa ao Director--geral dos Negócios Políticos.

Com base nestes procedimentos, Roma destitui-o da categoria de representante diplomático do Reino de Itália e demanda a Lisboa que trate com urgência do seu repatriamento[16]. Definidos os trâmites entre as autoridades portuguesas e os Anglo-americanos, Campini parte, em Outubro de 1943, a bordo do *Angola*. Apesar de inicialmente informado de que seguiria até Lisboa – onde seria autorizado a seguir para a Itália do Norte ou Alemanha caso o Governo de Salò ou nazi anuísse na troca do ex-Cônsul por um diplomata italiano sequestrado na Alemanha ou em território ocupado e que tivesse optado pelo Governo Real[17] –, Campini foi obrigado, por notificação do Delegado da PVDE, a suspender a viagem no Funchal (em 27 de Novembro de 1943), retomando-a somente no início de 1946, em direcção à Alemanha via Lisboa (Pimentel 1995, p. 24).

A evolução dos acontecimentos despontou uma intensa troca de correspondência entre o antigo Cônsul e o Delegado da PVDE no Funchal, entre este e o Director da PVDE em Lisboa e entre este e o MNE, Campini protestando contra a detenção no Funchal, a PVDE fazendo o ponto da situação e o MNE informando das negociações transcorridas com a Inglaterra e a Alemanha (como Portugal não mantinha relações diplomáticas com a República Social Italiana, a questão era tratada com o Governo nazi).

Em carta datada de 30 de Novembro, Campini, sumulando criticamente os acontecimentos, sublinhava ao Delegado da PVDE que o Governador-geral de Moçambique empenhara a sua «palavra de honra» em que a viagem prosseguiria «sem incidentes» até Lisboa[18]. Solicitados esclarecimentos ao Ministério das Colónias, o MNE era informado que o Consulado da Inglaterra em Lourenço Marques fornecera salvo-condutos válidos apenas até ao Funchal, aqui sendo revalidados para Lisboa pelas autoridades britânicas locais[19]. Esta situação não concretizada, ou seja, a não revalidação, e a

---

[16] *Ibidem*: *Pro-memoria* de 13 Outubro de 1943, a Legação de Itália em Lisboa ao MNE.

[17] AHD/MNE, 2P A48 M185: Apontamento de conversa do Conselheiro da Legação de Itália, Marquês d'Ajeta, com o Dr. Rodrigues Pereira, 26 de Outubro de 1943.

[18] *Ibidem*: Carta de 30 de Novembro de 1943, Umberto Campini ao Delegado da PVDE no Funchal, cópia.

[19] *Ibidem*: Ofício n.º 3680 de 20 de Dezembro de 1943, o Chefe de Gabinete do Ministro das Colónias ao Director-geral dos Negócios Políticos do MNE.

obtenção tardia do salvo-conduto americano exacerbaram os protestos do ex-Cônsul junto do Delegado da PVDE, acusando o Governo português de má fé e de incumprimento de «todos os princípios de neutralidade e de direito internacional» [20].

Que motivos havia, pois, para deter Campini na Madeira? Fundamentalmente, razões de segurança (recorde-se a influência política de Campini e as anteriores demonstrações de fidelidade a Mussolini). Primeiro, ao garantir a viagem só até ao Funchal, as autoridades anglo-americanas e portuguesas exerciam um controlo maior sobre Campini, cujos contactos junto das autoridades alemãs, nomeadamente diplomáticas e consulares, poderiam resultar na sua fuga. A insularidade limitaria, portanto, essa possibilidade. Segundo, os Aliados balizavam a entrada de Italianos fascistas na Europa continental, o que, no caso de Campini era ainda mais rígido, dado que mesmo na ilha continuava a defender os interesses do *Duce*. Nestes termos, e apesar do Governo britânico, após a relutância inicial em prosseguir com o repatriamento para a República Social de Itália, anuir a permuta de Campini em Janeiro de 1945 (com o Governo português a garantir que o ex-Cônsul permaneceria em Lisboa o tempo estritamente necessário para o reencaminhamento)[21], Campini deixaria o Funchal, como já referimos, apenas em 1946.

Concluímos o capítulo fazendo referência à audiência havida entre o Encarregado de Negócios de Portugal em Roma, Luís Jorge da Costa, e o Ministro dos Estrangeiros italiano, Alcide de Gasperi, no imediato cessar-fogo, no decorrer da qual ambos expuseram muito claramente a natureza das relações diplomáticas entre Portugal e a Itália. Uma ideia ou lógica fundamental enforma o discurso dos dois diplomatas: a existência de vínculos históricos profundos, construídos em torno de um substrato cultural comum de matriz latina. Citamos o telegrama da Legação em Roma:

---

[20] *Ibidem*: Carta de 3 de Janeiro de 1944, Umberto Campini ao Delegado da PVDE no Funchal, cópia.

[21] *Ibidem*: Nota n.º 125/3/45 de 16 de Janeiro de 1945, a Embaixada de Inglaterra em Lisboa ao Director-geral dos Negócios Políticos.

«Fiz comunicação V. Ex.ª me encarregou nas linhas gerais instruções superiores de V. Ex.ª. Permiti-me acrescentar, por saber que até voto tocaria mais do que qualquer outro coração italiano num momento em que Itália atravessa crise grave, que desejamos nossa grande irmã latina retomasse o mais breve possível posição na Europa digna da sua História sua civilização milenária e grandes qualidades povo italiano frisando também que relações entre dois povos eram baseados tão sinceramente na amizade que apesar de todos acontecimentos havidos Europa e Itália elas se tinham mantido inalteráveis desde o começo até ao fim guerra. [...] Senhor Ministro [...] respondeu que sentimentos Governo e Nação portuguesa e termos afectuosos, podia mesmo dizer fraternais, como eram expressos verdadeiramente o comoviam. [...] Esperava que Portugal e a Itália apesar de países pequenos [...] contribuiriam medidas suas forças reconstrução mundo. Ambos tinham participado largamente sua História e propagado civilização cristã. [...] Como lhe dissesse confiar em que latinidade apesar de saída diminuída esta guerra teria papel importante desempenhar reconstrução mundo e que seu espírito brilharia onde faltavam meios materiais respondeu que minhas palavras correspondiam perfeitamente sua maneira de ver»[22].

Esta é, na generalidade, a lógica estruturante da diplomacia luso-italiana, valorizando-se o *ethos* cultural compartilhado enquanto base sólida para o estreitamento das relações bilaterais, as quais, na verdade, só tardiamente encetariam um processo efectivo de aproximação em todos os domínios, sem a prevalência de discursos culturais e axiológicos sobre acções políticas, económicas e também culturais concretas.

---

[22] *Ibidem*: Telegrama n.º 53 de 17 de Maio de 1945, a Legação de Portugal em Roma ao MNE, transmitido pela Embaixada de Portugal junto do Vaticano, telegrama n.º 93 de 17 de Maio de 1945. Metodologicamente, optou-se por transcrever *ipsis verbis* os textos dos telegramas e dos aerogramas, mantendo-se o estilo telegráfico dos documentos.

III

O JOGO DE POSICIONAMENTO EURO-ATLÂNTICO
E AS RELAÇÕES LUSO-ITALIANAS

No triénio final dos anos 40, a relevância das relações bilaterais luso-italianas recai no domínio económico e cultural e não tanto no político. Todavia, estes três anos são fundamentais para a compreensão da estratégia de posicionamento euro-atlântico esboçada por Portugal e pela Itália, a qual tenderá a influir nas relações diplomáticas entre os dois países nas décadas procedentes.

Comecemos por explicitar as terminologias do título do capítulo, em especial os conceitos posicionamento e euro-atlântico em referência à conjuntura internacional procedente da Segunda Guerra Mundial. O primeiro e o termo do qual é determinativo (ou seja, a palavra jogo) sugerem a ideia de movimento e de uma acção prolongada. O segundo, euro-atlântico, ligado ao anterior caracteriza a área de acção: a Europa e o Atlântico. O hífen indica a estreita ligação entre as duas geografias, operada em torno do surgimento dos EUA enquanto potência hegemónica mundial, cuja intervenção na reconstrução económica, material e política da Europa foi reconhecida como necessária, e da perda de influência mundial das potências europeias, com destaque para a Inglaterra. Como é corrente na documentação e reflexões surgidas na época, o centro do Poder deslocara-se da Europa para o Ocidente, ou seja, para Washington, evidenciando a estreita cooperação entre o Governo norte-americano e as nações europeias inseridas no sistema ocidental e a supremacia daquele para influir nos

41

destinos europeus. Resta explicar a importância do conceito Atlântico. Em termos geopolíticos, não significa apenas o oceano, mas toda a área marítima e continental, desde os países da América do Norte à Europa ocidental e mediterrânica, unificada através da criação de um sistema defensivo contra o imperialismo soviético – a NATO. O Atlântico é, portanto, uma zona estratégica de concertação e negociação intercontinental contra um Oriente dominado pela URSS. O conceito de posicionamento e a ideia de movimento subjacente remete-nos, por conseguinte, para a concretização da área euro-atlântica, a qual decorre progressivamente desde 1946, data da teorização do Plano Marshall, até 1949, ano da fundação da NATO, e para o processo decisório quanto à inclusão no sistema euro-atlântico ou na zona comunista. Resta referir que, ao nível das relações internacionais, o relacionamento entre os Estados é equacionado não já só numa perspectiva bilateral mas também multilateral, enquanto o equilíbrio dos «centros múltiplos» (Telo 1996, p. 17), formado nos finais do século XIX, é substituído por um sistema internacional bipolar, dominado a Ocidente pelos EUA e a Oriente pela URSS.

As relações bilaterais decorridas entre Portugal e a Itália no triénio 1946-1949 serão equacionadas como parte do jogo de posicionamento estratégico euro-atlântico de cada um dos países. Particulares neste novo sistema, Portugal e a Itália surgiam no contexto europeu e internacional como países menores e sem influência no concerto das nações. Havia, contudo, profundas diferenças relativamente ao estatuto internacional, à situação interna e à orientação da política externa. Neste contexto, a co-fundação da NATO (1949) torna-se paradigmática, sendo o estatuto de aliado utilizado amiúde por ambas as partes para obter ou justificar apoios e tomadas de posição um a favor do outro, além de constituir uma plataforma de estreitamento das relações luso-italianas nas décadas ulteriores. Serão estes os assuntos abordados ao longo do capítulo: depois de equacionarmos a estratégia de posicionamento euro-atlântico de Portugal e da Itália, analisaremos os projectos europeístas formulados por Roma, nos quais estava prevista a participação de Portugal, e as relações luso-italianas no quadro do reposicionamento euro-atlântico.

## 1. O posicionamento euro-atlântico de Portugal e da Itália

### 1.1. Portugal

Apesar da natureza ditatorial do regime, o Estado Novo beneficiava do apoio tácito dos EUA e da Inglaterra, interessados na manutenção das bases militares instaladas nos Açores no tempo da Segunda Guerra Mundial e na sustentação da Península Ibérica na esfera de influência ocidental. Neste particular, a importância geopolítica de Lisboa devante a ostracização internacional da Espanha posicionou favoravelmente o Governo português como intermediário entre o Governo franquista e o Ocidente e reforçou a posição geoestratégica do território nacional. A nível interno, o apoio Anglo-americano no processo de retracção da actividade da oposição repercutiu-se na consolidação e no reforço do autoritarismo do regime numa conjuntura externa de profunda transmutação política, ideológica e social (Telo 1996, pp. 28-34; Castaño 2006, pp. 51-76). A partir de 1947, após uma breve conjuntura aparentemente democratizante e modernizadora, o Estado Novo emergia revigorado, dominando com facilidade a tentativa de golpe de Estado liderado por Mendes Cabeçadas e os movimentos grevistas e contestatários, assim como resistiria, dois anos depois, ao episódio da candidatura de Norton de Matos à Presidência da República. O agravar das relações entre o Ocidente e a URSS daria ainda a Salazar a oportunidade para suspender a política de transigências da autoridade executada para contornar a conjuntura politicamente adversa aos autoritarismos políticos, retomando a utilização total dos métodos repressivos. No entanto, como a conjuntura era de distendida influência simbólica das democracias vencedoras sobre os regimes fascista e nazi, o Estado Novo constrói uma imagem interna e externa de valimento próprio, recusando o carácter despótico opressivo imputado ao regime (Rosas 1994, pp. 402-407)

No paradigma emergente da diplomacia internacional, os pressupostos fundamentais da política externa estadonovista, segundo os quais Portugal, país essencialmente atlântico, deveria, por um lado, afastar-se dos conflitos europeus para concentrar-se numa aliança privilegiada, senão exclusiva, com a Inglaterra e, por outro, orientar-se para o Império Colonial, em especial para a África, por demasiado simplistas, perdiam funcionalidade e não ofereciam grande margem de manobra para actuar numa realidade histórica em acentuado processo de transmutação. Era, pois, necessário alargar a frente diplomática. Nestas circunstâncias, assume especial relevância a negociação e a assinatura do Acordo das Lajes (1948) com os EUA, Nação que colocava sérias reservas aos homens do Estado Novo, dada a disparidade de princípios estratégicos, políticos, económicos e axiológicos seguidos em Washington e Lisboa, e uma aproximação limitada e com reservas à Europa, expressa na adesão ao Plano Marshall e à OECE.

Todavia, é importante sublinhá-lo, esta adaptação tentada não significa que em Lisboa se aceitasse a nova ordem internacional (Pinto 2005, pp. 18-19). Na verdade, os governantes portugueses demonstravam-se pessimistas quanto ao futuro do Ocidente. Tal disposição determinou uma atitude extremamente defensiva e cauta face à evolução geral da conjuntura externa, em particular perante a assunção dos EUA como a primeira potência mundial e a quebra da supremacia atlântica da Inglaterra; o «desaparecimento» da Europa Central, abrindo caminho à instalação da potestade russa e, por fim, o movimento europeísta, visto como uma estratégia de favorecimento dos grandes Estados (Telo 1996, pp. 25-28).

Dos factos sobreditos, detenhamo-nos um pouco na posição de Salazar relativamente ao movimento europeísta, visto que o anticomunismo constitui um dos pilares ideológicos do salazarismo já muito debatido e as reservas aos EUA vão sendo progressivamente geridas nas décadas seguintes, através de uma diplomacia de concertação. A presença da Europa na política externa estadonovista merece uma reflexão mais longa. Primeiro, porque Portugal é um país europeu que teve sempre uma relação especial com o continente, expressa mais numa proximidade axiológica, cultural e espiritual do que propriamente política. Segundo, porque a Itália, ao contrário de Portugal, empenhar-se-á em participar activamente o movimento de integração europeia. Terceiro, porque as disposições de ambos os países neste referente, determinadas por razões particulares de ordem histórica, geográfica e política, repercutem-se no teor das relações bilaterais luso-italianas.

Oliveira Salazar, desde 1936, repudiava publicamente a construção de uma Europa comunitária de tipo continental, exclusivamente europeia ou federalista, considerando ser uma pretensão ilusória querer tentar construir algo semelhante a uns Estados Unidos da Europa (Salazar 1946, p. 117). As suas reflexões articulam um conjunto de pressupostos fundamentais, sobre os quais o próprio e os seus colaboradores definem a ideia de uma Europa *sui generis* que norteará a política europeísta, ou o posicionamento europeu, do Estado Novo.

No triénio final dos anos 40, Lisboa previa a integração no processo de estreitamento da cooperação curo-atlântica desde que não se preterisse a «coordenação das diversas ordens nacionais» à «constituição de super-Estados, dirigentes, guardas e defensores do mundo» (Salazar 1951, pp. 57-58)[1].

Como observa Luís Reis Torgal (1993, pp. 41-52 e 1994, pp. 73-104), se a posição do regime face à realidade europeia, expressa no «paradoxo» europeísmo/anti-europeísmo, poderia parecer contraditória, esta era, na verdade, parte de um estratégico discurso ético-político de posicionamento internacional. O seu fundo de legitimação procedia da leitura axiológica e cultural do Ente Europa – em rejeição de uma concepção meramente geográfica, política ou económica – e da respectiva integração num quadro de influências político-culturais historicamente estabelecido em torno do Atlântico, alargando, neste sentido, o conceito de Ocidente.

Nas vésperas da adesão portuguesa ao Pacto Atlântico (1949), a ideia de Europa formulada pelo regime estava definitivamente articulada em toda a sua lógica argumentativa. No discurso «Portugal e a NATO», Salazar (1951, pp. 419-420) fala do Velho Continente numa perspectiva humanista, espiritual e cultural e na sua dimensão «simultaneamente trágica e gloriosa», isto é, uma Europa que, apesar de moralmente desfeita, possuía o primado das

---

[1] A seguinte afirmação, transcrita do discurso «Portugal, a guerra e a paz» (18 de Maio de 1945), é bastante expressiva quanto a este assunto: «Seja qual for a evolução futura das sociedades humanas, [...] as nações serão [...] a base natural e mais simples de uma organização mundial. Nem federações artificialmente decretadas ou impostas, nem super-Estados hegemónicos com os seus Estados-vassalos, em organizações de interesses em quadros acima das nações poderiam exceder em simplicidade, eficiência e colaboração pacífica uma organização dos agregados nacionais» (Salazar 1951, p. 108).

artes e da ciência, uma incomparável experiência política e a preeminência na tarefa civilizadora dos povos.

Deslocada a esfera do Poder para o Atlântico, reforçada a hegemonia dos EUA no Ocidente e fixado o *limes* soviético no centro da Europa, a interrogação quanto ao futuro desta e do respectivo papel mundial monopolizava o discurso dos homens políticos e intelectuais europeus. Segundo Salazar, a Europa, apesar da destruição material e da desorganização espiritual, garantiria uma posição mundial independente da influência dos EUA e da URSS se proviesse interinamente à sua recuperação com base nos recursos do continente africano. O disserto «Miséria e medo: características do momento actual» (Novembro de 1947) é bastante incisivo na síntese destas ideias:

> «Eu penso ou ao menos quero acreditar que a Europa do Ocidente possui condições suficientes para se restabelecer e reconquistar o seu lugar. [...]
>
> Por feliz coincidência ou provincial disposição, os destinos de toda a África são solidários com a Europa do Ocidente. [...] A Inglaterra, a França, a Bélgica, a Itália, Portugal e a Espanha têm, através de regimes políticos ou económicos diversos, a direcção efectiva e a responsabilidade do trabalho, progresso e bem-estar do continente africano. Uma política concertada de defesa e de valorização económica porá ao dispor do Ocidente produtos e riquezas que aumentarão de maneira assombrosa as suas possibilidades de vida e a sua contribuição para o intercâmbio mundial. A África é base suficiente para a política que se deseje fazer» (Salazar 1951, pp. 293-294).

Em síntese, na década de 40, ficava definida a orientação da política externa portuguesa: a aproximação atlantista à Europa, ou seja, segundo vias que implicavam uma cooperação transatlântica, como é o caso da adesão, em 1948, ao Plano Marshall e, consequentemente, à OECE, e, em 1949, a entrada na NATO. Relativamente à adesão ao Pacto do Atlântico, esta convergia para o cumprimento da função atlântica de Portugal enquanto baluarte da civilização europeia e ocidental e respectiva salvaguarda

(Salazar 1951, pp. 403-421)[2]. O apartamento face aos projectos de coope-ração política ou tendentes à supranacionalidade, hostilizados por Salazar, ficava também estabelecido nos anos 40, sem que Portugal participasse no Congresso de Haia ou integrasse, dada a natureza autoritária do regime, o Conselho da Europa (Guerra 2000, pp. 5-68; Pereira 2006, pp. 31-404).

## 1.2. Itália

O referendo de 2 de Junho de 1946 constituiu um ponto de viragem importante na História italiana, convertendo a Monarquia num sistema po-lítico republicano constitucional e multipartidário, tarefa nada fácil atendendo à conjuntura em que era efectuada: a reconstrução após a guer-ra, a negociação do Tratado de Paz e o reposicionamento internacional do país (Nolfo 1996, pp. 175-204). Havia ainda a questão da explosão de par-tidos, expansiva declaração colectiva de democratismo, e da existência de cerca de meia dezena de facções políticas suficientemente sólidas para coibir a formação de um Governo estável. Comparativamente a Portugal, a situação da Itália era realmente dramática e anárquica, como notam Luís Jorge da Costa e Francisco de Calheiros e Menezes, os dois diplomatas portugueses acreditados em Roma no período 1947-1949.

Calheiros e Menezes, relatando as primeiras impressões de Roma, ela-bora uma boa síntese crítica da situação da Itália, apesar de ecoar o preconceito democrático característico do Estado Novo:

«A impressão sentida por quem atravessa da Suíça para a Itália, dei-xando uma ordem meticulosa e perfeita baseada num respeito mútuo dos

---

[2] O primeiro pedido de adesão à ONU, apresentado por Portugal sob o patrocínio dos EUA e da Inglaterra em Agosto de 1946, havia já evidenciado esta tendência. Aqueles, interessados na colocação de bases militares nos Açores e perante as reservas manifestadas pelo Governo português, prevêem como alternativa a inclusão de Portugal num sistema de defesa colectivo atlântico sob a égide das Nações Unidas (Nogueira 1985, pp. 31-35; Castaño 2006, pp. 149-163). O desenvolvimento dos acontecimentos levou, como se sabe, ao veto da URSS e ao Acordo das Lajes (1948).

indivíduos, para encontrar a apregoada liberdade de uma democracia que não é mais do que desordem e licença, é considerável. [...]

Roma [...] deslumbra e contrista. Vê-se o que foi e o que poderia ainda ser sem a desgraça que a atingiu. A circulação desordenada de veículos e peões, o desalinho do trajar, símbolo parece da democracia, a sujidade das ruas e das pessoas, tais são de momento as características da Cidade Eterna. [...]

As destruições e estragos causados pela guerra, alguns deles mesmo que se afiguram mais filhos do ódio que da necessidade, os sofrimentos que este povo deve ter tido, não impressiona menos, e explicam, se não justificam, a reacção actual contra tudo quanto existia e o levou à situação triste e miserável em que se encontra»[3].

Progressivamente, a Itália caminhava para o arruinamento de 1919, momento do advento do fascismo[4]. O perigo, porém, não era o ressurgimento fascista, controlado pela presença anglo-americana, mas a sovietização da Itália, facilitada pela deterioração das coligações governativas de base antifascista e do relacionamento entre os partidos moderados, liderados pela Democracia-Cristã, e as esquerdas. Como nota Ennio di Nolfo (1996, pp. 14-15), entre 1943 e 1946 a importância internacional da Itália era consideravelmente reduzida, tendo os Anglo-americanos minimizado a sua intervenção no processo de reorganização do sistema político-institucional italiano. Tal procedimento, além de criar uma sensação de derrota total e impotência, motivou a procura de pontos de apoio externos, nomeadamente junto da URSS. Ademais, o agravamento da situação interna no pós-guerra, empiricamente analisado pela opinião pública no contexto das relações entre os vencedores e os vencidos da guerra, desenvolveu entre os Italianos um ressentimento profundo, condenando os Aliados por adoptarem uma

---

[3] AHD/MNE, 2P A48 M185: Ofício n.º 424/63 de 3 de Junho de 1946, o Ministro de Portugal em Roma ao MNE.

[4] AHD/MNE, 2P A47 M135: Telegrama n.º 129 de 2 de Agosto de 1946, a Legação de Portugal em Roma ao MNE.

postura excessivamente punitiva contra a Itália e imputando-lhes parte da responsabilidade pela grave crise sócio-económica do país.

A assinatura do Tratado de Paz, em Fevereiro de 1947, assinala um ponto de viragem na política externa italiana, adquirindo uma compleição mais diversificada e europeísta (Mammarella 1991, pp. 116-120).

Até 1947, Roma segue a fórmula da «neutralidade ideológica», isto é, procura conservar a independência da Itália ao excluí-la da integração em qualquer bloco ou aliança. Em termos práticos, pretendia-se evitar qualquer envolvimento em futuras guerras, concentrar energias na reconstrução moral e civil interna e estabelecer zonas de influência próprias, não sendo ainda certa a sua inclusão no bloco soviético ou ocidental (Mammarella 1991, p. 119). Neste contexto, é importante ter presente o complexo panorama político-partidário da República Italiana, marcado por coligações governamentais sucessivas entre a Democracia-Cristã, vitoriosa nas eleições, e os partidos de esquerda, com destaque para os comunistas (adeptos da aproximação face à URSS) e para os socialistas (paladinos de uma neutralidade absoluta).

A partir de 1948, no cenário da guerra-fria, da iminência de uma nova guerra e do reinício do movimento de integração europeia (com a OECE e o Pacto de Bruxelas), esta posição neutral torna-se insustentável e impraticável, sem que o Estado italiano detivesse meios políticos ou militares para defendê-la e resistir ao isolamento procedente.

Esta questão da neutralidade ou da aproximação definitiva ao Ocidente era acompanhada com especial interesse por Lisboa.

Segundo o relato de Francisco de Calheiros e Menezes, num ofício de Novembro de 1948, o agravamento da tensão entre o Ocidente e o Oriente reacendera a discussão partidária em torno das vantagens e/ou inconvenientes que a neutralidade traria para a Itália e da conveniência em, «desde já, se procurar conduzir a política externa num ou noutro sentido»[5]. Em jeito de síntese do panorama político, vejamos como a situação é analisada pelo diplomata português:

---

[5] *Ibidem*: Ofício n.º 512 de 11 de Novembro de 1948, o Ministro de Portugal em Roma ao MNE.

«É claro que partidários decididos da neutralidade são os extremistas italianos que obedecem a Moscovo e contrários a ela os partidos do centro e das direitas. Existe, não obstante, [...] uma força partidária importante, representada no Governo e constituída pela ala esquerda dos próprios democratas-cristãos e pelos socialistas do Senhor Saragat, que receiam uma política excessivamente orientada para o Ocidente e que conduza a Itália a tomar compromissos de natureza militar. É nesse instável equilíbrio que tem manobrado com habilidade o Senhor De Gasperi e o seu colaborador no Ministério dos Negócios Estrangeiros, Conde Sforza. Este já declarou publicamente no Parlamento que a noção de neutralidade é uma bela coisa sempre que seja possível realizá-la e a primeira condição para isso é a faculdade de podê-la defender pela força. Não é nas condições indefesas criadas pelo Tratado de Paz que ela se poderia manter»[6].

Em suma, a neutralidade não era só difícil de manter, mas uma impossibilidade. Nestas condições, restava a Roma apenas uma alternativa, como conclui Menezes:

«A Itália se não quiser entregar-se nas mãos dos comunistas não tem outro caminho que não seja o de uma franca colaboração, em todos os domínios, com o Ocidente»[7].

A evolução dos acontecimentos, o estreitamento da cooperação europeia e a maior agressividade da URSS tornavam efectivamente importante para a Itália uma decisão pela integração ocidental, como, aliás, o Governo degasperiano vinha entretanto procedendo ao intensificar as acções diplomáticas junto dos EUA, da Inglaterra e da França a fim de reposicionar o país no concerto das nações em absoluta igualdade jurídica e moral. No entanto, como refere Calheiros e Menezes, a Itália pretendia integrar o Ocidente de forma negociada, isto é, a revisão do Tratado de Paz e as reivindicações

---

[6] *Ibidem.*

[7] *Ibidem.*

coloniais surgiam como moeda de troca para o alinhamento italiano com o bloco ocidental, fazendo valer em seu favor as circunstâncias determinadas pelo conflito latente, a importante posição geográfica da península e um contingente demográfico de 47 milhões de indivíduos[8]. Alguns dos políticos e intelectuais mais proeminentes, como Alcide de Gasperi, Carlo Sforza ou Altiero Spinelli, reconheciam mesmo que a Itália, enquanto potência regional média, poderia reaver um papel internacional preponderante e exercer algum tipo de influência em três áreas fundamentais: Europa, Mediterrâneo e Médio Oriente (Varsori 2005, pp. 75-76). Mas havia uma condicionante: a instabilidade da conjuntura política interna. Nestas circunstâncias, era fundamental proceder à estabilização do acto governativo no sentido da concretização dos programas e metas previamente definidos, sem quebras ou desvios. De entre as medidas tomadas para este efeito, sobressai a reconfiguração governamental efectuada pelo Presidente do Conselho, Alcide de Gasperi, depois da exautoração dos comunistas do Governo, a qual facilitaria, pela parte italiana, a aproximação aos EUA/Ocidente, a adesão ao plano Marshall e a prossecução de projectos europeístas (Nolfo 1996, pp. 297-394; Mammarella 1991, pp. 87-106, 121-129, 131-144).

Neste particular, ou seja, no referente ao movimento europeu, a actuação da Itália diferia em múltiplos aspectos daquela seguida pelo Governo português, em especial quanto à construção dos Estados Unidos da Europa ou de uma federação europeia. Se Salazar era adverso à constituição de instituições supranacionais, Alcide De Gasperi defendia, como menciona Calheiros e Menezes, a criação de uma Federação dos Estados da Europa[9]. Outros subscrevem esta ideia, tais como Carlo Sforza, Altiero Spinelli ou Giuseppe Saragat. Com efeito, para a maioria dos políticos e intelectuais italianos a Europa surgia como o principal ponto de referência, malgrado ter deixado de ser o centro da política internacional; para Portugal, o ponto de referência era, como expusemos, o Atlântico e o Império Colonial.

---

[8] *Ibidem*: Ofício n.º 529 de 22 de Novembro de 1948, o Ministro de Portugal em Roma ao MNE.

[9] ANTT/AOS/CO/NE-4E: Ofício n.º 549 de 5 de Dezembro de 1948, o Ministro de Portugal em Roma ao MNE.

Tommaso Padoa-Schioppa (2001, p. 42), num sugestivo livro ensaístico, explicando a vocação europeia da Itália, salienta que ela está profundamente imbricada na sua identidade cultural:

> «La sua vocazione europea è del tutto coerente con la sua identità culturale: con l'universalismo classico romano, con l'universalismo cattolico, [...] con l'Umanesimo rinascimentale e, infine, con le aperture europee del Risorgimento. Per un italiano, pensare «europeo» significa collocarsi nel solco della migliore tradizione nazionale».

O interesse italiano na construção de uma Europa política e economicamente unida, além da participação nas negociações e fundação da OECE e do Conselho da Europa, formalizou-se na apresentação de dois projectos: uma união latina europeia e uma federação na base da OECE. Em ambos Roma previa a adesão de Lisboa.

## 2. Os projectos europeístas italianos e a prevista adesão de Portugal

No imediato pós-guerra, a Itália apresentava-se como a paladina da constituição de uma união latina europeia integrando a França, Bélgica, Itália, Espanha, Portugal, Grécia e a Jugoslávia. Apesar da evidente e muito pronunciada conotação cultural, este projecto não deixava de visar objectivos políticos. De facto, ao propô-la, Carlo Sforza pretendia desenvolver, por um lado, os laços culturais entre os países latinos europeus e, por outro, os laços históricos existentes entre a América Latina e os antigos colonizadores, alargando, por via indirecta, a esfera de influência da Itália. Todavia, importa sublinhar, este projecto não excluía a criação de uma federação europeia central, como se verifica pela proposta seguidamente analisada e acima mencionada.

A junção da Itália à América Latina, não tendo a natureza de vínculos históricos – característica das relações existentes entre os países latino-americanos colonizados e os antigos colonizadores – era igualmente válida, porquanto a corrente emigratória, aqui estabelecendo importantes núcleos italianos, e o substrato cultural partilhado criavam uma base sólida para o aprofundamento das relações de amizade e solidariedade. Neste sentido, e procurando laços justificativos de carácter histórico e cultural, Roma criava um bloco de influência bidireccionado: unindo as nações latinas europeias, criava afinidades com a grande potência europeia continental, a França, garantindo uma relação de proximidade com projecção no continente europeu; com a ligação à América Latina resguardava uma influência existente.

A posição de Oliveira Salazar ecoa as suas expectativas face ao movimento de integração europeia. Com efeito, e como referimos, Salazar era favorável à união dos povos europeus mas tão só ao nível da cooperação cultural ou mesmo económica, embora neste caso com algumas reservas. Daí que apoie inicialmente o projecto, cuja ideia central – a união dos povos latinos – remontava ao tempo da guerra, mas rejeitando qualquer conotação política inerente. Uma missiva remetida pela Princesa Maria José do Piemonte ao Presidente do Conselho, em 23 de Julho de 1964, ilustra a posição de Salazar a favor da união dos povos latinos da Europa:

> «En me rappelant le projet d'union des peuples latins d'Europe, duquel vous avez été le paladin et me souvenant de la lettre que vous m'avez envoyée en juillet 1943, lettre que malheureusement a été perdue dans le désordre des jours dramatiques que nous avons passés en Italie après l'armistice, je vous prie si cela vous est possible de m'en faire une copie»[10].

Todavia, no seu parecer, seria a França e não a Itália o líder natural do bloco latino, uma posição que não era desinteressada. Com base em documentos diplomáticos franceses, Gérald Bossuat (1996, p. 64) faz algumas considerações importantes a este respeito, nomeadamente que a aproximação

---

[10] ANTT/AOS/COE-2: Carta particular de 23 de Julho de 1964, Maria José do Piemonte ao Presidente do Conselho. Como referimos no capítulo precedente, a Princesa do Piemonte pedira, em Junho de 1943, a intervenção de Salazar junto dos Anglo-americanos a favor da negociação separada da paz com a Itália. Acedendo, Salazar envia uma carta de resposta na qual tece considerações sobre a futura ordem europeia e a formação de blocos latinos neste contexto.

a Paris significava, para o Governo português, a obtenção de um aliado contra as pressões americanas nas colónias africanas.

O projecto acabaria por ser preterido por Lisboa, recusando-se formalmente a proposta com a interdição, em 1950, da formação de um comité local de uma união latina (Bossuat 1996, p. 68).

O segundo projecto apresentado pela Itália acontecia no seguimento da proposta para a criação de uma união aduaneira franco-italiana[11], no Outono de 1947, e da constituição da OECE, em Janeiro de 1948.

Na sequência da vitória eleitoral democrata-cristã em Abril de 1948, Roma conjecturava que a adesão ao Pacto de Bruxelas seria importante para fortalecer a posição internacional da Itália[12]. Porém, Londres recusou abrir negociações com este país, potência mediterrânica de segunda categoria, «mais um estorvo do que um bem, quer do ponto de vista militar, quer económico» (Varsori 2005, p. 78). O reconhecimento desta circunstância no contexto do arranque das negociações entre os EUA, a Inglaterra e a França para a criação de uma aliança – o Pacto do Atlântico – e a perspectiva da exclusão da Itália levam o Governo italiano a recorrer «à integração europeia como a melhor maneira de evitar o isolamento» (Varsori 2005, p. 78).

Foi neste contexto que o *Ministro degli Esteri*, Carlo Sforza, no memorando de 24 de Agosto de 1948, propôs a Paris a criação, nas palavras de Francisco Calheiros e Menezes, Ministro de Portugal em Roma, de «uma federação ou união europeia que completasse no campo político a ideia que presidiu, no económico, à elaboração do Plano Marshall»[13]. Segundo o

---

[11] Trata-se de um projecto de natureza económica com objectivos de ordem política, confirmando, em especial junto dos EUA, o empenhamento de Roma na cooperação económica europeia e permitindo elevar o estatuto internacional da Itália ao surgir como parceiro, em pé de igualdade, da França, uma das principais potências da Europa ocidental. Apesar da assinatura de um protocolo em Março de 1948, a união aduaneira não seria concretizada (Bossuat 1996, p. 67; Varsori 2005, p. 77).

[12] Convém referir que a elaboração do Tratado de Bruxelas decorreu sem que suscitasse interesse de maior em Roma. Primeiro, a exclusão dos EUA do processo negocial indicava a importância relativa do diploma; segundo, o Governo italiano não podia aspirar aderir a um pacto de natureza militar nas vésperas das eleições legislativas. Citando Varsori (2005, p. 78), «os líderes moderados receavam que qualquer interesse [...] pudesse ser explorado pela esquerda [...] para demonstrar que os partidos anticomunistas alimentavam ambições belicistas».

[13] AHD/MNE, 2P A47 M135: Ofício n.º 492 de 27 de Outubro de 1948, o Ministro de Portugal em Roma ao MNE.

diplomata, o objectivo velado do projecto de Sforza seria «enquadrar esse Pacto [de Bruxelas] na eventual federação», de modo que, aderindo a Itália a esta última e estando o referido pacto integrado na mesma, processar-se-ia a adesão simultânea às duas instituições. Deste modo, precaver-se-iam celeumas internas resultantes da oposição dos partidos da esquerda e da ala esquerdista da Democracia-Cristã à inclusão em qualquer pacto de natureza militar. Ademais, antecipando-se às críticas que surgiriam em torno do carácter militar do futuro organismo, Sforza coloca a tónica na natureza exclusivamente defensiva e não-ofensiva da instituição, concertando todos os esforços na «difesa della pace e della democrazia»[14].

Quanto à institucionalização, a federação deveria efectuar-se pela via mais segura, isto é, desenvolvendo-se a partir do núcleo fundador da OECE (Portugal incluído) e nas bases da experiência adquirida neste contexto. Apesar do carácter marcadamente económico da federação, previa-se a evolução gradual para fórmulas de colaboração política e social e a inclusão de novos Estados.

A proposta de Roma acabou, entretanto, por ficar esquecida (Varsori 2005, p. 78). No ofício anteriormente referido, Calheiros e Menezes comentava que, dois meses passados da entrega do memorando, a França não emitira qualquer parecer sobre o assunto, sugerindo que tal facto dever-se-ia às pressões da Inglaterra, uma vez que considerava que a proposta italiana exauria o Pacto de Bruxelas[15].

Este projecto de uma união ou federação europeia (nada ficara estabelecido sobre a dilecção por um dos dois sistemas de integração política), articulando o fundamental da política externa do Palácio Chigi[16] em 1948, era considerado como a única solução viável para conservar a paz, facto que não deixa de ser sublinhado pelo diplomata português. É também esta a ideia que enforma os discursos de Carlo Sforza, sendo bastante expressivos

---

[14] *Ibidem*: Memorando de 24 de Agosto de 1948, o Governo da República da Itália ao Governo da República da França, cópia.

[15] *Ibidem*: Ofício n.º 492 de 27 de Outubro de 1948, o Ministro de Portugal em Roma ao MNE.

[16] Palácio Chigi é uma das designações do *Ministero degli Affari Esteri*. Trata-se do nome do edifício que albergou a sede do MAE até 1959, altura em que foi transferida para a Farnesina. É actualmente a sede do Governo da República de Itália.

os trechos seguidamente transcritos, o primeiro, do disserto «Per la pace e l'unità dell'Europa» (28 de Setembro de 1948), o segundo, do discurso «Per l'unione europea tutela della pace» (15 de Outubro de 1948):

«Noi siamo protesi con ogni nostra forza verso la creazione di una Europa unita; lo siamo perchè questo è il più nobile messaggio che lo spirito italiano ha dato al mondo da Dante a Manzini. Ma lo siamo anche perchè, considerando noi la guerra come il più orribile dei disastri, ben sappiamo che il solo modo di eliminare il mostro è di lavorare all'unione dell'Europa [...]» (Sforza 1948a, p. 18).

«La sola soluzione pratica che si presenta all'Europa è quella federativa, e sarà un giorno, spero, ragione di orgoglio il sapere che fu in Italia che sorsero i più ardenti pionieri della sola grande idea che può dare all'Europa pace, prosperità e, aggiungo, una sempre più larga giustizia sociale» (Sforza 1948b, p. 14).

Mas seria esta aspiração possível na coeva conjuntura político-ideológica? No parecer do Ministro Francisco de Calheiros e Menezes, acertadamente crítico, nada parecia indicar qualquer hipótese de concretização:

«Mas olhando para o Ocidente essa união parece uma quimera. Se lançarmos a vista para a Rússia, uma impossibilidade. Para a primeira seria necessário o consentimento de Moscovo, para a segunda a concordância da Inglaterra. Difícil um, pouco provável a outra»[17].

Nenhuma das partes pretendia ceder: a Inglaterra, a pretensão sobre as antigas colónias italianas (Cirenaica, Tripolândia e Eritreia); a França e o Benelux dificultavam a reconstituição da Alemanha; a Suíça não pretendia abandonar a neutralidade em favor do Ocidente; por fim, a Itália, paladina da união de Europa, condicionava a sua aproximação com o Ocidente à

---

[17] ANTT/AOS/CO-NE-4E: Ofício n.º 534 de 27 de Novembro de 1948, o Ministro de Portugal em Roma ao MNE.

aceitação das suas reivindicações. Em suma, o desconcerto europeu e as contradições da Europa e no interior das nações surgiam como «germens de destruição».

A fundação da NATO, enquanto estratégia norte-americana para instaurar algum tipo de ordem entre os Europeus e assegurar a inclusão do oeste europeu no holismo Ocidente, surge como um projecto integralmente concretizado.

Portugal e a Itália ficaram excluídos do processo negocial, pois reconhecia-se que ambos – o primeiro pelo colonialismo, antidemocratismo e pró franquismo do Estado Novo, o segundo pelas pretensões colonialistas do Governo italiano –, trazendo questões não directamente ligadas com os assuntos europeus e objectivos da aliança dificultariam a negociação dos estatutos do futuro Pacto do Atlântico. Ademais, se Portugal manifestava um resguardo total face a iniciativas de carácter supranacionalista, facto reconhecido por Washington e Londres, já a Itália pretendia integrar a futura organização como forma de obter em definitivo o estatuto de membro pleno do sistema europeu. Todavia, a Inglaterra, à frente de outros países, opôs-se terminantemente à candidatura italiana, considerando a península como um parceiro fraco e pouco confiável[18], o que poderia ter embargado a adesão de Roma ao Pacto se a França e os EUA não tivessem apoiado as suas pretensões[19] (Telo 1996, pp. 59-61; Nolfo 1996, pp. 362-364; Mammarella 1991, pp. 159-160). O processo de adesão de Portugal foi ligeiramente diferente: a Inglaterra, em conjunto com os EUA, apoiava e incentivava a

---

[18] Com este objectivo, em finais de 1948, a Grã-Bretanha convida o Governo italiano para participar nas negociações que decorriam entre as potências do Pacto de Bruxelas no sentido de criar uma instituição de cooperação política inter-europeia. As negociações, mediante a assinatura do Tratado de Londres, levaram à fundação do Conselho da Europa (Maio de 1949). A Itália foi um dos membros fundadores (Varsori 2005, pp. 79-80; Nolfo 1996, pp. 364-366).

[19] É a França que propõe a inclusão da Itália, não por amizade diplomática, mas por questões estratégicas: Paris tinha interesse em alargar a zona de influência do Pacto ao Norte de África francês, pretensão tanto mais exequível se existisse um parceiro interessado na política do Mediterrâneo, neste caso, a Itália. Ademais, ambos poderiam contrapor-se ao predomínio anglo-americano. Para os EUA, a inclusão da Itália era de todo desejável, porquanto, integrado o país em definitivo no Ocidente, diminuía a influência do PCI num espaço altamente estratégico que a qualquer momento poderia deslizar para a esquerda (Telo 1996, p. 60).

adesão portuguesa, sendo que os planos de guerra anglo-americanos previam a utilização do espaço atlântico português (Telo 1996, pp. 62-70).

Nos finais dos anos 40 estava, enfim, definida e formalmente estabelecida a função e a acção europeísta da Itália. Parafraseando Ennio di Nolfo (1996, p. 364), «sul piano della politica estera, il Patto Atlantico completò il ritorno dell'Italia al'interno dei suoi tradizionali collegamenti diplomatici e politici».


## 3. As relações luso-italianas no quadro do reposicionamento euro-atlântico

Nos três últimos anos da década de 40, as relações bilaterais luso-italianas são pouco relevantes, uma vez que, não sendo Portugal ou a Itália potências de primeiro plano, Roma e Lisboa direccionam-se para os Estados que detinham realmente este estatuto: a Inglaterra, a França e os EUA. Da parte portuguesa, as relações com a Espanha são igualmente valorizadas, enquanto a URSS, pelos motivos já invocados, encontra-se no círculo diplomático italiano.

Assim sendo, poder-se-á questionar se a imagem de Portugal espargida na Itália condicionou de alguma forma o aprofundamento da diplomacia luso-italiana. Uma análise rápida aos artigos jornalísticos remetidos pela Legação[20] permite abstrair algumas conclusões interessantes, embora generalistas, nomeadamente: a) são parcos os artigos de conteúdo político ou respeitantes ao regime estadonovista; b) de entre estes, uma parte

---

[20] Citamos, agrupados por áreas temáticas, os artigos mais significativos. Sobre Salazar e o Estado Novo: «Poco da scialare anche in Portogallo» (*Corriere d'Informazione* 1946), «Maledizioni e statue al Dottor Salazar» (Montanelli 1948a), «Salazar non ammette che i Portoghesi sognino» (Montanelli 1948b), «Ventennio fascista in Portogallo» (*L'Umanità* 1948), «Vivificano lo stato di Salazar le correnti monarchiche portoghesi» (Uberti 1948). Sobre Portugal (economia, sociedade e cultura): «Tutto è pace e serenità» (Ritis 1947), «Portogallo, paradosso economico» (Montanelli 1948c), «Il miraccolo dell'escudo» (Ritis 1948), «Contro la ditatura di Salazar si può dire tutto, salvo che abbia trascurato miglioramenti economici e sociali» (Fiorillo 1948a), «Coimbra la dotta» (Fiorillo 1948b), «Volto del Portogallo d'oggi» (Hispanicus 1949). Finalmente, sobre a política externa portuguesa: «Due civiltà si scontrano» (*L'Europeo Qualunque* 1947), «Salazar fedele a Londra guarda però all'America» (Montanelli 1948d). Artigos consultáveis no AHD/ MNE, 2P A47 M124.

considerável evidencia o carácter autoritário do Governo de Oliveira Salazar, considerado o último reduto do fascismo; c) o principal fautor de críticas positivas é a favorável situação económica portuguesa obtida em 1948, elogiada numa série de artigos publicada no contexto da formalização da ajuda Marshall à Europa, na qual Portugal figura como um «país do bem-estar». À parte estes factos, surgem referências à política externa portuguesa e, num artigo, são divulgadas as considerações do Presidente do Conselho em torno do conceito de Ocidente e da bipolaridade Oriente/Ocidente. Como se verificou, esta era uma questão central da política interna e externa da Itália e amplamente difundida entre a opinião pública.

Convinha este núcleo jornalístico ao Estado Novo? Exceptuando os artigos que a Legação em Roma considerava insultuosos, pelas referências menos correctas ao regime, a imagem emergente de Portugal era positiva e abonatória, em especial nos artigos de cariz económico, financeiro e comercial.

É também no particular das relações económicas e comerciais que a diplomacia luso-italiana ganha maior relevância, indo de encontro ao afirmado *supra*.

Na sequência da guerra, desorganizado o aparelho nacional financeiro e produtivo (indústria, agricultura e manufacturas), a Itália foi constrangida a suspender as trocas comerciais com Portugal em regime normal, ou seja, tal como regulamentadas no Acordo Comercial e de Pagamentos, firmado em 1936. Desta situação resultou um débito de 56 milhões de escudos a saldar por Roma e o retrocesso do intercâmbio comercial entre os dois países.

Segundo uma informação de serviço do MNE, em meados de 1945, o Ministro italiano em Lisboa sugeria ao Governo português o reatamento das relações comerciais, proposta aceite pelas autoridades lusas depois de avaliadas algumas questões prioritárias, nomeadamente, o tipo de produtos que a Itália estaria em condições de exportar, o problema do transporte das mercadorias e a quitação da sobredita dívida. A solução estaria no estabelecimento de um intercâmbio equilibrado e combinado, para evitar saldos de *clearing*, «até que as condições permitissem o estabelecimento de um acordo mais amplo».[21]

---

[21] ANTT/AOS/CO/NE/-2F: Informação – resumo – parecer do MNE de 20 de Julho de 1945.

No Verão de 1947, decorrendo em Paris a conferência para o estudo da aplicação do Plano Marshall, o Ministro de Portugal em Roma transmite ao MNE algumas considerações a propósito da economia italiana, da qualificação dos recursos humanos e da negociação do futuro acordo comercial luso-italiano provisório, o qual ficaria concluída em 14 de Outubro daquele ano:

> «A Itália [...] conta industrialmente para a reconstrução da Europa e tem uma mão-de-obra vasta e de primeira ordem, com técnicos reconhecidos como dos melhores, tanto para maquinaria como para tecidos, tudo dependerá das matérias-primas que lhe forneçam, pois as fábricas ficaram intactas [apesar da guerra]. É neste momento que se vai negociar o nosso acordo com os Italianos. Quereria por isso chamar a sua atenção para este conjunto de factos e de circunstâncias que talvez indiquem a vantagem para nós em orientar as nossas relações económicas com a Itália no mesmo sentido das outras nações e de examinar com boa vontade e com espírito de compreensão as dificuldades financeiras com que se debate ainda este povo»[22].

Tullio Benedetti, deputado monárquico e director do jornal romano *Il Giornale della Sera*, num artigo publicado na edição de Setembro de 1948, aborda esta questão[23]. Todavia, o mais expressivo neste escrito é a invocação das ideias de Salazar relativamente à reconstrução da Europa ocidental com base nos recursos do continente africano para realçar a importância do restabelecimento das normais relações comerciais entre a Itália e Portugal. As vantagens a obter eram mútuas, em especial no referente à aplicação da capacidade técnica e da mão-de-obra disponibilizada pela Itália no desenvolvimento e exploração dos recursos do Império Colonial Português e na modernização da Metrópole (Benedetti 1948).

---

[22] AHD/MNE, 2P A47 M135: Carta de 28 de Julho de 1947, o Ministro de Portugal em Roma ao Director-geral dos Negócios Políticos do MNE.

[23] O artigo pode ser consultado no AHD/MNE, 2P A47 M124.

Considerava o Governo de Lisboa que a tese salazarista seria aplicável às relações económico-financeiras e comerciais luso-italianas? Os documentos que se seguem parecem permitir que se afirme pela positiva, todavia, incumprimentos da parte italiana retraem o grau de permissividade das autoridades portuguesas. Com efeito, a Itália, seguindo uma política de redução das importações ao estritamente necessário para equilibrar a balança comercial e controlar a dívida externa, criava sistematicamente dificuldades à colocação de produtos portugueses no mercado italiano (especialmente das conservas de peixe) em manifesta violação do sobredito Acordo Comercial de 1947; consequentemente, reagindo contra a atitude de Roma, o Governo português adopta um conjunto de medidas aptas a reduzir a importação de produtos italianos.

Contudo, o interesse de Roma e de Lisboa na normalização das relações comerciais luso-italianas, malgrado as políticas seguidas, era renovado nos inícios de 1949. Sobressai, todavia, um dado novo: a proposta do Governo italiano para que o intercâmbio comercial fosse alargado aos produtos coloniais, particularmente necessários para a economia italiana, dada a dificuldade na obtenção de matérias-primas[24].

Uma ulterior reiteração acontece em Abril de 1949, no contexto do processo de adesão da Itália ao GATT, o qual convencionaria, entre os países aderentes, os direitos alfandegários. Do exposto, resultava que o Tratado de Comércio e Navegação de 1934 e os sucessivos acordos entre Portugal e a Itália, na forma actual, não poderiam subsistir com os estipulados com outros Estados, porquanto novas relações alfandegárias não poderiam coexistir com diversas fórmulas de taxação. Nestas circunstâncias, como o *Ministero degli Affari Esteri* enuncia, era necessário «entrar, o mais rapidamente possível, em negociações [...] para a realização de um tratado de comércio que substitua o de 4 de Agosto de 1934», evitando qualquer «perturbação nas relações entre os dois países»[25].

---

[24] AHD/MNE, 2P A41 M78: *Pro-memoria* n.º 70/5 de 26 de Janeiro de 1949, a Legação de Itália em Lisboa ao MNE.

[25] *Ibidem*: Nota verbal n.º 5116/351 de 6 de Abril de 1949, o MAE à Legação de Portugal em Roma.

Um outro aspecto relevante nas relações comerciais luso-italianas é a discussão de facilidades de importação/exportação e de pagamento de publicações de carácter científico no intento de desenvolver o intercâmbio cultural entre os dois países[26]. Tullio Benedetti, no artigo citado *supra*, já subscrevia a tese segundo a qual o restabelecimento da normalidade de trocas, alargando-se à colaboração em todos os campos, aprofundaria «la vecchia amicizia tra Roma e Lisbona». A década de 50 foi, como veremos, fundamental neste aspecto, com o maior envolvimento do Governo italiano na intensificação das relações culturais, além das políticas e económicas.

No triénio final dos anos 40, as iniciativas oficiais de carácter cultural resumem-se quase exclusivamente ao provimento dos leitorados de língua e de cultura portuguesa e italiana e ao funcionamento dos institutos de cultura. Afigura-se-me não ser errado afirmar que a situação da cultura italiana em Portugal era superior à situação da cultura portuguesa em Itália: enquanto em Portugal existiam três leitorados de língua e cultura italiana (Lisboa, Porto e Coimbra), em Itália existiam apenas dois leitorados de língua e cultura portuguesa (Roma e Nápoles); se em Lisboa existia o Instituto Italiano de Cultura, em Roma não existia uma instituição congénere portuguesa (a mais semelhante seria o Instituto dos Portugueses, no entanto, estava sob administração da Igreja Católica); do mesmo modo, Portugal não tinha nenhuma publicação análoga à revista *Estudos Italianos em Portugal*, editada em Lisboa pelo Instituto Italiano de Cultura desde 1939; enfim, a presença cultural portuguesa era menos visível do que a italiana em Portugal.

Um dos principais lusófilos e impulsionadores das relações culturais foi Leo Magnino. Reconhecido colaborador do fascismo mussoliniano e simpatizante do Estado Novo, as suas acções em prol da boa visibilidade de Portugal na Itália foram constantes, abrangendo todo o espaço temporal deste estudo. A sua intervenção expandiu largamente o âmbito da cultura, alargando-se, nas décadas seguintes, à defesa da política ultramarina. Em Maio de 1946, desloca-se a Portugal em missão oficial do Ministério da Instrução Pública no intuito de intensificar, através do Secretariado Nacional

---

[26] *Ibidem*: Nota verbal n.º 342/40 de 22 de Abril de 1949, a Legação de Itália em Lisboa ao MNE.

de Informação, o Instituto para a Alta Cultura e o Ministério da Educação Nacional, o intercâmbio cultural no intuito de, como afiançava a António Ferro, Secretário Nacional de Informação, de quem era próximo, «estreitar no campo da cultura as relações de amizade entre os nossos dois países»[27].

Outra iniciativa, embora não oficial, surge em Novembro de 1947: a criação, por iniciativa de Leo Magnino, do *Gruppo Amici del Portogallo*, reunindo professores da Universidade de Roma, directores-gerais do Ministério da Instrução Pública de Itália e um conjunto de individualidades interessadas nas «coisas portuguesas». O Grupo tinha por finalidade «desenvolver as relações culturais, promovendo conferências, manifestações artísticas e todas as outras actividades culturais e artísticas que possam concorrer para melhor se fazer conhecer em Itália a cultura portuguesa, promover uma mais estreita colaboração entre as entidades culturais dos dois países, procurando igualmente coordenar as suas respectivas actividades»[28].

O Governo português, através da Legação em Roma e do SNI, e convém realçá-lo, comprometeu-se a prestar assistência documental e outras facilidades para a conclusão de projectos, exceptuando-se a atribuição de qualquer subsídio ou apoio monetário, desde que a «a actividade do Grupo se limitasse exclusivamente ao campo cultural e não tivesse ou viesse a ter qualquer tendência política»[29]. Pretender-se-ia resguardar o Estado português de possíveis situações delicadas resultantes de acções com conotação política e demasiado propagandísticas dos valores conservadores? De facto, numa altura em que o Estado Novo procurava uma plataforma de coexistência com as democracias vencedoras da guerra, tal possibilidade e o facto de Portugal surgir como colaborador, poderia trazer consequências negativas para o regime.

A primeira reunião de trabalhos decorreu, com certa solenidade, a 15 de Janeiro de 1948, contando com a presença de «muitas pessoas de destaque

---

[27] *Ibidem*: Carta de 9 de Maio de 1946, Leo Magnino a António Ferro, Secretário Nacional da Informação.

[28] AHD/MNE, 2P A59 M306: Ofício n.º 1238/337 de 8 de Novembro de 1947, o Ministro de Portugal em Roma ao MNE,

[29] *Ibidem*.

nos meios intelectuais italianos», incluindo o Ministro de Itália em Lisboa, Pietro De Paolis, e o Ministro de Portugal em Roma, Francisco Calheiros e Menezes. Foi um momento de declarações mútuas de amizade. Merece menção, pela importância para as relações luso-italianas, a referência do Ministro italiano ao almoço havido com Gustavo Cordeiro Ramos, Presidente do IAC, no qual «este pôs em destaque [...] o ressurgimento da Itália como uma grande potência de quem a civilização latina e a cristandade muito esperam»[30]. O discurso do diplomata português é profusamente retórico. Citamo-lo pelo seu valor documental e deixando que com ele se processe a conexão para o capítulo seguinte:

> «L'iniziativa che dà vita al Gruppo Amici del Portogallo non getta le basi di nuove relazioni sentimentali tra i due popoli latini, non avvicina il cuore dell'Italia al cuore del mio paese; essa non fa che dare forma, che ordinare ciò che già esisteva. L'amicizia italo-portoghese era ed è un fatto reale, una entità sentimentale e affettiva, radicata da secoli e non mai venuta meno pur nelle più travagliose vicende della Storia di ieri e di oggi.
>
> Non vi è soltanto, a fondamento di questa posizione spirituale, il saldo vincolo del comune sangue latino; vi è tutta una esperienza, tutta una Storia gloriosa di navigazioni, di scoperte, di opere di civiltà. Vi è una comune gentilezza, una uguale forma di pensiero, una grande anima umana che ci fa sentire in Roma, e in Italia, presente il cuore della nostra patria atlantica e che all'italiano trascorrente per le verdi terre e le luminose città portoghesi dice che è ancora presente lo spirito della sua patria mediterranea»[31].

---

[30] *Ibidem*: Ofício n.º 26 de 19 de Janeiro de 1948, o Ministro de Portugal em Roma ao MNE.

[31] *Ibidem*: Discurso do Ministro de Portugal em Roma na primeira reunião do *Gruppo Amici del Portogallo*, em 15 de Janeiro de 1948, cópia anexa ao ofício n.º 26, citado *supra*.

IV

O ESTREITAMENTO DOS LAÇOS HISTÓRICOS
E DE AMIZADE

A diplomacia luso-italiana da década de 50 assume um carácter de ineditismo face à época precedente na medida em que Roma e Lisboa reconhecem formalmente a importância da distensão das relações bilaterais, acto patente na elevação das respectivas legações à categoria de Embaixada, em 15 de Outubro de 1956.

A documentação compulsada permite inferir ser lato o interesse da Itália no estreitamento dos laços históricos e de amizade com Portugal, o que corrobora a ideia, difundida na bibliografia, da distensão da política externa italiana enquanto estratégia de posicionamento em áreas onde pretendia deter alguma influência ou presença, fosse económica, política ou cultural. Com efeito, enquanto para a Itália a política externa tendia a constituir uma via de solução para problemas internos, relacionados com a exportação de produtos nacionais e de mão-de-obra excedentária e a obtenção de matérias-primas essenciais à indústria nascente, Portugal concretizava uma política externa estruturalmente coesa, mais passiva em termos de procura de objectivos, porquanto mais activa na salvaguarda da influência resultante dos laços históricos mais importantes conservados com a Inglaterra, a Espanha e o Brasil. Nestas condições, e apesar de existirem interesses concretos, o processo de aproximação decorre em torno de um discurso diplomático substancialmente fundamentado sobre o *ethos* cultural comum às duas nações latinas e pleno de declarações de amizade, validando-se estratégias, os meios e as instituições que propiciavam as acções bilaterais.

Na perspectiva dos diplomatas portugueses em Roma, o método diplomático italiano, porque centrado numa finalidade de propaganda interna, dando à opinião pública «novas esperanças de futura prosperidade material [...] e novas certezas de que a Itália estaria desempenhando uma alta missão no campo diplomático»[1], ficava aquém dos fins definidos. Um facto delicado num país onde a influência da imprensa era profícua junto da opinião pública, ambas extremamente críticas da acção governamental.

Neste cenário, o Império Colonial Português, elemento integrante da política externa de Lisboa (o Estado Novo releva-o enquanto espaço de actuação privilegiada), constitui um fautor da aproximação da Itália a Portugal, surgindo ao capital italiano como um largo e lucrativo espaço explorável.

Ademais, identifica-se uma sobreposição de áreas de interesse, em particular, a América Latina e a África Negra. Esta realidade, convergente ao nível do continente africano subsaariano, cria em Lisboa certas reservas face à política africana da Itália, por um lado, devido à distensão da influência dentro do território português, com destaque para Angola e Moçambique, por outro, em virtude do discurso anticolonialista, especialmente acutilante até meados da década de 50.

A reflexão em torno dos assuntos principais deste capítulo processar-se-á em dois pontos: um primeiro, relativo à consolidação dos vínculos históricos e políticos, e um segundo, referente aos consensos e dissenções procedentes da política ultramarina estadonovista e da posição de Roma face à mesma.

## 1. A consolidação dos vínculos históricos e políticos

A existência de laços de amizade e de vínculos históricos e políticos é amiúde referida nos documentos diplomáticos, em especial no contexto de negociações prementes ou relevantes. Com efeito, consolidar, termo verbal

---

[1] AHD/MNE, 2P A58 M139: Ofício n.º 489 de 5 de Setembro de 1955, o Encarregado de Negócios a.i. de Portugal em Roma ao MNE. Dado o seu valor documental, o ofício foi integralmente transcrito em anexo, pp. 225-227.

que significa tornar estável e fortalecer algo que existe, pressupõe a existência de condicionantes concretas. Neste caso, revestem uma ambiência interna e externa, dado que são determinadas pela política externa dos dois países em reacção a uma conjuntura internacional marcada pelo surgimento de diversas zonas estratégicas: o Mediterrâneo (que interessa individualizar enquanto espaço intercontinental), a América Latina e a África. Estas, ainda que disputadas entre os EUA e a URSS numa macro-escala, na verdade constituem a esfera de acção privilegiada dos actores locais que, de um modo ou de outro, adquirem a necessária preponderância. É nesta perspectiva que deve ser considerada a intervenção da Itália naquelas três zonas, assim como a presença de Portugal na África e as relações com o Brasil.

Centremo-nos agora na formalização mútua, por comum acordo e sem qualquer proposta unilateral, da elevação à categoria de Embaixada das legações em Lisboa e Roma por parte dos Ministros dos Estrangeiros de Portugal e da Itália, respectivamente, Paulo Cunha e Gaetano Martino[2].

Nas cartas redigidas por ambos, convidando o homólogo à oficialização do acto, alude-se à existência de antigos vínculos políticos, históricos e de amizade, os quais vinham sendo progressivamente aprofundados, inclusive no âmbito das instituições internacionais e em especial na NATO. Uma ideia a sublinhar neste processo é a da colaboração na protecção, defesa e liberdade da civilização ocidental e dos ideais comuns ao povo português e italiano numa conjuntura dominada pela mundialização do comunismo[3].

A esparsa difusão destas ideias entre os responsáveis políticos italianos e portugueses é real, revestindo as múltiplas expressões nas quais se decompõem um carácter simbólico histórico-cultural, político, de amizade e puramente diplomático.

Por exemplo, o fragmento pétreo do *Circus Maximus* incrustado no Estádio 28 de Maio de Braga, inaugurado em Maio de 1950, possui um claro

---

[2] AHD/MNE, PEA M282: Ofício n.º 140, confidencial, de 27 de Fevereiro de 1956, o Ministro de Portugal em Roma ao MNE e ofício n.º 45, urgente, de 4 de Outubro de 1956, o MNE ao Ministro de Portugal em Roma.

[3] *Ibidem*: Carta de 12 de Outubro de 1956, o MNE, Paulo Cunha, ao MAE, Gaetano Martino; Carta de 12 de Outubro de 1956, o MAE, Gaetano Martino, ao MNE, Paulo Cunha.

significado simbólico histórico-cultural, invocando a estreita ligação da cidade com o seu passado romano. A iniciativa partiu do Presidente do Município, tendo-o solicitado ao homólogo romano, em finais de 1949. Nas palavras do Síndico, seria «um símbolo interessante de fraterna amizade de duas cidades históricas, de multimilenária civilização»[4]. A mesma ideia era partilhada em Roma, como informa o Ministro Francisco Calheiros e Menezes, no ofício descritivo da transmissão do fragmento efectuada pelo próprio Edil de Roma «com grande gentileza e certa solenidade», em memória da «amizade mútua dos dois países latinos»[5].

As declarações de votada amizade a Portugal provinham igualmente das estâncias mais altas, como testemunha António Ferro, Ministro em Roma entre 1954 e 1956. Um exemplo proveio do Presidente da República da Itália, Luigi Einaudi, e a ocasião na qual aconteceu acresce o respectivo significado:

> «[O] Senhor Luigi Einaudi dirigiu-se a mim, com especial atenção, fazendo, em voz alta, uma referência muito simpática ao nosso país e ao facto de «possuir um grande Chefe de Governo como o Doutor Salazar».
>
> Não quis deixar de dar esta informação a V. Ex.ª pois as amáveis palavras do Presidente da República assumem particular significado de espontaneidade, por terem sido pronunciadas durante uma audiência colectiva ao corpo diplomático acreditado nesta capital»[6].

A segunda, feita por Alberto Rossi Longhi, Secretário-geral do MAE, em conversa com o diplomata português, adquire, todavia, uma importância maior, em concreto, no comentário de Ferro à declaração de Longhi, enunciando uma das formas dos vínculos políticos:

---

[4] AHD/MNE, 2P A59 M30: Ofício n.º 3243 de 21 Outubro de 1949, o Presidente da Câmara Municipal de Braga ao MNE.

[5] *Ibidem*: Ofício n.º 513 de 26 de Novembro de 1949, o Ministro de Portugal em Roma ao MNE.

[6] AHD/MNE, PEA M282: Ofício n.º 719 de 28 de Dezembro de 1954, o Ministro de Portugal em Roma ao MNE.

«Durante a longa e cordial conversa que tivemos, o Embaixador Rossi Longhi demonstrou-se sinceramente amigo do nosso país [...]. Falou-se com admiração da obra realizada em Portugal pelo Doutor Salazar e disse-me que, de futuro, poderíamos contar com ele como um amigo para qualquer assunto que tivéssemos de tratar com aquela Secretaria de Estado.

A colaboração com este diplomata de invulgares qualidades poderá revestir particular interesse num momento em que Itália e Portugal procuram realizar uma política atlântica com os mesmos objectivos, embora em condições diferentes»[7].

Tal como anteriormente, a latinidade continua a articular os discursos diplomáticos e a constituir um argumento válido para o estreitamento das relações luso-italianas. Em audiência a António Ferro, poucos dias após os episódios anteriores, o Conde Magistrati, Director-geral dos Negócios Políticos, encarregado dos assuntos referentes ao Pacto Atlântico e «um sincero amigo de Portugal», tendo demonstrado «estranheza por continuar a manter-se, apesar das boas relações existentes entre os nossos dois países e da sua comunidade de interesses, a diferença existente entre as categorias das nossas missões junto do Quirinal e da Santa Sé», porquanto essa «diferença se agrava de dia-a-dia e mais se faz notar à medida que as nossas boas relações na NATO se intensificam e que nos últimos tempos outros governos, menos afins com a Itália, têm promovido as suas legações a embaixadas», sublinhava a importância dos «nossos interesses espirituais, provenientes da latinidade e civilização comum»[8]. Este pressuposto requeria, por conseguinte, a correcção de tal desequilíbrio, sem razão de ser quando, por um lado, a projecção e o reconhecimento internacional da Itália eram crescentes e, por outro, a Legação portuguesa constituía uma das últimas representações diplomáticas com esta categoria na capital romana. Refira-se que o facto de um Estado fazer-se representar ao nível de Embaixada revela a importância do Estado que recebe aquele representante e as respectivas relações e

---

[7] *Ibidem*: Ofício n.º 720 de 28 de Dezembro de 1954, o Ministro de Portugal em Roma ao MNE.

[8] *Ibidem*: Ofício n.º 6 de 5 de Janeiro de 1955, o Ministro de Portugal em Roma ao MNE.

interesses. Posto isto, cita-se um trecho do ofício, o qual, em poucas palavras, sintetiza expressivamente o precedente:

> «Tendo-lhe argumentado com o facto da Suécia, Noruega, Dinamarca e Irlanda continuarem a ser representados junto do Quirinal como legações, foi-me respondido que, apesar de toda a simpatia que a Itália tem por esses países, não podemos esquecer que os interesses espirituais provenientes são diferentes e com outro fundamento»[9].

Estes pressupostos abrem uma longa frente diplomática, partilhada e particular, que convém especificar para compreender a amplitude e pragmatismo do aprofundamento dos laços históricos e de amizade. Neste quadro, emergem duas zonas estratégicas de primeira importância para Portugal e para a Itália e conotadas com a latinidade: o Mediterrâneo e a América Latina.

Nos inícios de 1955, a posição internacional da Itália melhorara exponencialmente em consequência da resolução da questão de Trieste, terminando o dissidendo com a Jugoslávia, e da progressão do nacionalismo árabe no Norte de África (Gory 1955). Estas circunstâncias tinham vindo a propiciar o reforço do posicionamento internacional e estratégico da península itálica no contexto da mediterraneidade. Restabelecidas as relações de amizade entre Roma e Belgrado, a Itália tinha, doravante, acesso facilitado aos Balcãs; ademais, posicionada no centro do Mediterrâneo, dispunha de excelentes portos e terrenos de aviação, facto de real monta numa altura em que a propaganda anti-europeísta difundida no Norte de África pelo nacionalismo árabe ameaçava a segurança das bases militares instaladas neste sector e era crescente a influência da URSS na região.

Em termos diplomáticos, esta conjuntura promove um conjunto de iniciativas que resultaram num novo espírito de cooperação e de melhoria das

---

[9] *Ibidem*. Em Fevereiro de 1956, como informa António Ferro, «após a elevação a Embaixada das representações do Líbano, de Israel, da Suécia e da Dinamarca, apenas Portugal e a Irlanda, praticamente, [tinham] aqui acreditados ministros plenipotenciários» (*ibidem*: Ofício n.º 118, confidencial, de 17 de Fevereiro de 1956, o Ministro de Portugal em Roma ao MNE).

relações italianas quer no quadro da NATO quer com as tradicionais potências ocidentais (EUA, Inglaterra e a França) e com os países mediterrânicos eminentes.

Em 1950, no discurso comemorativo do 24º aniversário da Revolução de 28 de Maio, e indo de encontro ao sobredito, Oliveira Salazar (1951, p. 472) sublinhava que o comunismo deviera um «elemento dominante da política externa», pela sua pujança político-ideológica transnacional. Contra a irradiação soviética, continua, o Ocidente deveria definir uma plataforma político-militar e económica assente na ideia da cooperação objectiva da Europa com a África e a América (Salazar 1951, p. 476). Nesta lógica, argúi pela necessidade da definição de uma política de colaboração para o Mediterrâneo que contrariasse o avanço russo e a crescente proximidade entre a URSS e os países árabes. Citamos o Presidente do Conselho:

> «A independência dos países norte-africanos só não constitui grave problema europeu na medida em que seja possível assegurar a sua estreita colaboração com a Europa. Esta não pode nunca julgar-se segura nem efectivamente o esteve senão quando a extensa frente afro-mediterrânea se podia considerar, sob qualquer forma, amiga ou aliada. A Grécia, a Itália, a França e a Espanha, nós próprios não podemos ter inimigos ali. [...] Solução definitiva só pode ser a resultante da própria necessidade de conviver e de colaborar. [...] É o problema da África que, em parte, se joga ali» (Salazar 1959, p. 363).

Neste seguimento, ressaem, pela respectiva influência e operatividade regional, os acordos de amizade firmados por Roma com a Turquia, a Grécia e o Líbano. Segundo Calheiros e Menezes, o Palácio Chigi conjecturava que estes e outros acordos futuros constituiriam uma base de sustentação para a criação, «num futuro mais ou menos remoto (isso dependeria da América)», de um sistema de defesa semelhante ao Pacto do Atlântico para a área do Mediterrâneo[10].

---

[10] AHD/MNE, 2P A47 M135: Ofício n.º 132 de 30 de Março de 1950, o Ministro de Portugal em Roma ao MNE.

Do precedente conclui-se que o mundo mediterrânico constituía uma área importante de interesse para Portugal e para a Itália não só, mas também no contexto da latinidade. O interesse de Lisboa justifica-se enquanto zona estratégica para a segurança europeia a resguardar da dominação soviética. Interessa-lhe igualmente como espaço de presença diplomática e visibilidade política. Para a Itália, consiste numa região de conquista de influência política e comercial de prima relevância, formulando duas estratégias genéricas: a aproximação aos países árabes e as negociações, por convergência de interesses, com os países europeus, africanos e asiáticos mediterrânicos. Rui Medina, Segundo-secretário da Legação em Roma, refere-o claramente:

> «No que diz respeito à política internacional [...] há muito o Governo italiano procura atrair os Estados árabes ao âmbito da sua esfera comercial. O fenómeno da industrialização italiana, designadamente no sul do país, postulado pela necessidade de absorção de mão-de-obra e realizado graças ao auxílio americano, teria criado a necessidade da abertura de novos mercados, de fácil acesso e, por agora, crer-se-iam aqui os do Médio Oriente como os mais aptos para serem utilizados. [...] Todavia os Estados árabes, em expectativa benévola, aceitam estes esforços de aproximação da Itália, procurando tirar deles, pelo menos, vantagens de carácter cultural»[11].

Neste contexto, que tipo de relações se estabelecem entre Lisboa e Roma?

Não existe propriamente um acto negocial, dado que os interesses portugueses não são directos, mas o acompanhamento dos projectos italianos para uma cooperação intermediterrânica e latino-mediterrânica com extensão à América Latina.

Em Julho de 1950, a Legação em Roma recebia uma comunicação do Comité Promotor dos Estudos Latinos e Mediterrâneos da Universidade de Bari. Além de anunciar a «constituição de uma organização tendente a

---

[11] AHD/MNE, 2P A59 M306: Ofício n.º 152 de 31 de Março de 1953, o Segundo-secretário da Legação de Portugal em Roma ao MNE.

desenvolver a cultura latina e mediterrânea», o Comité convidava Portugal a enviar um representante à reunião de 18 de Setembro, na qual se estabeleceria os estatutos do futuro Centro de Estudos Latinos e Mediterrâneos (*Centro Studi Latini e Mediterranei*)[12]. A iniciativa partira de um grupo de professores e de estudantes da Faculdade de Letras da Universidade de Bari, destacando-se, porque já referidos nos capítulos precedentes, Vicenzo Spinelli, professor de Língua e Cultura Espanhola, e Leo Magnino, Presidente do *Gruppo Amici del Portogallo*.

Olhando as directivas do Comité, percebe-se, por um lado, uma grande ambição no referente aos objectivos e aos países eventualmente participantes e, por outro, uma menor consciência das reais viabilidades do projecto, de tal forma que a reunião não foi realizada, nem o centro viria a ser fundado[13].

Relevante nesta questão é o facto do MNE, ainda na fase de preparação da reunião, conhecendo que os principais países latinos se fariam representar a alto nível (segundo o Ministério, pelos «chefes [das] respectivas missões diplomáticas em Roma juntamente aos categorizados especialistas»), ter instruído a Legação para «procurar esclarecer o que a este respeito se possa pois [...] dessa Legação foi unicamente convidado [o] Adido Cultural, aliás inexistente»[14]. O precedente indicia a importância do significado da latinidade: Portugal não queria ser representado em categoria inferior. Tratava-se, em suma, de uma questão de prestígio, de dignidade, de consideração e de imagem enquanto comunicação com o Outro. As informações eram, todavia, incorrectas, como comunicava a Legação, precisando que a

---

[12] *Ibidem*: Ofício n.º 323 de 24 de Julho de 1950, o Ministro de Portugal em Roma ao MNE.

[13] Foram convidados a formar o comité permanente de direcção a Argentina, Brasil, Bélgica, Chile, Cuba, Egipto, França, Grécia, Iraque, Jugoslávia, Líbano, México, Peru, Portugal, Síria, Espanha, Turquia, Uruguai e a Venezuela, podendo o convite alargar-se a outras nações. Quanto às realizações, propunha-se constituir uma biblioteca «mediterrânica»; publicar uma revista de estudos concernentes às várias culturas; organizar cursos, manifestações culturais e um congresso anual; levar à Itália conferencistas e mestres de particular valor e prover ao intercâmbio de professores, estudantes e de estudiosos entre as nações aderentes e a Itália (*ibidem*: Ofício de Julho de 1950, o Comité Promotor ao Adido Cultural da Legação de Portugal em Roma).

[14] *Ibidem*: Telegrama n.º 29, confidencial e urgente, de 30 de Agosto de 1950, o MNE à Legação de Portugal em Roma.

França seria representada pelo seu Adido Cultural, tal como a Espanha, ou, eventualmente, pelo Cônsul espanhol em Bari[15].

No evoluir da situação, o diplomata português dava o seu parecer quanto aos eventos desta natureza e à futura participação portuguesa nos mesmos, criticando o «exagerado número de congressos, conferências e outras manifestações de toda a ordem que as entidades italianas vêm promovendo nos últimos anos», sem que a grande maioria merecesse «ser tomada em consideração»[16]. Desta forma, Portugal apenas deveria participar e interessar-se por aquelas manifestações que tivessem um «carácter sério, havendo interesses em nelas nos fazermos representar»[17], muito particularmente quando patrocinadas pelo Palácio Chigi.

O *Centro per la Cooperazione Mediterrânea* e a *Accademia del Mediterraneo* foram duas das mais importantes iniciativas que se enquadram nesta categoria[18].

A *Accademia del Mediterraneo* (1949) era uma organização científica independente, com sede em Palermo e presidida pelo Príncipe Gianfranco Alliata di Montereale[19]. O conhecimento da respectiva actividade e importância nacional e internacional era tanto mais importante para Lisboa quando, em Novembro de 1952, elegera unanimemente como sócios honorários os Presidentes do Conselho de Portugal e da Itália, Oliveira Salazar e Alcide De Gasperi, e o Ministro dos Negócios Estrangeiros português, Paulo Cunha (*Diário da Manhã* 1952).

Vários factores político-ideológicos de feição conservadora explicam a importância de Portugal para a referida Academia, sendo Alliata um dos

---

[15] *Ibidem*: Telegrama n.º 53 de 31 de Agosto de 1950, a Legação de Portugal em Roma ao MNE.

[16] *Ibidem*: Ofício n.º 409 de 20 de Setembro de 1950, o Ministro de Portugal em Roma ao MNE.

[17] *Ibidem*.

[18] Refira-se, como exemplo, a Feira do Mediterrâneo (1951) com o respectivo Congresso dos Estudos Económicos Mediterrâneos, o Centro de Estudos Ítalo-Árabes (1952), o Instituto de Patologia Mediterrânea e o Centro de Estudos Albaneses (*ibidem*: Ofício n.º 152 de 31 de Março de 1953, o Segundo-secretário da Legação de Portugal em Roma ao MNE).

[19] *Ibidem*: Oficio n.º 36/3205/96 de 23 de Abril de 1953, o Vice-director-geral dos Negócios Culturais do MAE ao Ministro de Portugal em Roma.

amigos italianos de Portugal, facto ao qual não será estranha a sua orientação política monárquica e de direita. Outro factor a ressaltar será de natureza cultural, visto aquela sociedade científica assumir-se como repositória «da antiga ideia da união latina», muito embora, numa «nova fórmula», se alargasse ao Médio Oriente[20].

Em 1952, vários organismos e instituições particularmente interessadas nos problemas do Mediterrâneo fundavam, em Palermo, com o patrocínio do MAE e do Governo da Região Siciliana, o *Centro per la Cooperazione Mediterranea*. A realização, no seu âmbito, de um Congresso Internacional de Estudos e Trocas Mediterrâneos evidencia bem os objectivos económicos e políticos subjacentes. Por este motivo e devido ao facto do Centro congregar diversas instituições económicas, culturais e de ensino, governantes, diplomatas e especialistas dedicados ao estudo dos problemas culturais e económicos e à promoção de uma mais intensa cooperação mediterrânica, aquele constituía, no parecer do Palácio Chigi, uma «organizzazione della massima serietà»[21].

Além dos interesses de aproximação aos Estados árabes e demais potências mediterrânicas, conforme informa a Legação em Roma, a existência de diversas entidades e congressos dedicados aos problemas do Mediterrâneo tinha «raízes em múltiplas considerações de política interna»[22]. Este facto é especialmente manifesto ao nível da *Accademia del Mediterraneo* e do *Centro per la Cooperazione Mediterranea* e relaciona-se directamente com a perda de influência política e social do Partido da Democracia-Cristã[23].

---

[20] *Vide* o capítulo III, pp. 52-54.

[21] *Ibidem*: Ofício n.º 36/3205/96 de 23 de Abril de 1953, o Vice-director-geral dos Negócios Culturais do MAE ao Ministro de Portugal em Roma.

[22] *Ibidem*: Ofício n.º 152 de 31 de Março de 1953, o Segundo-secretário da Legação de Portugal em Roma ao MNE.

[23] No novo ambiente político-social saído do pós-guerra, esbatendo-se a orientação fundamentalista e proselitista dos partidos de esquerda, torna-se clara a perda de influência política do Partido da Democracia-Cristã. Deste modo, a partir das legislativas de Junho de 1953, os democratas-cristãos, embora obtenido a maioria dos votos, são constrangidos à formação de alianças com a esquerda ou a direita, nomeadamente, com o *Partito Socialista Italiano* o *Partito Socialista Democratico Italiano*, o *Partito Comunista Italiano*, o *Partito Liberale Italiano*, o *Partito Repubblicano Italiano*, o *Partito Monarchico Italiano* e o *Movimento*

De acordo com o relatório de Rui Medina, o regresso do Príncipe Alliata de Montereale às fileiras monárquicas da oposição, abandonando a liderança do sector dissidente do Partido Monárquico integrado na maioria parlamentar da Democracia-Cristã, fez com que a *Accademia* perdesse o beneplácito governamental. Assim sendo, Roma «teria tentado diminuir o alcance assumido pela [...] única iniciativa aparentemente dotada de certo relevo», fundando, sob o patrocínio do MAE, o sobredito *Centro per la Cooperazione Mediterranea*[24].

Portugal adquiriu uma posição peculiar neste contexto, o que é por si só uma evidência da projecção do país na Itália, ou, pelo menos, nos meios políticos e culturais.

O facto da direcção do Centro não ter convidado o Governo português a fazer-se representar no I Congresso de Estudos e Trocas Mediterrâneos (14 a 19 Março de 1953)[25] foi explorado pelos meios ligados à *Accademia del Mediterraneo* e da oposição, qualificando-o «rumorosamente» de «erro irreparável»[26]. Rui Medina via neste afastamento deliberado (nas suas palavras, nesta «interpretação tão rigorosa dos limites geográficos do Mediterrâneo») prováveis «conexões com a atitude portuguesa assumida para com este país

---

*Sociale Italiano*, sendo este de inspiração neofascista. Entre 1953 e 1960, a Democracia-Cristã oscila entre uma escolha centrista, a colaboração com partidos da direita e a aproximação necessária aos socialistas (Farneti 1985; Mammarella 1991, pp. 131-267; Nolfo 1996, pp. 17-25; 395-480).

[24] AHD/MNE, 2P A59 M306: Ofício n.º 152 de 31 de Março de 1953, o Segundo-secretário da Legação de Portugal em Roma ao MNE.

[25] O Congresso problematizou as relações culturais, económicas e comerciais entre a Itália e os países do Mediterrâneo. Será importante reter algumas das ideias defendidas pelos intervenientes, nomeadamente pelo Subsecretário para os Negócios Estrangeiros italiano, que sublinhou a necessidade da cooperação entre a Europa cristã e o Oriente islâmico e entre a comunidade europeia e a comunidade mediterrânica, assim como a defesa, contra o comunismo, das fundações axiológicas e espirituais de uma civilização do Mediterrâneo. A intervenção de Nicola Tridente, Presidente da Feira do Levante, também foi importante, relevando o valor comercial do triângulo Bari – Nápoles – Palermo, um dos pontos essenciais do Congresso e de primacial interesse para o Governo italiano (*ibidem*: Ofício n.º 169 de 4 de Abril de 1953, o Segundo-secretário da Legação de Portugal em Roma ao MNE).

[26] *Ibidem*: Ofício n.º 152 de 31 de Março de 1953, o Segundo-secretário da Legação de Portugal em Roma ao MNE.

na CCTA» (Comissão de Cooperação Técnica em África ao Sul do Saara). É, por conseguinte, esta a sua ilação:

> «Creio, pois, valer esta exclusão mais como sintoma de possíveis comportamentos futuros deste Governo do que como facto isolado, considerado em si mesmo»[27].

O manifesto da *Accademia del Mediterraneo* seria de certo modo continuado no ano seguinte, no contexto da realização do II Congresso (Maio de 1954), anunciando que seria representada por um delegado português e outro alemão[28]. A iniciativa foi bem aceite em Lisboa. Contudo, toda esta boa vontade ficou anulada por um «lamentável lapso da Cifra do Ministério», traduzindo-se erradamente a data da realização do congresso. A preocupação do MNE com o impacto negativo desta circunstância junto da Academia resultou num despacho do Ministro dos Estrangeiros para Roma, instruindo António Ferro para proceder a diligências de desagravo junto da instituição[29]. A repetida ausência não obstou, porém, a que, na sessão de encerramento, os congressistas se manifestassem favoravelmente pela participação de Portugal no Congresso de 1955[30].

Nesse ano, Lisboa aderiria ainda ao Secretariado Provisório Intermediterrâneo[31], organismo cuja constituição ficara determinada no I Congresso enquanto base da futura Organização para a Cooperação Mediterrânea, deste modo garantindo uma participação na discussão que decorria sobre os respectivos estatutos. Segundo a Legação, quer o Governo italiano, quer o Centro de Cooperação Mediterrânea e o Secretariado Provisório tinham já manifestado interesse na adesão de Portugal «ou, imediatamente, ao

---

[27] *Ibidem*.

[28] AHD/MNE, 2P A57 M49: Telegrama n.º 43 de 23 de Maio de 1954, o Ministro de Portugal em Roma ao MNE.

[29] *Ibidem*: Ofício n.º 53 de 8 de Junho de 1954, o MNE ao Ministro de Portugal em Roma.

[30] *Ibidem*: Telegrama n.º 44, de 1 de Junho de 1954, o Ministro de Portugal em Roma ao MNE.

[31] *Ibidem*: Ofício n.º 52 de 8 de Setembro de 1955, o MNE ao Encarregado de Negócios a.i. de Portugal em Roma.

Secretariado Provisório ou, mais tarde, à Organização para a Cooperação Mediterrânea»[32]. Os objectivos inerentes à Organização eram essencialmente político-estratégicos e económicos, não obstante se procurasse estatuí-la com um vincado carácter cultural:

> «Da conversa resultou-me a impressão de que aquela Organização seria ainda uma das muitas formas tentadas por este Governo para se assegurar de uma posição na política mediterrânea, designadamente enquanto respeita aos países árabes. Parece, igualmente, resultar que, por detrás de todas as afirmações de carácter cultural, existiriam, fundamentalmente, interesses muito concretos de carácter económico, que estão na base de todas as manifestações do mesmo género continuamente levadas a efeito neste país, e vagas considerações de prestígio político no Mediterrâneo, às quais este Governo continua a ser particularmente sensível»[33].

Todavia, a existência de interesses convergentes com diversos países, nomeadamente com a Espanha, fazia regredir as expectativas italianas, em concreto ao nível da preponderância pretendida no sector económico e político. Mas o interesse de Roma na fundação da organização, talvez em parte por nela projectar os mesmos efeitos da OECE na Europa, impelia a várias concessões, mostrando «alimentarem-se aqui ainda esperanças de se virem, eventualmente, a obter quaisquer resultados compensadores»[34].

Olhando todo o precedente e considerando alguns assuntos referidos no capítulo III, é possível deduzir algumas conclusões. É realmente claro o interesse e a acção da Itália na criação de instituições internacionais (Réau 1993, pp. 196-249; Bossuat 1994, pp. 147-215; Padoa-Schioppa 2001; Varsori 2005, pp. 80-88), o que é visível no âmbito das comunidades europeias – recorde-se o já referido projecto para a criação de uma federação europeia

---

[32] *Ibidem*: Ofício n.º 427 de 5 de Agosto de 1955, o Encarregado de Negócios a.i. de Portugal em Roma ao MNE.

[33] *Ibidem*.

[34] *Ibidem*.

com base na OECE, apresentado em 1948 – e dos países latinos e mediterrânicos – neste caso, recorde-se a união latina. Assim sendo, poder-se-á conjecturar que estes projectos, não tendo a aceitação imediata aquando da respectiva proposta, também não são abandonados. De outro modo não teriam validade as afirmações relativas ao facto da *Accademia del Mediterraneo* pretender recuperar a ideia da união entre os países latinos. Relativamente à Organização para a Cooperação Mediterrânea, até pela similitude da nomenclatura, demonstra ser uma instituição paralela à OECE mas orientada para o Mediterrâneo. Relevando o facto de ter sido fundada com o apoio de Roma, não deixará de invocar as intenções falidas com o projecto europeu proposto em 1948, embora sem o carácter federalista, completamente inconcretizável ou sequer considerável para a região em questão. Quanto à progressiva inclusão de Portugal neste processo, e observando o cômputo documental, é conjecturável que a evolução dos acontecimentos tenha sido influída quer pelo Palácio Chigi, interessado em estreitar a relações diplomáticas com Lisboa, quer pelos membros da Academia e simpatizantes de Portugal.

Com os países da América Latina, parte importante da latinidade, tanto Portugal como a Itália procuravam manter as melhores relações.

Salazar, no discurso «A posição portuguesa em face da Europa, da América e da África», pronunciado na sede da União Nacional, em 23 de Maio de 1959, realçava a presença da latinidade na Europa e na América do Sul, valorizando-a enquanto conceito cultural e de relacionamento a vários níveis, desde o político ao económico, entre os povos latinos. Dizia, por exemplo, que se «economicamente pode dizer-se que a supremacia pertence ali aos Estados Unidos, a formação espiritual, a religião, a língua daqueles países é a latina e mais precisamente portuguesa, quanto a um, e espanhola quanto aos mais» (Salazar 1967, p. 62). Neste sentido, e isto é importante, «se a alma também em relação aos povos vale alguma coisa, e se a formação se liga ao sangue que corre nas veias, há assim um vasto sector de relações que deverá estabelecer-se noutro sentido, e este é o da Península Ibérica, aliás, ponto obrigatório de passagem para a restante latinidade» (Salazar 1967, p. 62).

As relações de Roma com a América Latina, apesar de «íntimas» e antigas, entravam num processo de reaproximação nos inícios da década de 50[35]. Com efeito, além da compartilha do substrato cultural latino, os países do centro e do sul da América constituíam um destino preferencial da emigração italiana e uma área de investimento de capitais nacionais, nomeadamente na indústria. Esta aproximação revestia ainda, no contexto dos organismos internacionais, um interesse político, como sublinha o Ministro Calheiros e Menezes:

> «Dentro deste espírito e tendo por outro lado necessidade dos votos americanos favoráveis nas reuniões internacionais em que estão em causa as suas pretensões, a Itália tem realizado uma política de amizade com todas aquelas nações e raras são aquelas junto das quais não possua representações diplomáticas com a graduação de embaixadores»[36].

As vantagens eram, portanto, estimáveis e eventualmente acrescidas com o facto de constituir uma zona pela qual «o chamado mundo livre não parece interessar-se muito». Contudo, se, por um lado, esta circunstância poderia reverter preferencialmente a favor do estreitamento das relações ítalo-latinas, por outro, constituía um perigo concreto à prossecução de tal aproximação, visto que, em crise ideológica, política e económica, as repúblicas da América Central e Meridional convertiam-se «num terreno excelente para a transplantação das plantas criadas no viveiro de Moscovo». Era, pois, «com extrema atenção» que Roma seguia «as tentativas de penetração do mundo soviético»[37].

O Brasil, por razões histórico-culturais vincadas, além de estratégicas, constituía o principal parceiro diplomático de Lisboa na zona latino-americana[38]. Do ponto de vista da Itália, este facto poderia favorecer os

---

[35] AHD/MNE, 2P A58 M137: Ofício n.º 297 de 4 de Julho de 1952, o Ministro de Portugal em Roma ao MNE.

[36] *Ibidem.*

[37] *Ibidem.*

[38] O trinómio de cooperação Europa, África e América está patente na proximidade luso-brasileira, formalizada pelo Tratado de Amizade e Consulta Mútua (16 de Novembro de 1953).

interesses italianos existentes naquele país. Em Março de 1959, o *Ministro degli Affari Esteri* afirma-o explicitamente ao Embaixador português, na altura Eduardo Brazão, em conversa particular no decorrer de um jantar oferecido pelo Embaixador de Espanha em Roma. Segundo o diplomata, o Ministro italiano ter-lhe-ia declarado:

> «[...] que desejava e esperava que a nossa Missão em Roma viesse a desempenhar brevemente um papel de muita importância pois tinha os olhos postos em Portugal para uma política de estreita colaboração. [...] Dada a sua política actual, as suas ligações, tanto no quadro das Nações Unidas e da NATO, como especialmente com a Grã-Bretanha e com o Brasil, [Portugal] interessava-lhe de uma maneira particular neste momento.»[39]

Conclui-se, portanto, que existia uma área de interesses coincidentes mutuamente reconhecida, acompanhando a Itália e Portugal a progressão das relações diplomáticas de cada qual com o Governo brasileiro. No referente às relações ítalo-brasileiras, importa sublinhar que os anos 50 constituem também uma década de aproximação diplomática[40].

---

O documento representa o eixo principal desta estratégia, constituindo um novo rumo nas relações entre os dois países ao pressupor a mútua consulta quanto a problemas internacionais de manifesto interesse comum. Daqui decorrem duas circunstâncias importantes: a confirmação da necessidade de o Brasil ser ouvido ao «celebrarem-se os pactos de defesa dos mares meridionais» (dada a presença portuguesa na África) e a cooperação luso-brasileira no contexto da ONU e da Organização dos Estados Americanos. Verifica-se, neste particular, um paralelismo entre os objectivos portugueses e italianos relativamente à obtenção do apoio dos países latino-americanos no âmbito das organizações internacionais (Martins & Faria 2006, pp. 251-288).

[39] AHD/MNE, PEA M282: Ofício n.º 88 de 11 de Março de 1959, o Embaixador de Portugal em Roma ao MNE.

[40] Em entrevista à *Gazzetta del Popolo* e ao *Il Tempo*, em 1955, Juscelino Kubitschek, Presidente eleito do Brasil, declarava ser seu propósito estudar aprofundadamente o problema das relações entre os dois países a fim de intensificar a colaboração com a Itália ao nível da exportação de técnicos, competência profissional, mão-de-obra especializada e aparelhamento para indústria (AHD/MNE, 2P A58 M139: Ofício n.º 696 de 9 de Dezembro de 1955, o Embaixador de Portugal no Rio de Janeiro ao MNE, cópia).

Dado que a latinidade, como temos demonstrado, surge como um substrato cultural muito profundo e tornado pragmático, torna-se necessário aflorar alguns aspectos sintomáticos do panorama da cultura portuguesa em Itália.

Não será decerto inconsequente o facto de nos anos 50 terem sido nomeados para a chefia da Missão Diplomática em Roma duas altas personalidades ligadas aos meios culturais – António Ferro (1954-1956) e Eduardo Brazão (1958-1962) –, autores de extensos ofícios críticos relativos à política cultural do Governo português.

Eduardo Brazão, definindo Roma como um «centro ubérrimo da cultura latina», aludia às «consequências vantajosas»[41] da divulgação da cultura portuguesa ao nível da «nossa valorização internacional»[42] e «projecção política»[43], facto especialmente importante em países como a Itália.

Todavia, no contexto geral, confrontante com a acção das representações diplomáticas e das instituições culturais estrangeiras em Roma, a visibilidade da cultura portuguesa tornava-se diminuta, inexistindo canais difusores de reconhecida eficácia. Esta realidade, como é observado por António Ferro, tornava-se ainda mais delicada numa altura em que a propaganda cultural deviera um dos vectores da estratégia comunista e anticomunista, logo, necessariamente distendida, «de tal forma que não há, por assim dizer, dia em que não se realize uma manifestação (exposição, conferência, concerto, etc.) organizada por um dos inúmeros centros culturais e turísticos»[44].

---

[41] AHD/MNE, 2P A2 M608: Ofício n.º 127 de 20 de Abril de 1958, o Embaixador de Portugal em Roma ao MNE.

[42] *Ibidem*: Ofício n.º 244 de 15 de Julho de 1958 o Embaixador de Portugal em Roma ao MNE.

[43] *Ibidem*: Ofício n.º 372 de 9 de Dezembro de 1958 o Embaixador de Portugal em Roma ao MNE.

[44] AHD/MNE, PEA M283: Ofício n.º 706 de 20 de Dezembro de 1954, o Ministro de Portugal em Roma ao MNE. Sobre o panorama cultural em Roma *vide* a transcrição deste ofício em anexo, pp. 230-232.

Em termos práticos, as apreciações pragmáticas de Eduardo Brazão e de António Ferro decompunham-se em sugestões propensas a melhorar o panorama árido da cultura portuguesa em Itália e a facultar a fruição das sobreditas vantagens.

Em finais de 1954, o Ministro António Ferro propunha fundamentadamente a criação de um Centro Português de Informações em Roma. Além das funções propagandísticas, constituiria uma fonte informativa e documental de referência a nível comercial, económico, turístico, político e cultural, apto a prestar esclarecimentos usualmente solicitados à Legação por individualidades, empresas, editoras, imprensa, etc.[45] O Centro deveria ainda ficar habilitado para prover com celeridade à participação de Portugal nas diversas exposições, feiras e outras iniciativas promovidas pelo Governo italiano, cessando uma tradição de ausências sucessivas em virtude dos encargos financeiros e da exiguidade de tempo para promover uma representação condigna, com as normais sequelas para as actividades comerciais luso-italianas[46].

Eduardo Brazão, conhecedor desenvolto do panorama cultural português em Itália[47], sugeria, nos finais da década de 50, uma profunda reforma das existentes instituições nacionais, desde o funcionamento dos leitorados e do Instituto Português de Santo António, à organização das bibliotecas pertencentes aos leitorados e cursos de português. Sugere ainda a criação, *ex nihilo* ou reformando o Instituto de Santo António dos Portugueses, de uma Academia Portuguesa de Roma, símile às entretanto fundadas pelos governos da França, da Bélgica e da Espanha. A instituição

---

[45] *Ibidem.*

[46] *Ibidem.* Ouvido o parecer favorável do SNI, dirigido, ao tempo, por Eduardo Brazão, a Presidência do Conselho aprovou, por despacho de 28 de Junho de 1955, a criação do Centro Português de Informações de Roma (*ibidem*: Ofício n.º 31, de 30 de Junho de 1955, a Presidência do Conselho ao MNE).

[47] AHD/MNE, 2P A2 M608: Ofício n.º 127 de 20 de Abril de 1958, o Embaixador de Portugal em Roma ao MNE.

seria responsável pela efectuação de pesquisas e estudos históricos nos arquivos italianos, com especial destaque nos do Vaticano.[48]

É também da opinião do Embaixador que seria conveniente que o Estado português apoiasse a actividade de uma «tão benemérita associação» como o *Gruppo Amici del Portogallo*, pois poder-se-ia ter «ali um centro da melhor propaganda de Portugal com conferências de estrangeiros e portugueses, concertos e projecções de documentários do nosso país»[49]. O auxílio poderia reverter na publicação dum boletim para a divulgação da vida e da cultura portuguesas, o qual seguiria de perto a filosofia da revista *Estudos Italianos em Portugal*, publicada pelo *Istituto Italiano di Cultura* de Lisboa desde 1939, intitulando-se, justamente, *Estudos Portugueses em Itália*[50].

A ilustrar a força e a validade política da cultura referimos a visita oficial a Portugal de Paolo Rossi, Ministro da Instrução de Itália, para a inauguração da nova sede do *Istituto Italiano di Cultura*, em Fevereiro de 1956. Vasco da Cunha, no relato da conversa havida com o Ministro de Itália em Lisboa, Antonio Venturini, alude à idiopatia deste pelo Estado Novo, levando a efeito várias acções públicas a favor do regime. O convite a Paolo Rossi constituía uma dessas iniciativas, as quais, julgando pela aceitação do mesmo, alcançavam os objectivos:

> «Creio que o Senhor Antonio Venturini tem diligenciado com sinceridade desfazer certas prevenções que em seguida à terminação da guerra existiram nos meios políticos e oficiais italianos acerca do regime português, inclusivamente entre os partidários da Democracia-Cristã, a começar por De Gasperi. [...] Mas é ainda dentro daquela sua orientação que o Ministro de Itália em Lisboa sugeriu à inauguração do Instituto – sugestão que em

---

[48] *Ibidem*: Ofício n.º 127 de 20 de Abril de 1958, ofício n.º 244 de 15 de Julho de 1958 e ofício n.º 372 de 9 de Dezembro de 1958; todos os documentos foram remetidos pelo Embaixador Eduardo Brazão ao MNE. Para uma perspectiva geral do panorama da cultura portuguesa em Itália *vide* a transcrição dos ofícios em anexo, pp. 232-234.

[49] *Ibidem*: Ofício n.º 127 de 20 de Abril de 1958, o Embaixador de Portugal em Roma ao MNE. Lisboa demonstrou-se disposta a financiar a actividade do *Gruppo Amici del Portogallo*.

[50] *Ibidem*. *Vide* outras informações sobre o referido *Gruppo* nos ofícios citados na nota 48.

Roma, segundo se me diz, foi acolhida com a mais franca e decidida simpatia»[51].

O *Diário da Manhã*, na edição de 16 de Fevereiro de 1956, ao noticiar o evento, referia que a visita seria aproveitada para debater o incremento do intercâmbio cultural luso-italiano com os responsáveis máximos do Instituto de Alta Cultura, Gustavo Cordeiro de Ramos e António de Medeiros Gouveia, respectivamente Director e Secretário-geral. Como o próprio Paolo Rossi declarou ao jornal:

> «As relações entre Portugal e a Itália têm sido sempre excelentes nesse sector, mas penso que elas deverão ser mais estreitas, pelo muito que interessa aos dois países. Tudo quanto se fizer para que se desenvolvam num mais alto nível, melhor» (*Diário da Manhã* 1956).

Durante esta visita teria sido, inclusive, abordada a hipótese da elaboração de uma proposta de projecto para um acordo cultural luso-italiano, entretanto, informalmente discutida em Roma entre António Ferro e o Secretário-geral do MAE, Rossi Longhi.[52] Não obstante, somente em 24 de Março de 1977 os dois governos assinam, em Lisboa, o Acordo de Cooperação Cultural e Científico, facto que ilustra a natureza das relações luso-italianas: progressiva e lentamente a caminho de um maior estreitamento e aproximação[53].

---

[51] AHD/MNE, 2P A57 M54: Relato de conversa entre Vasco da Cunha e o Ministro da Itália em Lisboa, Antonio Venturini, em 2 de Dezembro de 1955.

[52] AHD/MNE, PEA M282: Ofício n.º 711 de 27 de Dezembro de 1955, o Ministro de Portugal em Roma ao MNE.

[53] O primeiro Acordo Cultural assinado por Portugal foi com a Inglaterra (1954), seguindo-se a Bélgica (1955), a RFA (1965), o Brasil (1966), a França (1970) e a Espanha (1970). Armando Marques Guedes classifica este período da diplomacia portuguesa como a «fase ocidental» da política cultural externa, a qual patenteia claramente a importância atribuída aos parceiros e a necessidade de garantir esparso o bilateralismo diplomático. Citando o autor, os acordos culturais constituíam, naquela altura, «gestos diplomáticos que denotavam uma comunhão política, ou pelo menos conotavam uma vontade de convergência» (Guedes 1992, p. 40). Contextualizando a assinatura do Acordo de Cooperação Cultural e Científico entre Lisboa e Roma, este insere-se, segundo o mesmo autor, numa fase «em que os acordos serviram para exprimir um reforço dos laços históricos de Portugal», compreendida entre os anos 1976-1980 (Guedes 1992, p. 40).

## 2. A Itália e o Império Português: consenso e dissenções

A política ultramarina portuguesa ocasionou situações de consenso e de dissenção entre Portugal e a Itália, no referente às províncias africanas e ao Estado Português da Índia.

A África revestia uma importância considerável e crescente na política externa da Itália pelas razões já enunciadas: ganhar espaços de influência económica e criar um destino para os trabalhadores excedentários.

Tal como para o Mediterrâneo, evidenciando, dentro da mesma lógica, a importância da África, existiam instituições italianas especificamente dedicadas aos assuntos africanos – destaca-se o *Istituto Italiano per l'Africa*, de cariz governamental, e editor da revista *Africa* – além de decorrerem periodicamente congressos e exposições, como era o caso do Congresso Económico Africano de Milão, da Exposição do Ultramar e do Trabalho Italiano no Mundo[54] e da Exposição de Merceologia Africana[55], só para indicar alguns exemplos.

Estas constantes manifestações tinham um objectivo concreto, como é referido pelo Ministro de Portugal em Roma: «Mostrar aos outros países que [a Itália], embora despossuída dos territórios, conserva uma excepcional riqueza de braços e de inteligências a empregar em benefício dos outros povos»[56].

---

[54] Trata-se de uma iniciativa recuperada do tempo do fascismo, a qual, tal como na altura, procurava demonstrar o «generoso contributo dell'operosità e del genio della nostra gente in ogni paese ed in ogni campo dell'attività umana» (AHD/MNE, 2P A59 M355: Ofício n.º 20149 de 12 de Abril de 1952, o Presidente do *Ente Autonomo Mostra d'Oltremare* ao Adido Cultural da Legação de Portugal em Roma).

[55] O certame tinha como objectivo promover uma colaboração económica profícua entre a Itália, a Europa, a África e a Ásia. A exposição apresentaria, para o efeito, um quadro completo sobre as possibilidades económicas do continente africano e do asiático, dando a conhecer os produtos complementares às três economias, as possibilidades de acréscimo ou estabelecimento de novas correntes de trocas comerciais e industriais, as possibilidades de absorção da mão-de-obra europeia pela África e vice-versa e as matérias primas a fornecer à Europa (*ibidem*: Apontamento de 12 de Maio de 1953, o Secretário-geral da Câmara de Comércio Italiana para a África à Legação de Portugal em Roma).

[56] AHD/MNE, 2P A58 M137: Oficio n.º 258 de 7 de Junho de 1952, o Ministro de Portugal em Roma ao MNE.

Mas os objectivos reais excediam este declarado humanismo, como, aliás, ficou demonstrado no I Congresso Económico Africano de Milão, realizado em 1952. A revista *Esteri* (1952), afecta ao Palácio Chigi, num artigo intitulado «La funzione economica dell'Africa», apresentava uma síntese das problemáticas discutidas. Historiograficamente, trata-se de um texto relevante porquanto, publicado num órgão oficioso dos Estrangeiros, permite aferir os objectivos e a lógica da política africana de Roma. Seguindo o artigo, este Congresso «voltou a propor, num debate técnico, o tema e os meios de obter o aumento da produção da África, em função de um sistema euro-africano tendente, por um lado, a elevar as condições de vida daqueles territórios e, por outro, a assegurar à Europa uma das bases mais naturais para o seu equilíbrio económico e social»[57].

Contudo, e como é sublinhado, se o euro-africanismo encontrava «nas orientações políticas europeias hodiernas, isto é, nas iniciativas e nos instrumentos para a unificação política e económica do continente e para a própria colonização da África, as condições mais propícias para a sua aplicação», a orientação proteccionista seguida por «certos países que entendem a função dos territórios por eles administrados num sentido exclusivamente nacional e impedindo a completa abertura desses mercados às energias produtivas de outros países» criava dificuldades a esta aplicação. Portugal era um deles, embora não fosse mencionado explicitamente. De facto, apesar de Salazar defender o sistema euro-africano desde os finais da década de 30, o Governo português não aceitava sem reservas a cooperação italiana na concretização da tese da complementaridade europeia da África. Francisco Calheiros e Menezes é claro a este respeito:

> «Afigura-se-me assim, pelo que nos diz respeito, a vantagem de não darmos azo com a propaganda, ainda se tendente a ilustrar o desenvolvimento das nossas possessões ultramarinas, a aguçar o interesse italiano sobre esses territórios, interesse que, como essa Secretaria de Estado tem conhecimento, não é pequeno»[58].

---

[57] Citamos a tradução portuguesa do artigo que existe no AHD/MNE, 2P A58 M137.

[58] AHD/MNE, 2P A58 M137: Oficio n.º 258 de 7 de Junho de 1952, o Ministro de Portugal em Roma ao MNE.

Esta reacção derivava, em grande medida, da desconfiança propiciada pelo manifesto anticolonialismo das autoridades italianas, embora, em meados do decénio, como nota António Ferro, este apresentasse um retrocesso:

> «O movimento abertamente anticolonialista que representava a reacção normal de toda a imprensa e esferas oficiais italianas está registando, presentemente, um aberto retrocesso. A imprensa do centro e das direitas, primeiro e, depois, mesmo porta-vozes reconhecidamente inspirados em certos organismos oficiais, como o Instituto Italiano para a África, têm tomado posição cada vez mais compreensiva em face das autoridades das potências detentoras de colónias, muito particularmente em África, e vêm encarando as responsabilidades que incumbem sobre tais países por forma já quase despida de todos os preconceitos, aparentemente aqui tão profundamente enraizados, após o último conflito»[59].

As razões desta evolução eram múltiplas, em especial o reconhecimento das implicações político-ideológicas de um patenteado anticolonialismo junto das potências coloniais, dificultando «a aceitação de uma colaboração italiana, em capitais ou mão-de-obra»[60]. Ademais, os efeitos pragmáticos previstos inicialmente tornavam-se falaciosos, dado que aquela posição anticolonialista não abria «ao comércio exportador italiano grandes facilidades nos novos Estados criados na África do Norte e nos países do Médio Oriente», onde continuavam hegemónicos a Alemanha, a Inglaterra, a França e os EUA[61]. Nestas condições, como aponta António Ferro, ganhava força a ideia «de que será mais fácil à Itália encontrar acolhimento às suas pretensões africanas através de entendimentos de chancelaria com países coloniais, mesmo propondo como preço o seu eventual apoio à obra realizada por esses países em África, que com novos Estados, vivendo os primeiros momentos de hipernacionalismo e habitualmente, criados já sob o domínio económico de qualquer grande potência»[62].

---

[59] AHD/MNE, 2P A58 M139: Ofício n.º 7 de 30 Maio de 1955, a Legação de Portugal em Roma ao MNE. *Vide* a transcrição do documento em anexo, pp. 227-229.

[60] *Ibidem.*

[61] *Ibidem.*

[62] *Ibidem.*

Mas quais seriam os interesses concretos da Itália em relação ao Império Colonial Português? E como geriu Portugal estes interesses?

Em 1950, o senador Emilio Salvi, em entrevista ao periódico romano *Il Globo*, cujas principais passagens são reproduzidas no milanês *Il Sole*, sustentava que a Itália poderia participar na valorização económica e material do Império Colonial mediante a celebração de acordos particulares com vários sectores italianos no comum interesse dos dois países[63]. O facto merece ser assinalado visto surgir numa altura em que o anticolonialismo era ainda a posição dominante nos meios políticos italianos. Citando o artigo:

> «Iniziative del genere potrebbero gradualmente assorbire molte braccia italiane: e se vi è un paese col quale il nostro potrebbe utilmente collaborare, non solo dandogli braccia e lavoro, ma anche mezzi tecnici e industriali, questo è appunto l'Impero Coloniale Portoghese. Nel quale vi sono illimitate possibilità agricole, minerarie, artigiane ed industriali e si incontrano condizioni non inferiori alle migliori offerte da qualsiasi paese dell'America Latina» (*Il Sole* 1950).

Posteriormente, já numa altura de retracção do anticolonialismo, merece ressalva um outro artigo, desta vez publicado no *Il Tempo* (um dos periódicos italianos de referência e de larga tiragem). De facto, além de demonstrar que as ideias de Salazar relativas à estreita cooperação euro-africana eram conhecidas dos círculos políticos e de opinião italianos, evidenciava também a pertinência que as mesmas circulassem em Itália, dado que corroboravam as novas orientações do Governo italiano. Ademais, e talvez a importância não deva ser mitigada, o artigo surgia no mês seguinte à elevação das legações à categoria de Embaixada, dando, por conseguinte, a conhecer as ideias do Presidente do Conselho português e os princípios orientadores da política externa do Governo de Lisboa. Começando por evidenciar os últimos progressos nas relações luso-brasileiras, luso-belgas e as crescentes negociações entre Portugal e os países confinantes de Angola e Moçambique

---

[63] O artigo pode ser consultado no AHD/MNE, 2P A50 M52.

(o Congo Belga, a Rodésia, a Niassalândia e a União da África do Sul), o autor sublinha a importância estratégica da África portuguesa, apresentando Angola como uma «parte apreciável» dos planos da defesa do Ocidente e aludindo às diligências de Lisboa no sentido de inserir as Províncias Ultramarinas na esfera de intervenção da NATO. Realça também a existência de matérias-primas «estratégicas» (petróleo e carvão) para a produção energética no subsolo angolano e em Moçambique, havendo missões de técnicos portugueses, americanos, ingleses e belgas em prospecção nestes territórios, «em torno das quais os círculos oficiais de Lisboa fizeram silêncio» (*Il Tempo* 1956).

É útil referir que o artigo precedente deixa também claro que os interesses italianos incidiam particularmente sobre Angola e Moçambique, geologicamente exploráveis e com potencialidades económicas. Poder-se-á ainda citar, corroborando o anterior e precisando os interesses económicos existentes, o convite que a Câmara de Comércio Italiana para África endossou ao Governo português para participar na Exposição de Merceologia Africana de 1953:

> «Scopo della presente è di richiamare la Vostra attenzione sull'opportunità che anche l'Amministrazione Coloniale Portoghese, specialmente per i territori dell'Angola e del Mozambico, consideri la possibilità di un intervento sia di privati produttori ed esportatori dei singoli paesi, sia di una rappresentanza ufficiale dell'Amministrazione»[64].

As informações remetidas pelos diplomatas portugueses em Roma, ao longo de toda a década em análise, vão sempre reiterando a ambição da Itália sobre os territórios africanos. Calheiros e Menezes sublinhava que o facto resultava da perda das antigas colónias (a Líbia, a Etiópia e a Somália), ao que António Ferro acrescentava, em 1956, que Roma procurava instalar-se

---

[64] AHD/MNE, 2P A59 M355: Ofício n.º 3070/1 de 11 de Março de 1953, a Câmara de Comércio Italiana para a África à Legação de Portugal em Roma. O parecer do MNE relativamente à participação não foi favorável, sendo o evento considerado «uma nova tentativa da Itália para se imiscuir nos assuntos africanos» (*ibidem*: Informação de serviço do MNE de 8 de Abril de 1953).

em África «por outros meios, como sejam os de colocar ali mão-de-obra, obter concessões e estabelecer contactos», uma vez verificada a impossibilidade de uma colaboração mais estreita com aqueles territórios[65].

A atitude do Governo português foi, como vimos, de extrema reserva a propósito de todos os assuntos relativos ao interesse italiano pelas possessões ultramarinas. Deste modo, conforme o Ministro António Ferro menciona, a reduzida propaganda em torno do Império Colonial, assim como das respectivas potencialidades económicas, tinha permitido circunscrever a criação de instituições dedicadas ao estudo e discussão dos problemas directa ou indirectamente relacionados com a África portuguesa[66]. Mesmo aquelas levadas a efeito não tinham produzido quaisquer resultados concretos, como era o caso da *Associazione per lo Studio degli Scambi con Angola* (ASSA)[67] e o *Comitato di Studio sulle Colonie Portoghese*[68].

Um acontecimento, ocorrido no final dos anos 50, parecia legitimar as reservas das autoridades portuguesas. Referimo-nos à publicação, na revista *Epoca*, n.º 467, de 13 de Setembro de 1959, de «uma fotografia a cores cuja legenda refere tratar-se de um facto verificado em Tete, na província de Moçambique»[69]. Segundo a legenda, tratava-se de um grupo de indígenas agrilhoados empregados pelo Governo português em trabalhos públicos

---

[65] AHD/MNE, PAA M409: Ofício n.º 88 de 6 de Fevereiro de 1956, o Ministro de Portugal em Roma ao MNE.

[66] *Ibidem.*

[67] A ASSA foi constituída em 1951 enquanto associação civil, tendo sido, como crê António Ferro, dissolvida em 1954. Segundo os estatutos, «propor-se-ia o alargamento de trocas de carácter económico e laborativo com Angola, a fim de criar correntes de trabalho, o assinalar dos resultados de tais estudos, em ordem a transformar em actuais, com o emprego de meios adequados, os valores potenciais largamente existentes em Angola e o sugerir de iniciativas aptas a criar ou aumentar relações económicas com Angola» (*ibidem*).

[68] Instituição fundada em 1950 por iniciativa do Príncipe Steno Borghese. Em 1956, teria adaptado a respectiva nomenclatura para *Centro Studi per l'Affrica Portoghese*, facto decerto relacionado com a alteração da taxonomia imperialista efectuada pelo Estado Novo com a promulgação da Lei Orgânica do Ultramar Português, em 1953. De acordo com António Ferro, «propor-se-ia dar especial incremento aos estudos relativos ao Ultramar Português, para melhor fazer conhecer em Itália as possessões ultramarinas de Portugal, sob todos os pontos de vista» (*ibidem*).

[69] AHD/MNE, PAA M423: Ofício n.º 3512 77 CG/EC de 26 de Setembro de 1959, o Chefe de Gabinete do Ministro do Ultramar ao Chefe de Gabinete do MNE.

nas margens do Zambeze. A crítica era evidente e direccionada para os processos portugueses de colonização. Da celeuma provocada em Portugal, das diligências efectuadas pela Embaixada em Roma, da comunicação do facto a Vasco Vieira Garin, delegado permanente junto da ONU, assim como das investigações levadas a efeito ao nível do Governo-geral de Moçambique deduz-se a gravidade que o assunto revestiu para Portugal[70]. A reacção do MNE foi imediata, instruindo a Embaixada para obter esclarecimentos sobre as ligações e fins da revista que explicassem a sua atitude, visto que a fotografia era demasiado ambígua para prover conclusões objectivas, nada comprovando que a notícia fosse verídica, os negros fossem Portugueses e o facto se passasse em Tete[71].

A resposta de Eduardo Brazão ao despacho precedente é extremamente crítica em relação ao sistema político da Itália e da política externa delineada com base em considerações político-partidárias[72]. Para o Embaixador, o fascismo e a Democracia-Cristã padeciam do mesmo mal, isto é, inebriaram o povo com todas as ideias mais caras de grandezas[73]. Se o primeiro buscava as glórias imperialistas passadas, a Democracia-Cristã procurava, «por todos os processos, levar outra vez este país à mesa das grandes potências mundiais, [...] adaptando-se a todas as condições que possam trazer um triunfo»[74]. Desta forma, as estratégias eram formuladas paralelamente à evolução da conjuntura internacional:

«Joga-se, como sempre, no vencedor. E hoje pensa-se aqui que o senhor da África de amanhã é o negro. É portanto ao negro, nesse con-

---

[70] A publicação da fotografia levou o Governador-geral de Moçambique a proceder a um inquérito, conduzido por Amadeu Pacheco de Amorim, nos distritos de Tete, de Zambézia, Manica e de Sofala a fim de averiguar a realidade do facto retratado. O inquérito concluiu que a fotografia não teria sido obtida no território português.

[71] *Ibidem*: Telegrama n.º 59 de 21 de Setembro de 1959, o MNE à Embaixada de Portugal em Roma.

[72] *Ibidem*: Ofício n.º 281, confidencial, de 23 de Setembro de 1959, o Embaixador de Portugal em Roma ao MNE.

[73] *Ibidem*.

[74] *Ibidem*.

tinente, que é necessário agradar, para conquistar um comprador, uma larga região de emigração, um terreno a desenvolver e, portanto, necessitado dos técnicos deste país que cada vez mais dão adestrados. Direita, centro, esquerda, têm a mesma plasticidade. Hoje são pela política do Pacto Atlântico, mas se amanhã surgir uma possibilidade mais vantajosa para um triunfo fácil e rápido, é nela que se jogará»[75].

Era neste cenário que a publicação da fotografia deveria, na perspectiva de Brazão, ser contextualizada e entendida, acusando o Governo italiano de invejar a posição de Portugal enquanto potência colonizadora, com extensas possessões e riquezas naturais em África. A seguinte transcrição é certamente longa, mas justifica-se pelo seu valor documental e acuidade crítica:

«A nossa posição de grande país colonizador e a manutenção das mesmas vastas regiões que há tanto possuímos em África são aqui motivo duma surda inveja, que por vezes se abre, se expande, por incontrolável. Na altura da última Feira de Milão, mostrando eu ao Presidente da República o nosso *stand,* quando passávamos pelas muitas e variadíssimas amostras do nosso café, disse-me ele a sorrir: - «Não é demais tudo isto?». Logo lhe respondi: «No entanto, Senhor Presidente, somos o único país da Europa com possessões em África que não teve até hoje o menor problema grave com o negro nos vastos territórios que nos pertencem».

Há meses, passando por esta Chancelaria um professor do Instituto Superior de Estudos Ultramarinos, Dr. Nunes dos Santos, que vinha duma conferência, talvez em Florença, sobre relações económicas com os povos africanos (se não estou equivocado quanto à matéria), contou-me indignado que tinha encontrado, da parte dos Italianos, um ambiente totalmente diferente do que verificara há 14 ou 15 anos em colóquios da mesma natureza. Que todas as atenções se dirigiram para a representação dos países africanos, e a maior indiferença, mesmo agressividade, pelos

---

[75] *Ibidem.*

países colonizadores. Julgava o meu interlocutor encontrar da minha parte, perante as suas afirmações, uma atitude de indignação. Limitei-me a sorrir e a explicar-lhe que há 14 anos a Itália tinha possessões em África: estava do nosso lado; hoje tem produtos a vender, emigrantes a colocar, técnicos a distribuir – a política neste momento é ao lado do negro, sem restrições»[76].

Considerando o anterior e o que foi dito relativamente ao retrocesso do anticolonialismo em meados dos anos 50, poder-se-ia alvitrar que os diplomatas portugueses em Roma estariam a tornar contraditórias as duas circunstâncias. Não nos parece: a atitude de Roma é demasiado aberta e ambígua para afirmar-se categoricamente por uma política colonialista ou anticolonialista, isto é, pelas potências coloniais ou pelos nacionalistas africanos. É também extremamente vincado o pragmatismo das autoridades italianas, procurando criar uma margem de manobra em ambas as direcções. Há ainda que distinguir a posição tornada pública, que é necessariamente estratégica e convenientemente ponderada, daquela que é tomada ao nível das esferas diplomáticas. É o que se verifica em relação a Portugal. Exemplificamo-lo com um trecho de um dos ofícios do Embaixador Brazão, relativo aos artigos sobre a África que foram publicados nos números subsequentes do hebdomadário *Epoca*:

«No entanto, na última *puntata* da série de artigos que a *Epoca* publicou sobre o «Paradiso Nero», não nos é hostil nem desfavorável, [...]. Ficou ali, nesses capítulos, a malícia, para a amanhã se explicar ao negro – se for o caso disso – que estavam decididamente ao seu lado, mas nas conclusões não podem também receber protestos da parte dos países colonizadores da Europa. Maquiavel, com mais ou menos talento, existiu sempre neste país»[77].

---

[76] *Ibidem*.

[77] *Ibidem*: Ofício n.º 313, confidencial, de 23 de Outubro de 1959, o Embaixador de Portugal em Roma ao MNE.

A questão de Goa, expressão político-historiográfica que sumula o longo e conflituoso processo de integração dos territórios da Índia Portuguesa na União Indiana[78], teve repercussões assinaláveis em Itália e, logo, nas relações luso-italianas. Cronológica e factualmente, destaca-se o ano de 1955, mais exactamente no seguimento da tentativa da invasão de Goa pela União Indiana em 15 de Agosto.

Enquanto matéria da diplomacia luso-italiana, esta questão adquire contornos delicados para Roma, existindo importantes interesses a salvaguardar junto das duas partes. No tocante a Portugal, são aqueles que temos vindo a referir ao longo do capítulo, interessando sublinhar que estes acontecimentos decorrem coevamente ao processo de elevação das legações a Embaixada. Referentemente à União Indiana, esta constituía um dos principais importadores dos produtos italianos. Um terceiro ponto de importância era que o conflito luso-indiano poderia constituir uma oportunidade de acção internacional para Roma.

Os meios jornalísticos itálicos, como é referido num telegrama de Roma, davam um «invulgar relevo» ao assunto[79], um facto que tem a sua importância, atendendo à ascendência da imprensa sobre a opinião pública. Os redactores dos periódicos, que a Legação não quantifica nem qualifica, demonstravam, inclusive, interesse em citarem comunicações de fonte portuguesa[80]. A seguinte citação, do Boletim de Imprensa da Legação em Roma, descreve este panorama jornalístico:

---

[78] A União Indiana foi fundada em 1947, com a independência da Índia Britânica. Nova Deli prossegue então com o projecto da construção de uma Grande Índia, congregando todo o território indiano, à altura repartido com a França e Portugal, sob a soberania do Governo da União. Enquanto Paris transferia a potestade, Lisboa, invocando direitos histórico-culturais, jurisdicionais e políticos, denegava-o. Em Janeiro de 1953, as autoridades indianas insistiam na reapreciação da posição de Portugal. Relações diplomáticas cortadas, os Indianos sitiavam Goa (Dezembro 1953), suspendiam as exportações para Goa, Damão e Diu (Janeiro 1954) e ocupavam Dadrá e Nagar-Aveli (Julho 1954). Declarando indianos aqueles enclaves (Agosto 1961), Nova Deli invade os restantes territórios sob administração portuguesa (Dezembro 1961). Portugal apenas reconheceria a soberania da União em Outubro de 1974 (Fernandes 1996, pp. 457-460).

[79] AHD/MNE, 2P A17 M103: Telegrama n.º 52 de 19 de Agosto de 1955, a Legação de Portugal em Roma ao MNE.

[80] *Ibidem.*

«A imprensa italiana deu ultimamente o maior relevo às notícias relativas ao problema de Goa, publicando-se quase sempre nas primeiras páginas com títulos de três e quatro colunas. Isto, ligado ao facto de as correspondências e os comentários serem, praticamente na totalidade, favoráveis à atitude portuguesa, demonstra claramente ter-se criado aqui uma opinião pública que, conhecendo sempre mais a fundo o problema, não só tomou nitidamente posição em nosso favor, mas também encara a questão como se fosse sua, isto é, sob um ponto de vista absolutamente ocidental»[81].

Por certo que o nosso objectivo não será analisar a repercussão pública e jornalística da questão de Goa, mas as diligências diplomáticas estabelecidas entre Portugal e a Itália no seu contexto, as quais, na verdade, surgem no seguimento da publicação de artigos tidos por Lisboa como danosos da posição portuguesa ou então dúbios e meramente especulativos. Esta circunstância evidencia, portanto e também, a sobredita importância da imprensa. Assim sendo, considerámos oportuno transcrever, em anexo, o artigo publicado, em Junho de 1955, na revista *Esteri*, órgão oficioso do MAE, no qual é apresentada uma perspectiva geral da questão[82].

São três as pendências a esclarecer por Portugal junto do Palácio Chigi: a viagem de Gaetano Martino, *Ministro degli Esteri*, a Nova Deli; a hipotética mediação de Roma entre Lisboa e a União Indiana para a solução pacífica do conflito e a publicação de um artigo crítico da presença portuguesa no Indostão por um dos Subsecretários do MAE. O desenvolvimento destes episódios correlaciona-se com o carácter evolucionário, faseado, do posicionamento da Itália diante da questão de Goa, o qual, de início declaradamente favorável e de apoio a Portugal, devido aos interesses existentes em ambas as partes, progride para a neutralidade. Há, pois, uma valorização da parte indiana.

---

[81] *Ibidem*: Boletim da Imprensa da Legação de Portugal em Roma, de 23 de Julho a 9 de Agosto de 1955.

[82] O artigo, intitulado «La questione di Goa», existe no AHD/MNE, 2P A17 M103. *Vide* a transcrição do mesmo nas pp. 229-230 do anexo.

Incorramos um pouco pelos ofícios.

Rui Medina, em Setembro de 1955, fazia uma avaliação objectiva da atitude da imprensa italiana diante da questão de Goa, considerada tão «excepcionalmente favorável»[83] quanto inesperada:

> «Sendo a Itália um país privado de possessões ultramarinas, tornado anticolonialista por necessidade, em quanto respeita à imprensa governativa, a qual deve fazer aceitar à opinião pública as privações sofridas, e por princípio, pelo que se refere à da extrema-esquerda, um país que conta o Governo de Nova Deli entre os daqueles Estados que são os maiores importadores de produtos italianos, o seu comportamento normal, na matéria, teria sido o de uma prudente reserva»[84].

Seguindo o mesmo ofício, havia ainda a ter em consideração dois factos que, por serem antitéticos, tornaram possível aquela situação: a prontidão da acção informativa da Legação portuguesa, por um lado, e a manifesta ineficiência da Embaixada da União Indiana, por outro. A informação era, efectivamente, fundamental para a obtenção de apoios externos, permitindo a formação de uma opinião favorável, baseada na compreensão. Nestas condições, conjugaram-se a favor de Portugal «a antipatia suscitada pelo comportamento do Senhor Nehru, em geral, e pelo das autoridades indianas, em particular» (igualmente criticada na imprensa internacional) e a «tradicional simpatia aqui existente a favor de Portugal». No entanto, em jeito de advertência, Medina deixa bem clara a centralidade da acção dos jornalistas simpatizantes de Portugal neste processo, a qual, considerando a evolução dos acontecimentos e o panorama político italiano, não seria perene. Com efeito, era perceptível, em alguns meios, por exemplo, na imprensa dependente da *Confindustria*, «particularmente ligada aos meios dos exportadores para a União Indiana», e dos círculos católicos inspirados no Vaticano, um clima de pessimismo, ainda que deliberado, «no que respeita ao êxito final

---

[83] AHD/MNE, 2P A17 M103: Ofício n.º 488, confidencial, de 3 de Setembro de 1955, o Encarregado de Negócios a.i. de Portugal em Roma ao MNE.

[84] *Ibidem*.

da questão luso-indiana». Posto isto, como vaticina, não seria de «esperar outra atitude senão uma futura abstenção ao tratar do problema»[85].

A projectada deslocação do Ministro dos Estrangeiros de Itália, Gaetano Martino, ao Extremo Oriente, com passagem por Nova Deli, poderia acelerar esta situação. Era assim, por tais razões, encarada apreensivamente pela Legação e pelos meios a ela ligados no que respeitava «à defesa dos interesses portugueses levada a efeito em toda a Itália»[86].

De qualquer forma, esperava-se que fosse possível, na eventualidade da sobredita viagem vir a prejudicar o então actual estado de coisas, conservar um certo ambiente geral de defesa dos interesses portugueses com recurso à imprensa ideologicamente das direitas.

Fazendo algumas considerações de ordem política e estratégica sobre o projecto do Ministro Gaetano Martino, a conclusão primeira a retirar é que se insere naquele procedimento típico de Roma de procurar distender o respectivo prestígio internacional numa conjuntura de demarcação de micro-escalas de influência, como, de resto, já explicámos. Fazendo crédito nas informações de Rui Medina, era ali definido, «segundo as tradicionais formas hiperbólicas aqui em constante uso quando referindo diligências efectuadas pelos representantes diplomáticos deste país», como «acto de invulgar alcance político»[87].

Importante nesta questão é a publicação, no periódico francês *L'Information*, de uma notícia relativa à proposta de mediação italiana entre Portugal e a União Indiana, entretanto discutida entre Martino e o homólogo britânico, Harold MacMillan, na visita oficial daquele a Londres, em Setembro de 1955. O facto teve eco em alguma imprensa italiana: no *Il Nuovo Cittadino* (Génova), no *Tribuna del Mezzogiorno* (Messina), no *Giornale d'Italia* (Roma) e no *Messaggero Veneto* (Udine). Os três primeiros referem-se, com maior ou menor desenvolvimento, ao artigo francês, o que nos permite, consequentemente, conhecer o conteúdo em causa. A viagem a Londres, que teria

---

[85] *Ibidem.*

[86] *Ibidem.*

[87] *Ibidem.*

continuação por outras capitais europeias, deveria enquadrar-se «no espírito que anima actualmente o Palácio Chigi, como todas as outras chancelarias», e que consiste na preocupação de «adaptar política e diplomacia à evolução da situação geral» (*Giornale d'Italia* 1955)[88]. Lisboa estaria incluída neste périplo, mas nenhuma informação adicional é dada sobre o assunto. Relativamente à viagem a Londres, escreve-se que MacMillan veria «com muita simpatia algumas das iniciativas que poderiam ser tomadas pelo Governo italiano», daí que Martino aproveitasse a ocasião para «informar-se do ponto de vista do *Foreign Office* acerca de uma eventual mediação italiana entre Nova Deli e Lisboa a propósito de Goa» (*Giornale d'Italia* 1955).

O *Messaggero Veneto*, ainda que rebatendo o assunto, merece especial referência por tratar-se de uma curtíssima correspondência de Bombaim, na qual a mediação é dada como um facto concreto e plenamente apoiado por Londres:

> «Todos os jornais publicam as informações de Londres e de Paris segundo as quais o Governo italiano, de pleno acordo com o *Foreign Office*, ofereceu a sua mediação entre Nova Deli e Lisboa para uma pacífica solução da questão de Goa. A notícia foi sublinhada com satisfação tanto mais que o Governo indiano está decidido a opor-se a toda a violência dos nacionalistas para a anexação dos estabelecimentos portugueses. Por esta razão, declara-se nos ambientes oficiais, a polícia indiana disposta ao longo da fronteira de Goa recebeu ordem de deter os *satyagrahis* que, isolados ou em grupos, tentarem entrar em Goa» (*Messaggero Veneto* 1955)[89].

Coloca-se a questão: seriam credíveis tais afirmações? A dúvida foi igualmente levantada numa nota da redacção publicada no *Giornale d'Italia*, citado *supra*:

---

[88] Citamos a tradução portuguesa do artigo, disponível no AHD/MNE, 2P A17 M103: Telegrama n.º 64 de 10 de Setembro de 1955, a Legação de Portugal em Roma ao MNE.

[89] *Vide* nota anterior.

> «A notícia e os comentários de *L'Information*, enquanto suscitam em nós um motivo de satisfação, merecem, todavia, uma nota amarga, pois deveria parecer um tanto estranho que notícias como aquela referida no jornal francês sejam dadas por um jornal estrangeiro. Assim devemos perguntar mesmo ao Palácio Chigi se aquelas correspondem à verdade, ou não serão manobras, para fins nem sempre identificáveis, de jornais só aparentemente amigos. Está no programa, portanto, também uma viagem a Portugal, com passagem por Madrid, do Ministro dos Negócios Estrangeiros Martino?»

Documentos posteriores procedentes da Legação portuguesa apontam as mesmas conclusões: a proposta de mediação era uma quimera jornalística, marcadamente «sensacionalista». A principal circunstância que corrobora a falsidade das declarações provém do facto de ser noticiada apenas por quatro jornais, «nenhum dos quais de grande circulação ou oficioso»[90]. Nestes termos, subscrevendo as conclusões do Encarregado de Negócios em Roma:

> «A escassa difusão que lhe foi dada [...] parece autorizar a excluir que se trate de uma sondagem feita pelo Palácio Chigi em ordem a criar ambiente em torno da projectada viagem do Senhor Martino a Nova Deli. [...] Se este Ministério dos Negócios Estrangeiros tivesse desejado dar qualquer sentido a uma manobra de tão larga envergadura, não haveria, muito certamente, deixado de lançar mão de outros meios, de bem mais vasto alcance»[91].

Semelhantemente, também a propalada viagem do Ministro Gaetano Martino a Lisboa era desprovida de qualquer veracidade, tendo sido desmentida pelo Palácio Chigi[92].

---

[90] AHD/MNE, 2P A17 M103: Ofício n.º 496 de 10 de Setembro de 1955, o Encarregado de Negócios a.i. de Portugal em Roma ao MNE.

[91] *Ibidem*.

[92] *Ibidem*: Telegrama n.º 65, urgente, de 12 de Setembro de 1955, a Legação de Portugal em Roma ao MNE.

Complexificando esta desconectada teia de interposições públicas, o Subsecretário de Estado dos Negócios Estrangeiros de Itália, Vittorio Badini Confalonieri, publicava, com uma assombrosa, e talvez não casual, sobreposição de datas, em 8 de Setembro, no *Messaggero Veneto*, de Udine, o artigo «Goa». Este foi o episódio de maior melindre, dada a posição assumida por Confalonieri, a qual se bem que não fosse contra Portugal, não poderia ser aceite por Lisboa. Primeiro, porque considerava que a integração da Índia Portuguesa na União Indiana era uma questão de tempo: o Governo português, à semelhança da Inglaterra, deveria facilitar a transmutação da soberania se quisesse continuar amigavelmente a fazer parte da História da Índia, facto que, a não acontecer, «seria grande infortúnio para a latinidade e para todo o mundo civilizado» (Confalonieri 1955)[93]. Segundo, porque a posição de Confalonieri, ainda que pessoal e restrita, poderia ser tomada como sendo a posição oficial do Governo italiano.

Procurando esclarecer o MNE sobre as eventuais razões da publicação do artigo e se este seria uma tomada de posição oficial do MAE (em jeito de desagravo pela parcialidade da imprensa, manifestamente a favor de Portugal, em consequência dos protestos da Embaixada da União Indiana), uma estratégia para enquadrar favoravelmente a viagem de Gaetano Martino a Nova Deli ou uma simples manifestação jornalística do Subsecretário Confalonieri, Rui Medina concluía pela terceira hipótese[94]. Por um lado, a qualidade oficial do articulista era «excessivamente comprometedora», por outro, o processo utilizado (a publicação num jornal de pequena circulação) era «demasiado insignificante»[95]. Assim sendo, a crónica, no parecer do Encarregado de Negócios, teria porventura procedido da «leitura, nos jornais, dos boatos de eventual futura proposta de mediação italiana no conflito luso-indiano» e destinar-se-ia «ou a exprimir uma opinião pessoal ou a

---

[93] Citamos a tradução portuguesa do artigo, disponível no AHD/MNE, 2P A17 M103: Telegrama n.º 64 de 10 de Setembro de 1955, a Legação de Portugal em Roma ao MNE.

[94] AHD/MNE, 2P A17 M103: Ofício n.º 496 de 10 de Setembro de 1955, o Encarregado de Negócios a.i. de Portugal em Roma ao MNE.

[95] *Ibidem*.

corrigir uma parcialidade dos órgãos oficiosos, por ele reputada excessiva e até talvez prejudicial aos propósitos atribuídos ao Senhor Martino»[96].

Não obstante, o artigo, apesar de relevado pela Legação e pelo MNE, não teve repercussões em Itália nem foi comentado na restante imprensa italiana, que continuava a «aludir Goa termos amistosos habituais»[97].

Informações reputadas de credíveis, pela idoneidade e fiabilidade da fonte, eram entretanto transmitidas telegraficamente, «sob máxima reserva», pelo diplomata português:

> «Embaixador Índia, falando com este Ministério dos Negócios Estrangeiros sobre projectos viagem, teria deplorado posição assumida imprensa italiana durante visita Senhor Nehru e acontecimentos Goa, na qual pretendia entrever atitude menos amistosa este Governo e mesmo Santa Sé. Senhor Martino teria argumentado total independência imprensa mas, em face insistência Embaixador e seu interesse ida União Indiana, haveria confiado único Subsecretário dos Negócios Estrangeiros seu correligionário Partido Liberal o encargo escrever pequeno artigo que, destinado passar despercebido, pudesse ser enviado Nova Deli e contribuir desfazer referida impressão hostilidade»[98].

Em Lisboa, o Ministro dos Estrangeiros Paulo Cunha, em reacção à publicação do artigo de Confalonieri, chamava o Ministro de Itália, Antonio Venturini, ao Palácio das Necessidades, a quem expôs a surpresa e os «sérios inconvenientes» para Portugal consequentes do artigo em causa, considerado uma tomada de posição «claramente em favor Índia na questão de Goa»[99]. Neste seguimento, Paulo Cunha não lhe solicitava apenas esclarecimentos quanto à posição do Governo italiano perante o conflito de Goa;

---

[96] *Ibidem*.

[97] *Ibidem*: Telegrama n.º 65, urgente, de 12 de Setembro de 1955, a Legação de Portugal em Roma ao MNE.

[98] *Ibidem*: Telegrama n.º 67, confidencial, de 12 de Setembro de 1955, a Legação de Portugal em Roma ao MNE.

[99] *Ibidem*: Telegrama n.º 44 de 16 de Setembro de 1955, o MNE à Legação de Portugal em Roma.

deixava também claro que Roma deveria, pela forma que considerasse mais apropriada, corrigir a «impressão desfavorável» causada pelo artigo, pois poderia ser interpretado, dada a qualidade oficial de quem o subscrevia, como uma expressão oficiosa[100].

Antonio Venturini, comunicado o assunto ao Palácio Chigi, dava conhecimento ao MNE que o *Ministro degli Affari Esteri* esclarecera que o artigo de Badini Confalonieri representava exclusivamente a opinião pessoal do signatário e que a política do Governo italiano em relação a um país amigo e aliado permanecia inalterada[101].

Quanto às diligências do Palácio Chigi para desagravar a impressão desfavorável causada pelo artigo, solicitada, como sobredito, por Paulo Cunha ao Ministro Venturini, este insistia que o reparo deveria ser solicitado directamente pelo Ministro de Portugal em Roma, sugerindo, a título pessoal, «com instante pedido não se dar conhecimento origem sugestão», que o assunto fosse resolvido mediante a publicação de um artigo, noutro jornal italiano e por outro Subsecretário de Estado, advogando o ponto de vista português ou, em alternativa, que, aproveitando a discussão do orçamento nas Câmaras italianas, o Ministro dos Estrangeiros fizesse «referências particularmente expressivas às relações da Itália com Portugal (que é evidente perderia todo o seu valor se houvesse preferência semelhante às relações Itália com a Índia)»[102].

Apesar da boa vontade demonstrada pelas autoridades italianas, no parecer de Lisboa, estes processos não permitiriam obter uma solução satisfatória, considerando preferível um esclarecimento directo e público pelo porta-voz do MAE, demarcando que o «artigo do Senhor Confalonieri reflecte exclusivamente sua opinião pessoal e não a do Governo italiano»[103]. Não seria esta uma táctica dissimulada do Governo português? Porventura, pois se o artigo não teve repercussão na imprensa, nem foi comentado, o

---

[100] *Ibidem*.

[101] *Ibidem*: Nota de 20 de Setembro de 1955, a Legação de Itália em Lisboa ao MNE.

[102] *Ibidem*: Telegrama n.º 47 de 23 de Setembro de 1955, o MNE à Legação de Portugal em Roma.

[103] *Ibidem*.

facto de o MAE vir a público referi-lo, logo, evidenciando a sua existência, forçaria uma ocasião para a demonstração pública e explícita do apoio da Itália a Portugal no contexto do conflito de Goa. A opção terminou por ser a publicação de um artigo, igualmente intitulado «Goa», na revista *Esteri*, em 31 de Outubro de 1955. Procede o balanço do desfecho de todo este processo feito pelo Ministro António Ferro:

> «Se atendermos a que se tornava, efectivamente, delicado para este Ministério dos Negócios Estrangeiros fazer desmentir publicamente, em termos demasiado claros, um dos seus próprios chefes; a que a União Indiana é hoje um dos principais importadores de Itália com a qual lhe é indispensável manter boas relações para o equilíbrio da sua balança comercial; a que o Senhor Martino, Ministro dos Negócios Estrangeiros está preparando a sua viagem à Índia onde irá, provavelmente, a convite do Governo, no fim do corrente ano; se atendermos, por fim, que a atmosfera de completo apoio da imprensa italiana a Portugal, nesta questão, invulgar, na verdade, fora dos seus usos, levou o Governo do Senhor Nehru a protestar, frequentes vezes, junto desta Secretaria de Estado contra a firmeza e o calor dessa posição, julgo que é de aceitar a satisfação que nos foi dada pois deve representar, por todas as razões expostas, o máximo possível nesta ocasião. Se bem que o artigo referido se limite a marcar a sua neutralidade no conflito (o que poderia parecer um recuo, noutras circunstâncias) significa, no entanto, praticamente, um desmentido formal, insofismável, à posição lamentavelmente definida pelo Subsecretário Confalonieri, tanto mais que esse artigo foi incluído na página dos editoriais da revista da exclusiva responsabilidade do Governo»[104].

Concluímos com um pequeno apontamento sobre a posição de Vittorio Confalonieri. Depois de manifestar a António Ferro o «apreço por Portugal», aproveitando para o efeito o almoço das celebrações da chegada de Cristóvão

---

[104] *Ibidem*: Ofício n.º 630 de 15 de Novembro de 1955, o Ministro de Portugal em Roma ao MNE.

Colombo à América, corria Outubro de 1955, reiterava que a sua crónica traduzia «uma opinião meramente pessoal», divulgada por considerá-la útil aos interesses económicos italianos e às boas relações com a União Indiana, atenuando «ligeiramente a impressão que havia em Nova Deli de existir em Itália um forte movimento de hostilidade contra a Índia a propósito da questão de Goa». Como que para salvaguardar a consideração tida por Portugal e pelas boas relações luso-italianas, não as depreciando por comparação às ítalo-indianas, como poderia ficar patente na afirmação precedente, Confalonieri sublinhava «que o fizera publicar num jornal de pequena tiragem e de pouca repercussão», predispondo-se a escrever um artigo que tornaria pública a sua «grande e velha admiração por Portugal» e constituiria, de certa forma, uma reparação moral.[105]

Em conclusão, pragmaticamente definida, a postura da Itália face à política ultramarina portuguesa foi, na década de 50, de dissenção pontual e de consenso geral. No entanto, e como a questão de Goa prenunciou, o fim do Império avizinhava-se, falindo, no contexto da guerra colonial, não só a lógica colonialista, assente no proselitismo, no catolicismo e na obra civilizadora e humanista, mas também a debilidade dos argumentos usados por Portugal para legitimar a política imperialista e a artificialidade do conceito de unidade multirracial e do de portugalidade do mundo ultramarino. Este seria um novo capítulo das relações luso-italianas.

---

[105] *Ibidem*: Ofício n.º 577, de 18 de Outubro de 1955, o Ministro de Portugal em Roma ao MNE.

V

# OS «ANOS DE CHUMBO»[1] DA DIPLOMACIA LUSO-ITALIANA. A QUESTÃO COLONIAL

Às declarações dos anos 50, no sentido do estreitamento, segue-se um período de fricção, caracterizado por procedimentos díssonos à consolidação dos laços de amizade. Cronologicamente iniciada por volta de 1960 e distendida, *grosso modo*, até 1967, esta conjuntura decorre de um conjunto de acontecimentos internacionais e relativos à política interna dos dois países. Por um lado, a questão colonial, pronunciando-se a Itália pelo direito à autodeterminação política dos povos afro-asiáticos no contexto da ONU, enquanto Portugal reitera os direitos históricos e jurisdicionais sobre as Províncias Ultramarinas. Por outro, a natureza ditatorial do regime português, a coeva esquerdização do Governo italiano democrata-cristão[2] e o reposicio-

---

[1] A expressão «anos de chumbo» é recorrentemente utilizada a nível historiográfico para designar e caracterizar segmentos temporais da realidade histórica que foram marcados por tensões político-sociais e violência inusitada. Transposta para o âmbito da História diplomática luso-italiana, demarca um período que não foi *ipsis verbis* de conflito, mas de dissídio e de posicionamento divergente quanto à questão colonial.

[2] A aproximação do PDC ao PSI ficara patente no Congresso Nacional da Democracia Cristã, realizado em Florença, em 1959, tendo posteriormente sido concretizada a nível governamental com o gabinete de centro-esquerda de Aldo Moro, constituído pela coligação entre o PDC, o PRI, o PSDI e o PSI (3 de Dezembro de 1963). A política de coligações esboçada permitiu alcançar alguma estabilidade governativa, inexistente desde as eleições legislativas de 1958, às quais proveio a sucessão vertiginosa de efémeros governos democratas-cristãos, imposta pela força da oposição e pelo facto da Democracia-Cristã, não dispondo da maioria absoluta, ser constrangida ao estabelecimento de acordos tácitos com os partidos parlamentares quer da esquerda, quer da direita (Mammarella 1991, pp. 247-295; Farneti 1985).

107

namento influente do PCI nos sectores políticos, laborais e estudantis da Itália, promovendo manifestações antigovernamentais, antifascistas e anticolonialistas e exercendo uma pressão crescente sobre a Democracia-Cristã, obstaram à normalidade das relações luso-italianas e, por conseguinte, à aproximação entre Roma e Lisboa. O estatuto de aliados na NATO seria, contudo, um elemento importante na limitação da conflituosidade.

Depois de analisarmos o tipo de tensões e conflituosidades que a política ultramarina portuguesa trouxe para as relações luso-italianas e qual a posição de Roma neste referente, faremos algumas considerações relativas ao movimento contestatário antiportuguês em Itália (no qual inscrevemos a acção da oposição portuguesa ao Estado Novo em território italiano), posto o que concluiremos o capítulo com algumas considerações sobre o reforço da imagem da portugalidade enquanto estratégia de validação das políticas do Governo de Lisboa e do próprio regime.

## 1. As Províncias Ultramarinas: tensão e conflituosidade nas relações luso-italianas

Analisadas as fontes, foi possível identificar três fases relativamente à posição da Itália face à política ultramarina de Portugal, condicionante, neste período, das relações luso-italianas: uma primeira de divergência indiciada, correspondendo aos meses finais de 1960; uma segunda de divergência convergente, abrangendo os anos 1961-1963, e uma terceira de convergência reservada, coincidente com o triénio 1964-1967.

É na fase que designámos por divergência indiciada que surgem as primeiras manifestações indicadoras da posição da Itália contrária aos interesses portugueses.

Em Novembro de 1960, o jornal *Il Popolo*, órgão da Democracia-Cristã, publicava dois artigos do enviado especial a Angola, Piero Badalassi, nos quais o autor condenava o colonialismo português e engrandecia o movimento de libertação levado a cabo pela União dos Povos de Angola (UPA)[3].

---

[3] Os dois artigos poderão ser consultados no AHD/MNE, PAA M327.

O artigo publicado na edição de 16 de Novembro é extremamente condenatório da política colonial estadonovista, ao ponto do Embaixador o considerar «um apanhado de infâmias e mentiras sobre aquela província ultramarina»[4]. A intencionalidade crítica de Badalassi é visível no encadeamento dos assuntos e na ordem com que são abordados. Começa, por exemplo, por referir que os Portugueses, em Angola, andavam sempre armados, pois sentiam que «qualcosa di molto grave è nell'aria» (Badalassi 1960a). Repare-se: «qualquer coisa», como que indicando o desdém português votado à causa dos indígenas nacionalistas. Para exemplificar a posição portuguesa, o autor recorre às declarações de um negociante branco, a uma altura exasperadas porque os negros negavam a civilização, alinhavam com os comunistas e, ingratamente, aspiravam à independência de uma província nacional. A ousadia, porém, seria, segundo o negociante, punida com violência.[5]

Contrapondo à sobranceria do português a justiça do movimento de libertação, Badalassi caracteriza o colonialismo praticado em Angola com base nos depoimentos recolhidos junto dos elementos da UPA, dando especial relevo ao de um missionário (facto utilizado pelo jornalista para sublinhar a presença de católicos no movimento), expondo os motivos históricos, políticos e sociais subjacentes ao nacionalismo angolano. Em síntese, Badalassi escreve sobre a discriminação racial, laboral, cívica e cultural do negro, referindo que os autóctones viviam, desde a ocupação de Angola no século XV, num regime feudal, fazendo notar que um povo pretensamente indiviso possuía dois estatutos, um superior e outro inferior. À estirpe superior cabia os direitos plenos, à inferior, os deveres legitimamente exigidos, nem que tal significasse a cedência da liberdade humana, como era comum entre os «contratados» (indígenas desempregados forçadamente recrutados). Ademais, as actividades dos nativos eram controladas

---

<sup>4</sup> AHD/MNE, PAA M327: Ofício n°313, confidencial, de 16 de Novembro 1960, o Embaixador de Portugal em Roma ao MNE.

<sup>5</sup> Citamos as declarações: «Li abbiamo civilizzati, si lasciano vivere e non basta: vogliono l'indipendenza [...] che noi Portoghesi si vada via. [...] Sono tutti comunisti, ma noi non faremo come hanno fatto i Belgi nel Congo; noi daremo loro una lezione che si dimenticheranno per sempre di essere nati uomini» (Badalassi 1960a).

por um administrador local, de cujo aval dependia a promoção estatutária daqueles (por exemplo, para ascender à categoria de católico ou exercer uma profissão qualificada). Assim sendo, arrematava:

> «Nonostante la tesi ufficiale, tra Portoghesi e Angolesi non c'è nessuna caratteristica fondamentale che permetta di identificarli come un solo popolo. Non c'è comunità storica, di territorio, di interessi economici, di lingua, non c'è comunità spirituale e culturale. Ciò che esiste tra loro è l'antagonismo aggravato giorno per giorno dalla discriminazzione razziale, della ineguaglianza dei diritti più elementari, dal duro sfruttamento e dalla opressione culturale ed economica» (Badalassi 1960a).

Posto isto, não se estranhará que o Embaixador Brazão tenha reagido de forma colérica, escrevendo no próprio dia da edição do jornal um ofício bastante inflamado acerca dos procedimentos políticos e diplomáticos do Governo de Itália (recorde-se que o *Il Popolo* era controlado pelo partido governante). Um facto porventura ainda mais justificável porquanto, até àquela data, «com honrosa excepção para esta televisão», nenhum jornal dos «mais categorizados» tinha feito «a menor referência às manifestações que se têm produzido em Portugal e nas nossas províncias africanas sobre a agressão das Nações Unidas»[6]. Deste modo, concluía: «o ambiente governamental é manifestamente contrário à digna, inteligente e coerente posição de Portugal no problema africano». A argumentação em torno da ilação final de Badalassi é seguidamente transcrita, tal é a fluência do comentário do Embaixador:

> «De resto, não pode constituir qualquer surpresa esta atitude italiana. Já por mais de uma vez sublinhei, o que é aliás bem fácil de compreender mesmo para os que aqui não vivem: a Itália é um país essencialmente oportunista e interesseiro. Não possui qualquer verticalidade, coerência,

---

[6] AHD/MNE, PAA M327: Ofício n.º 313, confidencial, de 16 de Novembro de 1960, o Embaixador de Portugal em Roma ao MNE.

ideologia, percepção política para além do momento que passa. Cheia de talento pessoal, de inspiração, de ambição, de iniciativa privada, só vê o seu desenvolvimento e a sua riqueza à custa de qualquer meio que sirva rapidamente a estes únicos objectivos. Nós o que podemos dar em troca do seu apoio, ainda que a posição portuguesa esteja bem enquadrada na defesa dos altos princípios e interesses europeus? Ela pensará que menos, por muito que fosse a sua colaboração técnica e de mão-de-obra na nossa África, do que negros lhe poderão dar num futuro que pensa ser já o começo, além de estar enleada numa política de fórmulas democráticas, enfaticamente defendidas, desde o Partido Monárquico e neofascista até ao Comunista! É esta a enorme fraqueza e renúncia do Ocidente, em que a Itália toma um papel preponderante, a grande porta que se abriu à caudalosa investida do imperialismo russo»[7].

O segundo artigo, publicado quatro dias depois, deveria ter parecido uma provocação a Eduardo Brazão. Trata-se de uma crónica relativa às acções da UPA, apresentando os princípios da luta pela libertação e os pontos de vista dos nacionalistas que Badalassi entrevistara. É, por conseguinte, um artigo negativo para o Estado Novo, com referências à acção repressiva da polícia portuguesa e os comentários de alguns elementos da UPA relativamente à política colonial de Lisboa. Vale a pena citar a de Holden Roberto:

«Il Portogallo, al contrario, vuole negare le nostre realtà e le nostre tradizioni, ci vuole obbligare a diventare uomini senza origini, schiavi in questa terra che i Portoghesi vogliono «provincializzare». Non vi riusciranno, perchè noi tutti daremo la vita per l'indipendenza della nostra cara Patria» (Badalassi 1960b).

Como vaticina Piero Badalassi, Angola obteria brevemente a independência, tornando-se num Estado de direito livre, justo e democrático.

---

[7] *Ibidem.*

Ainda em Novembro, por altura da publicação destes artigos, o Primeiro-Ministro britânico, Harold MacMillan, deslocava-se a Roma em visita oficial, facto de importância no contexto da diplomacia ítalo-britânica, dado cumprir uma das principais directivas da política externa italiana para a década de 60: a aproximação a Londres. No contexto da construção da Europa e da manutenção da paz, a colaboração anglo-italiana não só era desejável mas também necessária a ambos os países e ao Ocidente, contribuindo determinantemente para o progresso da Humanidade e para a preservação dos ideais de independência e de liberdade, considerados a essência da civilização ocidental (*Esteri* 1961).

O jantar oferecido pelo Presidente do Conselho de Itália, Amintore Fanfani, participando os embaixadores da *Commonwealth* e dos países NATO, constituiu outra manifestação anticolonialista de Roma, ou, nas palavras de Eduardo Brazão, «directamente [dirigida] contra as nossas províncias africanas». Segundo o diplomata, no seu brinde, Fanfani teria pronunciado a seguinte frase:

> «A Inglaterra e a Itália continuarão a trabalhar em África no sentido da total libertação»[8].

O contexto em que foi proferida e a gravidade do que enunciava deixaram o diplomata português «profundamente impressionado», facto acentuado pela recente publicação dos artigos de Badalassi (ao Embaixador «tudo [...] indicava uma evidente relação de pensamento») e pela versão cedida à imprensa, «habilmente apresentada de maneira a tornar difícil uma reclamação oficial». A frase publicada foi esta:

> «Gli sforzi compiuti recentemente in Africa dall'Italia e dalla Gran Bretagna debbono continuare per incoraggiare tutti i popoli liberi a divenire diffusori di libertà»[9].

---

[8] AHD/MNE, PAA M297: Ofício n.º 322, confidencial, de 23 de Novembro de 1960, o Embaixador de Portugal em Roma ao MNE.

[9] *Ibidem.*

A subtileza é muito clara: da enunciação de uma acção efectiva, à qual é dada continuidade (indicada pelo tempo futuro da forma verbal «continuar»), passa-se a uma enunciação vaga de princípios de acção, conseguida com a introdução do verbo «encorajar» e da substituição da expressão «total libertação» por «difusores de liberdade». Assim sendo, e não obstante as explicações do Embaixador da Inglaterra em Roma, o qual afiançara que Angola e Moçambique não faziam parte dos assuntos a discutir com a Itália, por tratar-se de um problema que Londres considerava ser de ordem interna, esta questão assumia contornos precisos, no entender de Eduardo Brazão, no referente à atitude do Governo italiano face à política ultramarina portuguesa.

Entretanto, decorriam os preparativos para a visita de Estado do Ministro da Defesa português, General Júlio Botelho Moniz, a Roma, no seguimento do convite endereçado pelo homónimo italiano, Giulio Andreotti, membro da facção da direita da Democracia-Cristã e um dos simpatizantes de Portugal[10]. A viagem decorreu entre 7 e 13 de Dezembro de 1960[11] e, apesar da boa vontade que existia da parte do Ministro Andreotti, esta deixou a descoberto a real situação das relações luso-italianas, desde logo demonstrada pela pouca deferência dos principais chefes políticos de Itália. Novamente, o Embaixador Brazão constrói uma argumentação veemente e crítica para condenar a conjuntura política interna e o procedimento das autoridades italianas, concluindo que este teria sido um convite para «ser utilizado pela porta de serviço»[12]. Esta sugestiva expressão merece por certo alguns comentários, sobretudo para esclarecê-la convenientemente. Com ela não quer o Embaixador indicar que o Ministro da Defesa tivesse sido mal

---

[10] AHD/MNE, PEA M282: Ofício n.º 3588/69 de 8 de Setembro de 1960, o Embaixador de Itália em Lisboa ao MNE.

[11] A visita contava com o seguinte programa: Botelho Moniz permaneceria em Roma de 7 a 10 de Dezembro, sendo então recebido pelo Ministro da Defesa italiano, pelo Chefe do Estado-Maior da Defesa e pelo Presidente do Conselho, Amintore Fanfani. Partiria depois, a 10 de Dezembro, para Nápoles, daí para Turim e depois para Milão, áreas estratégicas do ponto de vista militar, industrial e comercial (*ibidem*: Ofício n.º 343, de 10 de Dezembro de 1960, o Embaixador de Portugal em Roma ao MNE).

[12] *Ibidem*.

recebido, pois «no aspecto pessoal [...] é sempre simpático aqui», mas que no aspecto formal, não tivesse a Embaixada diligenciado com determinação e atempadamente, não o teria sido «com a dignidade que se impunha». São citadas algumas situações concretas, como o aparecimento tardio dos primeiros artigos jornalísticos – «reduzidíssimos» – relativos à estadia do Ministro português. Enquanto isso, a imprensa espraiava-se «largamente» sobre a vinda do Ministro dos Negócios Estrangeiros do Brasil a Roma para firmar um acordo de emigração que vinha «favorecer a entrada dos Italianos no seu país e o intercâmbio comercial!...»[13]. Outra das situações foi a falta de tempo alegada por Amintore Fanfani para receber o General, facto que acabou por evidenciar a influência do Embaixador Eduardo Brazão e, de certo modo, de Portugal. Conhecendo a eventualidade, Brazão contacta o Director-geral dos Negócios Políticos do MAE, com quem mantinha boas relações, expondo-lhe o caso de forma a evidenciar as consequências negativas que uma inconcebível falta de consideração poderia trazer para as relações luso-italianas. Asseverava também que temia, recordando os últimos artigos de Piero Badalassi publicados no *Il Popolo* e a recusa do mesmo jornal em «inserir qualquer notícia sobre o importantíssimo discurso de interesse mundial do nosso Presidente do Conselho[14]», que esta falta de tempo «fosse mal interpretada por Lisboa»[15]. Fanfani acabaria por receber o Ministro da Defesa no dia 9, pouco depois das oito horas da noite; a conversa foi «amável», embora menos precisa que a havida entre Andreotti e Moniz.

Nas vésperas da partida para Nápoles, o General era homenageado com um jantar pela Embaixada de Portugal, sendo a ocasião aproveitada por Giulio Andreotti para desagravar qualquer má impressão, referindo-se «com alta deferência ao Senhor Presidente do Conselho, ao nosso país, e até à nossa política em África»[16]. Brazão comentava que estas declarações, ditas

---

[13] *Ibidem.*

[14] Trata-se do discurso pronunciado por Oliveira Salazar a 30 de Novembro de 1960, na Assembleia Nacional, contra a campanha internacional antiportuguesa e anticolonialista.

[15] AHD/MNE, PEA M282: Ofício n.º 343, de 10 de Dezembro de 1960, o Embaixador de Portugal em Roma ao MNE.

[16] *Ibidem.*

«em presença dos chefes militares da Itália [tiveram] certamente mais importância do que o expresso em diálogo no recolhimento dum gabinete»[17]. No entanto, como remarca, «infelizmente a amabilidade e as boas intenções, como creio, do Senhor Andreotti, em minoria resumidíssima dentro do seu partido, em nada poderão alterar a linha de conduta que o Governo Fanfani está decididamente sulcando»[18].

Por tudo isto, e apesar de, caso a Embaixada tivesse sido consultada, Brazão considerasse que a visita não era oportuna na «presente conjuntura», o balanço final não poderia ser considerado negativo. Seria, pelo menos, expectante:

> «Humilhante não foi certamente para nós a visita do Senhor General Botelho Moniz porque aqui sentiram uma decidida resistência da nossa parte e até pelas qualidades do ilustre militar que a todos se impõe. Poderá ela ao menos ter quebrado o gelo que as nossas diversas tendências políticas e carácteres próprios nos separa? É muito possível. Mas não alimento muitas esperanças de que qualquer resultado benéfico para nós venha a surgir num próximo futuro. Só quando os outros maiores começarem a dar razão ao nosso proceder e as condições do mundo ocidental levem um outro rumo. Até lá a Itália irá sempre apoiando a tendência dos mais fortes»[19].

Apesar das demonstrações e da orientação política, ideológica e de princípios da Itália, na altura em demarcação, Portugal insistia, em claro reposicionamento face à década precedente, na necessidade da manutenção das boas relações entre Lisboa e Roma, empregando sistematicamente um discurso anticomunista e relativo à solidariedade entre os aliados atlânticos, e da união do Ocidente. A visita do Ministro da Defesa, como afirmou Eduardo Brazão no jantar oferecido pela Embaixada, deveria dar início ao diálogo amigável entre os dois países, propalado nos meados da década de 50. Duas

---

[17] *Ibidem.*

[18] *Ibidem.*

[19] *Ibidem.*

ilações surgem desta afirmação: que as declarações de estreitamento dos laços históricos não tiveram tradução prática e que a conjuntura africana viera dificultar a prossecução das mesmas nos anos 60, não obstante o empenhamento de Portugal em obter o apoio da Itália para a sua causa africana e, por conseguinte, prover a uma maior aproximação.

Em Fevereiro de 1961, iniciava-se a guerra colonial em Angola, com os ataques nacionalistas ocorridos em Luanda a desencadearem violentas perseguições e matanças em várias zonas da cidade. Apesar de rejeitada a moção apresentada pela delegação da Libéria junto das Nações Unidas ao Conselho de Segurança, a 23 do mesmo mês, para que se discutisse os acontecimentos angolanos, a questão acabaria por ser debatida na Assembleia-geral em Abril de 1961, tendo a proposta de discussão sido aprovada, entre outros, pela Itália[20].

É este acontecimento que assinala o início da fase que definimos de divergência convergente, ao longo da qual é manifesta a orientação italiana referida pelo Embaixador Eduardo Brazão: apoio ao nacionalismo africano e oposição a Portugal. No entanto, é muito importante sublinhar que a maior combatividade da Itália acontece no quadro das Nações Unidas, emulando a postura dos EUA e demonstrando, quer a Washington e a Londres (com os quais Roma deseja estreitar relações), quer ao bloco afro-asiático (numa estratégia de acesso aos seus mercados e recursos naturais) um anticolonialismo activo. Deste modo, a nível interno e no contexto da NATO, a sua actuação é moderada, sem condenar abertamente o Governo português, mas usando, para o efeito, os meios de comunicação controlados pelo Governo italiano ou pelo PDC. Explicando o que talvez pareça um paradoxo – uma divergência convergente – há a referir o seguinte: nas diligências de protesto efectuadas junto do MAE contra situações diversas

---

[20] Segundo Luís Nuno Rodrigues (2004, pp. 80-81), «registaram-se 79 votos a favor, 2 contra (Espanha e África do Sul) e 8 abstenções (Bélgica, Inglaterra, Holanda, França, Luxemburgo, Panamá, Republica Dominicana e Austrália)». O debate resultou na aprovação da resolução 1603 de 20 de Abril, a qual estipulava que, perante a degradação da situação em Angola, o Governo português deveria «promover urgentemente reformas que dessem cumprimento à declaração anticolonialista» (Rodrigues 2004, p. 81).

cujo objectivo consistia, na perspectiva de Lisboa, em denegrir a imagem de Portugal e a política ultramarina, os diplomatas portugueses obtinham várias declarações de colaboração. Encontravam, ademais, manifestações de apoio entre os democratas-cristãos conservadores e da direita, embora praticamente inconsequentes porque minoritários no partido e sem influência real e devido à crescente colaboração política e governativa entre a Democracia--Cristã e o Partido Socialista. Eis porque precisamos a divergência do Governo italiano, entendido como um todo, com o epíteto convergente, distinguindo as partes dissonantes no todo.

Em 1961, como dizíamos, a situação de Portugal na Itália não era favorável aos interesses do Estado Novo, não só devido à questão colonial, mas também às acções recentes da oposição, internacionalmente projectadas com o assalto ao paquete *Santa Maria*, capitaneado por Henrique Galvão (Janeiro de 1961). Como nota Eduardo Brazão:

> «A atitude então patenteada por várias correntes políticas, da esquerda e da própria Democracia-Cristã, já era de esperar e em todas as minhas informações anteriores nunca transpareceu, antes pelo contrário, qualquer nota optimista sobre o sentir da Itália em geral no problema português»[21].

Existia, assim, uma «corrente poderosa da opinião criada contra nós», alimentada pela facção esquerdista do Partido da Democracia-Cristã, cujo líder, Amintore Fanfani, estava disposto a formar coligações governativas com o PSI para estagnar a crescente influência social e política do PCI, e pela «influência americana cada vez mais intensa no grupo largo da Democracia-Cristã»[22]. Porque é importante para compreender a posição da Itália face à política ultramarina nesta fase, faremos algumas considerações quanto às relações entre Roma e Washington. Primeiro, a administração Kennedy decidira alterar a estratégia de luta anticomunista, aproximando-se

---

[21] AHD/MNE, PAA M326: Ofício n.º 223, confidencial, de 16 Junho de 1961, o Embaixador de Portugal em Roma ao MNE.

[22] *Ibidem*.

e auxiliando a causa do nacionalismo africano[23]. Segundo, os EUA pretendiam «cobrar antecipadamente a dívida italiana»[24]. Como reporta Eduardo Brazão, esta seria a razão principal da deslocação de Fanfani, naquela altura, a Washington. Terceiro, a Itália tinha interesses económicos e financeiros nos países africanos. Nestes termos, é possível delinear a estratégia da Itália: subscrevendo a orientação da política africana norte-americana, entrava nas boas graças da Administração, salvaguardando interesses existentes; do mesmo modo, apresentava-se como um dos paladinos ocidentais da libertação da África, garantindo aliados num continente estratégico em termos geográficos, naturais e económico-financeiros. Assim sendo, numa altura em que a Itália estava «ligada com ambas as mãos à política americana» e vivia «no terror da ameaça dos comunistas deste país a quem vai sempre cedendo terreno no intuito vão de os acomodar»[25], a posição de Roma parecia irreversível.

Apesar desta circunstância, e do agravar das relações de Lisboa com Washington, a maior ameaça à cordialidade e amizade da diplomacia luso-italiana residia no fatalismo histórico que conduzia a Itália para o «abismo mortal»[26] da abertura às esquerdas, então designado pela imprensa

---

[23] A orientação anticolonialista da política externa da Administração Kennedy centrou-se na seguinte tese: «Os poderes europeus não conseguem vencer as guerras em que se envolvem em África e o resultado final destas é enviarem os novos países africanos [...] para um processo de radicalização das elites, que favorece o comunismo» (Telo 2000, p. 113). A estratégia norte-americana seria, assim, intensificar a pressão sobre Lisboa a fim de, segundo o Embaixador dos EUA na capital portuguesa, «influenciar Portugal para empreender ajustamentos de vulto nas suas políticas», imperativos para o «progresso político, económico e social [...] das províncias africanas portuguesas» e «sua completa autodeterminação» (cit. por Rodrigues 2004, pp. 75-76). Em 1963, Washington, interessada em renovar o acordo de permanência da base militar norte-americana nos Açores, modifica a sua conduta: os EUA passam a abster-se nas votações na ONU e suspendem o financiamento dos movimentos independentistas. Esta aproximação seria continuada pelos Presidentes seguintes, estreitando-se a partir de 1968, já no consulado de Marcello Caetano.

[24] AHD/MNE, PAA M326: Ofício n.º 223, confidencial, de 16 Junho de 1961, o Embaixador de Portugal em Roma ao MNE.

[25] *Ibidem*.

[26] AHD/MNE, PAA M422: Ofício n.º 36, confidencial, de 10 de Fevereiro de 1962, o Embaixador de Portugal em Roma ao MNE.

de «abertura ao comunismo»[27]. Como Brazão observou, o MAE sentia «a justiça das nossas reclamações»[28] e demonstrava «um enorme desejo de nos serem agradáveis», daí o «grande constrangimento de se verem incapazes de interferirem na onda crescente da política esquerdista do Governo»[29].

E assim Amintore Fanfani constituía, em Fevereiro de 1962, um novo Governo com a participação dos partidos Social-Democrático e Republicano e o apoio externo dos socialistas. É importante sublinhar, ao nível da política externa, que o PSI, apesar de contrário à instalação de bases militares norte-americanas na Itália e de determinado em conservar as ligações com o PCI, transigia «no que a Democracia-Cristã tem considerado situação base da sua política – a Aliança Atlântica»[30].

No entanto, nos finais de 1963, no Congresso Nacional, o Partido Socialista aprovava uma ordem do dia claramente antifascista e anticolonolista, na qual expressava a sua solidariedade com os «povos da Espanha e de Portugal em luta contra as ditaduras fascistas» e «com os povos de Angola e África do Sul em luta contra a opressão colonial e a discriminação racial» (esta solidariedade estendia-se ao «povo grego ainda vítima duma política totalitária»)[31]. Segundo Abílio Pinto de Lemos, Embaixador em Roma desde Janeiro de 1963, o partido comprometia-se «a agir em toda a parte e de todos os modos possíveis para que desapareçam daqueles países (Portugal

---

[27] AHD/MNE, PEA M31: Ofício n.º 30, confidencial, de 31 de Janeiro de 1962, o Embaixador de Portugal em Roma ao MNE.

[28] AHD/MNE, PAA M422: Ofício n.º 36, confidencial, de 10 de Fevereiro de 1962, o Embaixador de Portugal em Roma ao MNE.

[29] AHD/MNE, PEA M31: Ofício n.º 30, confidencial, de 31 de Janeiro de 1962, o Embaixador de Portugal em Roma ao MNE. No recente Congresso da Democracia-Cristã (Fevereiro de 1962), a facção de Fanfani, «que se batia pela «abertura às esquerdas» conseguiu dominar aqueles elementos, como Mario Scelba, Giulio Andreotti, Guido Gonella, Giuseppe Pella, Fernando Tambroni, que mostraram nitidamente à Itália o perigo enorme que ia correr com esta aventura» (AHD/MNE, PAA M422: Ofício n.º 36, confidencial, de 10 de Fevereiro de 1962, o Embaixador de Portugal em Roma ao MNE).

[30] AHD/MNE, PAA M422: Ofício n.º 36, confidencial, de 10 de Fevereiro de 1962, o Embaixador de Portugal em Roma ao MNE.

[31] AHD/MNE, PEA M150: Ofício n.º 569 de 2 de Novembro de 1963, o Embaixador de Portugal em Roma ao MNE.

e Espanha) e do mundo as vergonhas do fascismo, do colonialismo, do racismo e para que os governos fascistas e colonialistas sejam excluídos dos organismos de colaboração internacional»[32].

Neste cenário, competia à Missão Diplomática combater, esclarecer, precisar todas as «más interpretações» da posição de Portugal, difundidas latamente na imprensa antiportuguesa, como a comunista e a socialista, e também através da radiotelevisão italiana, a RAI, cuja direcção estava entregue a membros do PSI e da facção Fanfani. Quanto aos meios a utilizar e forma de actuação, estas deveriam decorrer dentro de parâmetros precisos e cautos, «sem ferir demasiadamente susceptibilidades num momento como este em Itália, de grande vibração e nervosismo político»[33] ou «envolver em polémicas estéreis e delicadíssimas a Embaixada de Portugal em Roma»[34]. Na perspectiva de Eduardo Brazão, Portugal devia insistir mais na acção indirecta do que na directa, entendendo-se aquela pela intervenção junto do Governo italiano e das facções da direita da Democracia-Cristã e esta pela propaganda portuguesa na imprensa independente – sobretudo no *Il Tempo*, *Il Giornale d'Italia* e no *Corriere della Sera*, os jornais mais lidos e com maior influência –, fornecendo, por intermédio do Centro Português de Informações em Roma, «as nossas verdadeiras informações sobre o problema africano no que a ele nos diz respeito e à actuação presente no conflito aberto em Angola»[35]. Esta acção directa, articulada com «a natural reacção da imprensa monárquica, neofascista»[36], segundo previa o Embaixador, poderia criar simpatias em sectores concretos, apesar de esbarrar «com a força da corrente dominadora»[37]. Nestes termos, conclui,

---

[32] *Ibidem.*

[33] AHD/MNE, PAA M422: Ofício n.º 36, confidencial, de 10 de Fevereiro de 1962, o Embaixador de Portugal em Roma ao MNE.

[34] AHD/MNE, PAA M326: Ofício n.º 223, confidencial, de 16 de Junho de 1961, o Embaixador de Portugal em Roma ao MNE.

[35] *Ibidem.*

[36] AHD/MNE, PAA M422: Ofício n.º 36, confidencial, de 10 de Fevereiro de 1962, o Embaixador de Portugal em Roma ao MNE.

[37] AHD/MNE, PAA M326: Ofício n.º 223, confidencial, de 16 de Junho de 1961, o Embaixador de Portugal em Roma ao MNE.

a acção indirecta seria o único processo eficaz, permitindo «conservar a ligação com um país como este, ligado a nós na defesa do Atlântico e na luta contra o comunismo». Neste sentido, procurar-se-ia incrementar o interesse dos Italianos pelo Ultramar e explorar o apoio da ala direita da Democracia-Cristã.

A participação da Itália no desenvolvimento da África portuguesa era considerada por Eduardo Brazão como «a única arma eficaz para combater ou diminuir sensivelmente a hostilidade italiana»[38]. Tratava-se de uma estratégia contrastante com a adoptada por Portugal nos anos 50, tendente a reduzir a propaganda relativa às possessões ultramarinas, quer para limitar a presença de estrangeiros, quer devido à política proteccionista adoptada pelo Governo. Nos anos 60, a situação era completamente diferente, havendo que explorar os «interesses materiais» que orientavam a política externa italiana.

A exploração do apoio da ala direita da Democracia-Cristã passava essencialmente por torná-lo público. Dois acontecimentos servirão para exemplificar. Primeiro, a sugestão do Embaixador em Roma, apresentada ao MNE, no sentido de procurar modificar o adiamento *sine die* da visita do Ministro da Defesa de Itália, Giulio Andreotti, a Portugal, em retribuição da visita do General Botelho Moniz. Ocorria este facto em meados de 1961. Citando o ofício de Eduardo Brazão:

> «Actualmente a pasta da Defesa está nas mãos dum dos poucos elementos da Democracia-Cristã que não nos é hostil. Andreotti representa dentro do seu partido, com Gonella (Ministro da Justiça) e Pella (ontem na pasta dos Estrangeiros e hoje na do Orçamento) aqueles elementos que por formação nos estão mais próximos e que poderão ser amanhã (quem sabe!) o nosso ponto de apoio, se por qualquer motivo imprevisto as correntes actuais mudassem de rumo»[39].

---

[38] *Ibidem*.

[39] AHD/MNE, PEA M282: Ofício n.º 227, confidencial, de 19 de Junho de 1961, o Embaixador de Portugal em Roma ao MNE.

O segundo acontecimento tem um carácter semelhante, tratando-se da sugestão, novamente apresentada pela Embaixada, para que o Ministro da Justiça italiano, Guido Gonella, fosse convidado a visitar oficialmente Portugal, facto que o Embaixador Eduardo Brazão reputa da total conveniência. Com efeito, Gonella, um dos elementos da extrema-direita da Democracia-Cristã, «seria um homem para perceber a nossa verdadeira posição e para amanhã aqui, com a sua tão alta autoridade e influência, a explicar»[40].

Todo este conjunto de acções diplomáticas de iniciativa portuguesa em Itália inscreviam-se na macro-escala da política externa nacional, a qual, no início dos anos 60, procurava selar laços de sólida amizade no estrangeiro, numa altura em que Portugal era abertamente criticado pelos aliados tradicionais, em particular os EUA e a Inglaterra. É também nesta altura que acontece o que o historiador António José Telo (1996, p. 774) designa por «inversão de alianças». Isto é, «a falta de apoios anglo-americanos» obriga o Governo a buscar, muito discretamente, auxílio técnico-militar e político para manter a guerra em África junto da França, da RFA e dos regimes brancos da África do Sul e da Rodésia[41].

Talvez algo se conseguisse com a Itália, se não o apoio directo, pelo menos uma postura neutral, não-atacante. Quanto aos apoios sectoriais já referidos, estes eram crescentes e ganhavam crédito «à medida que nos vêm resistir em Angola»[42]. No entanto, como é recorrentemente sublinhado para Lisboa, a maioria das declarações de apoio decorriam a nível informal e privado. A seguinte citação ilustra com clareza esta situação:

> «Também o Director-geral dos Negócios Políticos [...] me dizia que era difícil não se ter admiração por um país como o nosso, cuja atitude de coerência, de dignidade e de defesa dos mais altos interesses da nossa

---

[40] AHD/MNE, PEA M370: Ofício n.º 370 de 7 de Novembro de 1961, o Embaixador de Portugal em Roma ao MNE.

[41] Como salienta António José Telo, esta «inversão de alianças» permanece pouquíssimo estudada. No entanto, têm sido publicados alguns trabalhos relativos à aproximação luso-francesa e luso-alemã neste contexto (Rodrigues 2001, Rodrigues 2004, Marcos 2007, Fonseca 2007).

[42] AHD/MNE, PEA M282: Telegrama n.º 43 de 11 de Julho de 1961, o Embaixador de Portugal em Roma ao MNE.

civilização era de respeitar. No entanto, como eu lhe lembrei, apesar disso, a Itália votava contra nós [...]! Nessa conversa e noutras que tenho tido com homens políticos ou da diplomacia deste país, sente-se o constrangimento em que se encontram de serem obrigados a defender uma tese internacional contrária aos seus próprios interesses e só favorável à política de penetração cada vez maior do bloco comunista. A grande parte acha-nos razão, admira-nos, mas privadamente [...].[43]

No quadro da NATO, Portugal procura igualmente defender os direitos africanos portugueses, reclamando o apoio dos aliados atlânticos. Os argumentos apresentados, constantemente reiterados até ao final do conflito, articulam-se em torno do plano da URSS para cercar a Europa pelo flanco sul, separando-a da sua «extensão natural», da África. A política da Aliança Atlântica ficou definida logo em 1961, sem que sofresse alterações posteriores, determinando que as guerras da África decorriam no exterior da zona NATO, pelo que não era conveniente ou lógico o desvio de recursos militares financiados pela Aliança para as colónias portuguesas. Nesta altura, Portugal encontrava de novo simpatia pela sua posição entre a França, a RFA, a Bélgica e a Holanda, não porque concordassem com ela, mas porque convinha não isolar Portugal (Telo 2000, pp. 112-116; Rodrigues 2004, pp. 72-74, 84-87).

Faremos apenas uma referência breve à posição da Itália no círculo da NATO, porquanto este trabalho não tem por objectivo analisar as relações luso-italianas no contexto da diplomacia multilateral. Para o efeito, transcrevemos a parte útil de uma nota manuscrita, entregue pelo Embaixador da Itália ao Ministro dos Estrangeiros Franco Nogueira. Trata-se do extracto de uma carta particular proveniente das cúpulas do MAE, eventualmente do Ministro dos Estrangeiros ou de um dos directores-gerais (o documento não permite aferi-lo com precisão). Nela é expressa a opinião do Governo italiano: compreensão das reivindicações portuguesas, mas sem que tal significasse o acordo da Itália, sendo ainda enunciadas algumas hipóteses

---

[43] AHD/MNE, PAA M297: Ofício n.º 402 de 11 de Dezembro de 1961, o Embaixador de Portugal em Roma ao MNE.

de actuação que o Governo português poderia adoptar, nomeadamente, procurar apoios entre os Estados africanos e intentar conservar as ligações históricas e culturais com as Províncias Ultramarinas, colaborando com as mesmas no respectivo processo de independência. É visível um paralelismo geral com as declarações dos EUA e da própria Inglaterra, embora esta, tal como a Itália, não ousasse o radicalismo crítico de Washington. Citamos o documento:

«Compreendo perfeitamente que os Portugueses quereriam que pelo menos os aliados valorizassem as suas reformas, mas são precisamente os aliados, todos ou quase ex-colonialistas, os menos indicados para exprimir um juízo favorável, que seria inevitavelmente alcunhado de parcialidade ou de conivência.

É pelo contrário entre os Estados africanos que Portugal deveria procurar os factores das prenunciadas reformas e que certamente encontraria – o primeiro entre o Senegal – se tais reformas fossem orientadas no sentido da descolonização, mesmo gradual. [...]

Direi que a África, com alguma impaciência e alguma fuga das limitações, se articula hoje essencialmente em grandes grupos linguísticos, o arabofóno, o francófono, o anglófono e num amanhã verosimilmente aquele lusitano. Por outras palavras, aqueles que falam a mesma língua tendem a estar juntos»[44].

Em Dezembro de 1963, o Embaixador português Abílio Pinto de Lemos assinala outra manifestação de apoio importante, procedente de Giuseppe Saragat, *Ministro degli Esteri* do recém-formado gabinete de Aldo Moro[45].

---

[44] *Ibidem*: Nota manuscrita, sem número processual ou data, o MAE ao Embaixador de Itália em Lisboa.

[45] Depois da demissão do primeiro Governo democrata-cristão de Giovanni Leone (21-06-1963 – 5-12-1963), Aldo Moro constituía um novo Governo centro-esquerda de coligação com o PSI (que reintegrava o Governo após dezassete anos), o PSDI e o PRI (5-12-1963 – 26-VI-1964). Aldo Moro formaria o seu segundo Governo de centro-esquerda em 22 de Julho de 1964 e ainda um terceiro em 23 de Fevereiro de 1966 (Amintore Fanfani ocupou então a pasta do MNE). Moro foi, portanto, Presidente do Conselho entre 1963 e 1968, sendo substituído em Junho deste ano por Giovanni Leone, que constituía o seu segundo Governo.

Segundo o diplomata, na recepção ao corpo diplomático presente em Roma, Portugal foi dos primeiros países a ser recebido em audiência, dado que Saragat criteriara receber com prioridade os chefes de Missão dos países da Aliança Atlântica. O acto ganhava, assim, um importante significado político, como nota o Embaixador: a presente formação governamental italiana, apesar da inclusão dos socialistas, «não altera em nada os compromissos da Itália para com o mundo livre». Posteriormente, Pinto de Lemos teria oportunidade de confirmá-lo numa segunda audiência, quando, no momento da despedida, Saragat demonstrara a sua disponibilidade para atender sempre e em qualquer circunstância o Chefe da Missão Diplomática de Portugal, representante de «um país aliado, um país da Aliança Atlântica – sublinhou bem –; por isso, repetiu novamente, poderia procurá-lo sempre que tivesse quaisquer problemas a tratar»[46].

Esta manifestação constitui o ponto de transição para a terceira fase das relações luso-italianas, coincidente com o triénio 1964-1967, e que designámos de convergência reservada. No contexto geral, a política ultramarina portuguesa perdera premência no quadro da ONU e as guerras coloniais a actualidade internacional à medida que Portugal conseguia, com sucesso, circunscrever as acções dos nacionalistas a regiões concretas, tornando a comunidade ocidental mais condescendente. Particularmente à Itália, é também claro um trabalho de aproximação face a Lisboa, embora não muito expansivo – daí o adjectivo *reservada* –, dada a conjuntura de esquerdização da política italiana e as reservas ainda existentes em razão das repercussões ao nível das relações com os países afro-asiáticos. O termo convergência, indiciando uma acção contínua, permite definir este estado de aproximação progressiva, não necessariamente concordante, e de preparação da nova etapa nas relações luso-italianas, animada pelo início do consulado de Marcello Caetano, em 1968.

---

[46] AHD/MNE, PEA M282: Aerograma A23 de 27 de Dezembro de 1963, o Embaixador de Portugal em Roma ao MNE. Estas declarações ganham maior significado se correlacionadas com o comentário do diplomata à pessoa de Saragat, evidenciando que as suas «qualidades de grande inteligência, seriedade, moderação e decisão», reconhecidas por todos os sectores políticos, tornavam-no numa das figuras mais marcantes do actual Governo (*ibidem*).

Os relatórios de carácter político produzidos, em meados dos anos 60, pelos cônsules da Itália nos territórios ultramarinos portugueses eram, segundo a Embaixada em Roma, «francamente favoráveis à nossa política»[47]. Terão estas informações condicionado a posição da Itália? Não responderemos à questão, visto não considerarmos peremptória a documentação consultada para arguir fundamentadamente por uma posição concreta. Será, no entanto, de equacionar que talvez tenha tido a sua importância se considerarmos também outro facto: a nomeação do Embaixador Giuseppe Cerulli-Irulli para Lisboa, em finais Outubro de 1964[48]. Com efeito, o antecessor, Remigio Grillo, não teria criado bons entendimentos em Lisboa, facto que Roma procurava compensar com a nomeação de um elemento do sector moderado da Democracia-Cristã, conforme nota o Embaixador Pinto de Lemos:

«Pertence sector moderado Democracia-Cristã e suas ligações políticas neste partido (conforme aliás me foi sublinhado por dois altos funcionários Farnesina) poderão porventura ajudar esclarecer elementos mais reticentes aquela formação partidária acerca realidade nossos pontos vista. Orientação política inclinada direitas novo Embaixador possivelmente pesou sua nomeação, pelo que eu vi pode contribuir clarificar atmosfera relações dois países»[49].

Com base nestas informações, Pinto de Lemos assinalava ao MNE as vantagens de um convite oficial do Governo português a Cerulli para que visitasse o Ultramar.

---

[47] AHD/MNE, PAA M297: Aerograma A-12 de 12 de Setembro de 1964, a Embaixada de Portugal em Roma ao MNE.

[48] O diplomata italiano, segundo relata o Embaixador português, causara-lhe a «melhor impressão», enquanto nos círculos políticos e diplomáticos era uma personalidade estimada e considerada. Todavia, o mais tranquilizador para as autoridades portuguesas seria uma certa particularidade do génio de Cerulli: era um homem «sem aparência de grande combatividade» (*ibidem*: Aerograma A-13 de 14 de Outubro de 1964, a Embaixada de Portugal em Roma ao MNE).

[49] *Ibidem*.

Pouco depois, nos princípios de 1965, surgia uma nova demonstração de apoio: o Ministro da Defesa italiano convidava o homólogo português a enviar uma missão militar a Itália para examinar os meios de transporte utilizados pelas forças armadas italianas e visitar os estabelecimentos e apetrechamentos industriais automóveis da *Società Anonima Officine Meccaniche*, em Brescia[50]. O convite é aceite com o «maior prazer», sendo enviada a missão portuguesa que se encontrava «a examinar na França e Alemanha Federal material e meios de transporte»[51]. Esta aproximação a nível militar teria continuidade no convite endereçado ao Ministro da Defesa da Itália para visitar oficialmente Portugal entre 17 e 20 de Maio de 1967[52]. O convite foi aceite, mas a visita acabaria por ser adiada. Se este desenlace poderia indiciar um protesto face às políticas do Estado Novo, uma dúvida que está implícita nos ofícios da Embaixada, diligências posteriores permitem esclarecer que o adiamento procedia de circunstâncias de política interna, relacionadas com a «recente demissão Chefe de Estado-Maior Exército»[53].

A reorientação da posição da Itália quanto a Portugal é também perceptível no quadro da ONU, pois se por um lado subscreve as sanções contra o colonialismo e o racismo, numa demonstração de pró-africanismo e como forma de estreitamento das relações com os países do Terceiro Mundo, por outro votava a favor da resolução, aprovada pela Assembleia-geral por larga maioria em 1966, relativa à não-intervenção nos assuntos internos dos Estados-membros. Se bem que o facto em si perca valor ao considerar-se que a resolução foi aprovada por larga maioria, o que significa que foi também votada por países do bloco africano, geralmente a favor das resoluções contra a política ultramarina portuguesa, o que importa sublinhar é que, perdendo centralidade as questões debatidas na ONU, as relações luso-italianas ganham espaço para acentuar uma distensão bilateral.

---

[50] AHD/MNE, PEA M367: Nota verbal n.º 230/2 de 25 de Janeiro de 1965, a Embaixada de Itália em Roma ao MNE.

[51] *Ibidem*: Ofício n.º 504/C, sem data, o Secretário-adjunto da Defesa Nacional ao Director-geral dos Negócios Políticos do MNE.

[52] *Ibidem*: Ofício n.º 6, urgente, de 27 de Abril de 1967, o Director-geral dos Negócios Políticos do MNE ao Encarregado de Negócios a.i. de Portugal em Roma.

[53] *Ibidem*: Telegrama n.º 36 de 10 de Maio de 1967, a Embaixada de Portugal em Roma ao MNE.

No término desta fase (finais de 1967), o Partido da Democracia-Cristã, realizado o X Congresso Nacional entre 23 e 26 de Dezembro, definia a respectiva orientação política nos seguintes termos: consolidação do centro-esquerda, repúdio do comunismo e fidelidade à Aliança Atlântica. Segundo o relato do Embaixador Abílio Pinto de Lemos, o objectivo, que respondia à preocupação dominante dos quadros do partido, seria «apresentar aos eleitores uma Democracia-Cristã unida e intransigentemente anticomunista»[54]. O anticomunismo, ao contrário do passado (em concreto até 1964, *grosso modo*, data da realização do X Congresso Nacional da Democracia-Cristã, no qual já ficara patente), era assumido sem reservas, indiciando a superação do «terror comunista» a que aludiam os diplomatas portugueses para justificar os procedimentos do Governo italiano, contrários aos interesses portugueses. Esta orientação vinha, pelo menos teoricamente, favorecer a aproximação luso-italiana, ainda que só a partir de 1968 adquira amplitude, como veremos no capítulo VI.

## 2. O movimento contestatário anti-salazarista em Itália

A contestação anti-salazarista em Itália reuniu em próxima colaboração os sectores antifascistas italianos, recorrentemente o PSI, o PCI e a facção esquerdizante do PDC, e a oposição portuguesa aqui presente.

A Itália era um dos países de destino ou de passagem para Praga ou Moscovo dos exilados portugueses, apta, aliás, a recebê-los e a patrociná-los na luta anti-salazarista, dado o ambiente político nacional, marcado pelo activismo dos partidos Socialista e Comunista e pela abertura à esquerda da Democracia-Cristã, como referimos.

Entre 1960-1967, o pico das acções contestatárias registou-se nos anos 1961-1963, coincidindo com a segunda fase que enunciámos acima, isto é, o período de maior tensão nas relações luso-italianas. Coincide também, ao nível da política interna portuguesa, com o ciclo grevista de 1961-1962,

---

[54] *Ibidem*: Ofício n.º 605 de 28 de Dezembro de 1967, o Embaixador de Portugal em Roma ao MNE.

o movimento estudantil de 1962 e a radicalização do oposicionismo interno ao Estado Novo. Referimos ainda o início das guerras coloniais e a invasão de Goa pela União Indiana, em 1961. Se estes acontecimentos possuíam uma projecção internacional inerente, pela multiplicidade de agentes externos envolvidos, o impacto exterior dos conflitos sociais e políticos internos dependia da divulgação dos mesmos na imprensa mundial. Os exilados políticos portugueses tiveram, por conseguinte, um papel central na sensibilização dos sectores jornalísticos e políticos, em especial da esquerda, por afinidades ideológicas, divulgando a causa da resistência portuguesa e colectando apoios.

As acções contestatárias poder-se-ão sectoriar em categorias e com a seguinte cronologia: artigos jornalísticos (1961-1962), criação de comissões anti-salazaristas italianas (1962) e organização de eventos públicos (exposições e conferências) e de manifestações de rua (1962-1963).

Esta periodicização, no referente aos artigos jornalísticos, não é estanque, continuando assiduamente a ser impressos nos restantes anos. O biénio corresponde a um ciclo de publicação verdadeiramente extraordinário e inédito do ponto de vista da quantidade de artigos e da variedade de jornais que os publicam. O rol é imenso, o que se, por um lado, prova o elevado interesse pelos assuntos de Portugal, por outro, demonstra a propensão especulativa de alguns periódicos ou jornalistas.

Folheados os recortes de imprensa remetidos para o MNE pela Embaixada em Roma, uma conclusão é quase imediata: a edição contínua e sistemática num curto espaço de tempo tende necessariamente para a repetição de assuntos e perspectivas de abordagem, tanto mais evidente quando existe *a priori* uma intenção crítica demarcada. Esta circunstância é especialmente visível para o ano de 1961, em particular entre Março e Julho, isto é, desde as votações das resoluções contra Portugal na ONU e o início da guerra colonial em Angola. Nestes artigos, aborda-se e debate-se a política ultramarina do Governo e os movimentos independentistas africanos (causas e ideologia)[55].

---

[55] A perspectiva de abordagem varia entre as acções patrióticas dos nacionalistas, em alusão aos ataques efectuados, e a ofensiva salazarista, designada nos jornais da extrema-esquerda por «massacre».

Em 1961, o jornal *Resistenza*, de Turim, dedicava o número especial de 11 de Novembro ao colonialismo português. Os títulos evidenciam o teor das críticas: «Portugal adormecido de Salazar é uma ameaça para a Europa, a África e a democracia»; «devemos ajudar os opositores do «paterno» ditador»; «o que é o Estado Novo: miséria, ignorância, exploração»; «trágico fim depois de 450 anos de domínio: um Império Colonial em aniquilação»; «as atrocidades da guerra de Angola denunciadas pela imprensa ocidental e católica»; «também em Portugal a oposição torna-se mais activa». O conjunto de artigos é complementado por algumas fotografias verdadeiramente expressivas para a finalidade da publicação. Na primeira página, surge um acampamento tribal dos indígenas, marcadamente étnico, com uma legenda violenta: «Para combater a revolta nacionalista dos indígenas, Salazar aplica aos negros os métodos invocados pelos colonialistas e fascistas: bombardeamentos indiscriminados e ataques com [bombas] *napalm*. Assim se defendem os valores cristãos da civilização europeia contra a ameaça comunista». As que figuram no interior do jornal não deixam de ser simbólicas e significativas, como aquela que é legendada «a saudação romana na África portuguesa», mostrando um desfile oficial da mocidade negra, e as referentes à destruição das aldeias e à violência física exercida sobre os conspiradores (ou suspeitos), duas atitudes referidas como represálias do Governo de Lisboa.

A Embaixada em Roma não poderia deixar de notar o facto ao MNE, remetendo simultaneamente as informações cedidas pelo Cônsul de Portugal em Turim quanto à importância e tendências políticas da publicação. Segundo este, a *Resistenza* era um jornal de difusão muito reduzida (tiragem inferior a mil cópias), exclusiva dos subscritores (não era vendido) e sem periodicidade regular. O director, Gino Viano Bellandi, e alguns dos articulistas, como Aldo Garosci, foram *ex partigiani* do movimento de resistência *Giustizia e Libertà*, convertido depois da Segunda Guerra no *Partito d'Azione*. Dissolvido em 1950, a maioria dos elementos ingressou no PSI.[56]

---

[56] *Ibidem:* Carta, reservada, de 20 de Janeiro de 1962, o Cônsul de Portugal em Turim ao Cônsul de Portugal em Génova.

Comunicado o assunto ao Ministério do Ultramar pelo MNE, aquele tece algumas considerações realmente identificadoras da importância dada ao envolvimento de organizações italianas em qualquer manifestação contra a política ultramarina. Citamos o ofício do Director-geral dos Negócios Políticos do Ultramar:

> «A referida publicação, apesar de reduzida tiragem, é exclusivamente dirigida contra Portugal. Mas há a referir que entre os cinco anúncios comerciais publicados na última página, dois são de empresas que negoceiam em Portugal. Um dos anúncios é da máquina de escrever *Olivetti* que possui uma fábrica no nosso país e que segundo se crê tem contrato de fornecimento com o Estado.
>
> Nestes termos V. Ex.ª julgará de oportunidade de se expor o assunto à Secretaria de Estado do Comércio para através destes Serviços se fazer sentir às referidas firmas a estranheza por anunciarem numa publicação exclusivamente dedicada a atacar o nosso país onde certamente auferem alguns proveitos com as actividades comerciais e industriais que aqui desenvolvem»[57].

O MNE, julgando oportuna a observação precedente, expõe o caso à Secretaria de Estado do Comércio, recebendo como resposta o que segue:

> «Foi feito sentir às firmas *Olivetti*-Portuguesa e Mocar Lda., representante da fábrica *Alfa Romeo*, a estranheza que causou a colaboração publicitária prestada pelas respectivas empresas italianas ao número especial da revista *Resistenza*. Ambas asseguraram que chamariam a atenção das referidas empresas»[58].

---

[57] *Ibidem:* Ofício n.º 4123 de 26 de Maio de 1962, o Director-geral dos Negócios Políticos do Ministério do Ultramar ao Director dos Negócios Políticos do MNE.

[58] *Ibidem:* Ofício n.º 44 de 20 de Janeiro de 1963, o Chefe do Gabinete do Secretário de Estado do Comércio ao Director-geral dos Negócios Políticos do MNE.

A *Agenzia Giornalistica d'Italia* foi um dos grandes críticos da política ultramarina. Trata-se de uma instituição semioficiosa do Governo de Itália, por este financiada, com sede em Roma e delegações em vários pontos da Europa e em Tunis (depois transferida, em 1963, para Alger). A maioria dos artigos anticolonialistas referentes a Portugal da responsabilidade da agência aparecia no boletim publicado em Tunis, frequentemente utilizado como fonte pela imprensa do Magrebe.

Segundo a Legação de Portugal em Tunis, o Embaixador italiano nesta capital iria tentar convencer o MAE que não seria aconselhável que uma agência «que passa por ser inspirada pelos meios ligados à Presidência do Conselho italiano» fosse precisamente o «veículo duma semelhante propaganda contra um aliado da Itália», sugerindo que também a Embaixada de Portugal em Roma demonstrasse o desagrado do Governo português[59]. Foram dadas instruções neste sentido ao Encarregado de Negócios, assim como foi marcada uma audiência com o Embaixador de Itália a fim de fazer um reparo apropriado e solicitar providências para que o ataque não se repetisse.

Segundo uma nota manuscrita num oficio remetido da Embaixada em Roma (referindo-se aos artigos publicados no boletim da *Agenzia*), na audiência, havida em Janeiro de 1963, o Conselheiro da Embaixada italiana em Lisboa «disse duvidar que o carácter semioficioso da Agência significasse que de algum modo tivesse qualquer carácter ou dependência oficial», sublinhando que em Itália vigorava um regime de «completa liberdade», pelo que qualquer intervenção do Governo seria inconsequente. O MNE não recua, referindo então que a publicação de artigos infundados, baseados em «falsidades que o relatório do BIT – agência especializada da ONU e, por isso mesmo, entidade de cuja imparcialidade não poderia estar em causa – negava *in limine*», poderia criar desnecessariamente um clima de inimizade entre a imprensa dos dois países[60].

---

[59] *Ibidem*: Aerograma A-9 de 20 de Novembro de 1962, o Ministro de Portugal em Tunis ao MNE.

[60] *Ibidem*: Ofício n.º 573 de 22 de Novembro de 1962, o Encarregado de Negócios a.i. em Roma ao MNE

Pouco antes desta audiência, a Embaixada de Portugal em Brazzaville comunicava ao MNE que Attilio Gaudio, «jornalista comunista italiano» e redactor do boletim da *Agenzia Giornalistica d'Italia* em Tunis, partiria para Leopoldville, onde tomaria «contacto com [o] MPLA a fim de fotografar e fazer [uma] reportagem sensacional sobre atrocidades portuguesas»[61]. Esta informação foi seguidamente comunicada à PIDE, o que evidencia o cuidado posto no seguimento dos indivíduos contrários aos interesses portugueses. Considerando os artigos que vinham sendo publicados, assim como as deslocações ao Ultramar e as entrevistas realizadas aos nacionalistas africanos[62], Attilio Gaudio era, portanto, um destes indivíduos. Em 1963, encontrando-se em Tunis depois do recente périplo pelos países africanos, a situação foi aproveitada pelo Ministro de Itália na capital tunisina para lhe dar a conhecer a reacção da Legação que referimos acima (desacordo em que uma agência financiada pelo Governo italiano procedesse nos termos em que vinha fazendo para com um país aliado). O episódio é narrado pelo diplomata:

> «Gaudio, que segundo Bocara, é um «revolucionário» homem «extrema-esquerda» terá reagido informação de Bocara com ameaças dizendo que trazia da sua viagem e sobre Angola «material terrível» que daria a conhecer no boletim»[63].

Além dos assuntos coloniais, as propriedades ditatoriais e fascistas do Estado Novo são insistentemente rebatidas pelos jornalistas, mormente pelos comunistas. Assim sendo, a relação destes com o regime não era harmónica, como se verificou com o caso Gaudio. Outros poderiam ser referidos, como a expulsão de Portugal dos jornalistas Franco Colombo,

---

[61] *Ibidem*: Telegrama n.º 14, muito secreto, de 10 Janeiro de 1963, a Embaixada de Portugal em Brazzaville ao MNE.

[62] *Ibidem*: Aerograma A-2 de 8 de Fevereiro de 1963, o Ministro de Portugal em Tunis ao MNE.

[63] *Ibidem*.

Giuseppe Boffa ou Riccardo Minuti e a proibição de entrada no país levantada contra a jornalista Joyce Lussu. Porquanto ocorreu em Maio de 1962 e permitindo explorar o jornalismo relativo à agitação social e académica desse ano e à actuação da PIDE nesse âmbito, desenvolveremos as expulsões de Giuseppe Boffa, do jornal *L'Unità*, e de Riccardo Minuti, do *Paese Sera*, ocorridas justamente pela conjugação da orientação política de esquerda dos periodicistas e do panorama contestatário. O facto ocorreu entre 28 e 29 de Maio: detenção junto a São Bento pela Polícia de Segurança Pública a 28, interrogatório na delegação da PIDE de Lisboa até à madrugada de 29 e saída de Portugal na noite desse dia. Ficou ainda na posse da polícia política o rolo da máquina fotográfica de Minuti, vários apontamentos relativos a correspondências jornalísticas e algumas listas com nomes de portugueses[64]. O caso proporcionou aos jornalistas italianos uma oportunidade para relatarem experienciadamente a política repressiva do Governo de Salazar, apresentando cartas de protesto pelos procedimentos das autoridades portuguesas à Embaixada de Portugal em Roma, à *Associazione della Stampa Romana* e ao MAE. A ocorrência chegaria também ao Parlamento italiano, conforme nota a Embaixada de Itália, sublinhando que seria conveniente que Portugal apresentasse a sua versão dos factos[65].

Nestes termos, o Ministério do Interior, inquirido quanto às razões que levaram à expulsão de Boffa e Minuti, informava o MNE que as autoridades portuguesas actuaram correctamente, visto, «em Portugal, o Partido Comunista ser ilegal, estando os seus elementos sujeitos às penalidades que a lei confere»[66]. Esta e outras informações seriam seguidamente comunicadas para as embaixadas portuguesa e italiana em Roma e Lisboa, conforme se cita:

---

[64] AHD/MNE, PEA M31: *Memorandum* de 31 de Maio de 1962, a Embaixada de Itália em Lisboa ao MNE.

[65] *Ibidem*: Nota de 6 de Junho de 1962, a Embaixada de Itália em Lisboa ao Director-geral dos Negócios Políticos do MNE.

[66] *Ibidem*: Ofício n.º 2708, urgente, de 15 de Junho de 1962, o Chefe de Gabinete do Ministro do Interior ao Director-geral dos Negócios Políticos do MNE.

«Jornalistas Boffa e Minutti foram efectivamente convidados a sair do país. Trata-se autores ataques violentos e tendenciosos contra Portugal que vieram Portugal representação jornais comunistas italianos. Averiguou-se todavia sua acção excedia em muito actividade normal jornalismo pois propunham-se contactar conhecidos elementos Partido Comunista Português tendo para efeito chegado efectuar viagem Alpiarça e Barreiro. Próprios jornalistas confessaram verdadeira finalidade visita em face documentos lhes foram apreendidos com nomes e moradas elementos a contactar tendo declarado desejarem partir o mais cedo possível por considerarem sua missão Portugal tinha sido tornada impossível em virtude acção nossas autoridades segurança. Estas não os submeteram quaisquer violências. Medida expulsão não traduz qualquer hostilidade ou discriminação para com jornalistas italianos pois outros da mesma nacionalidade têm sido autorizados permanecer país e ainda recentemente, como é conhecimento V. Ex.ª, um[67] foi recebido S. Ex.ª Presidente Conselho. Embaixada Itália foi informada quanto precede em resposta protesto e pedido esclarecimento apresentou tendo ficado informar seu Governo»[68].

O episódio da expulsão foi noticiado com alarde nos jornais *L'Unità* e no *Il Paese Sera* entre 30 de Maio e 2 de Junho[69]. Na edição de 4 e 5 de Junho do *Paese Sera*, Minuti publica ainda a crónica «Portogallo: Medio Evo nell'era atomica», resultante da deslocação à zona industrial do Barreiro, salientando que cerca de 98% dos operários aqui empregados eram contra o regime, em consequência das condições laborais e do baixo nível de vida. Um outro artigo sobre a conjuntura política portuguesa seria publicado pelo mesmo jornalista no *Paese Sera* de 8 e 9 de Junho de 1962, ali conjecturando que talvez estivessem reunidas as condições para o «25 de Julho português» (em referência à exoneração de Mussolini, em 25 de Julho de 1943). Noutras

---

[67] Trata-se do jornalista Emanuele Bonfiglio, em Lisboa para entrevistar o Presidente do Conselho. *Vide* mais à frente pp. 154-155.

[68] AHD/MNE, PEA M31: Telegrama n.º 42 de 20 de Junho de 1962, o MNE à Embaixada de Portugal em Roma.

[69] Os artigos em causa encontram-se entre o espólio do AHD/MNE, PEA M31.

palavras: para a substituição de Oliveira Salazar (Minuti 1962b)[70]. Segundo o Embaixador Eduardo Brazão, o jornalista teria como objectivo atacar indirectamente a pretensão de Portugal em aderir ao Mercado Comum, mostrando o «perigo que se corre de, apoiando a nossa candidatura, reforçar-se por ela a posição do actual Governo português»[71]. O artigo inseria-se claramente na campanha antiportuguesa que decorria em Itália.

A fundação de associações anti-salazaristas italianas possuía objectivos concretos: apoiar internacionalmente o movimento antifascista em Portugal e organizar as acções de protesto e de solidariedade na Itália. Para compreender a lógica inerente a este processo, há que ter presentes duas circunstâncias importantes: a presença activa e pujante das forças políticas da esquerda em Itália, isto é, o PSI e o PCI (refira-se que este partido constituía um referencial político-ideólogico para os marxistas portugueses) e o facto da Itália ser ponto importante de chegada e de passagem para os elementos da oposição portuguesa, especialmente a partir de 1958. Com efeito, depois de implantada a República de Charles De Gaulle, o «comando da operação» comunista foi transferida pelas autoridades do PCP de Paris para Roma, pelo que, em 1962, a direcção do movimento estava centrada em Roma, o mesmo se passando com o PCE[72].

É precisamente em Janeiro de 1962 que em Roma é criada a Comissão Italiana para a Amnistia e Liberdade Democrática em Portugal (*Comitato per l'Amnistia e Libertà Democratica in Portogallo*), instituição fundamental

---

[70] Conforme nota a investigadora Linda Dawn Raby (1988, p. 149), as manifestações de 1961-1962 representaram um período grave para o Estado Novo, surgindo como o culminar das agitações anteriores: «Nunca, desde a Segunda Guerra Mundial e dos anos do pós-guerra, o regime tinha estado tão profundamente envolvido em conflitos, nem voltaria a estar numa situação semelhante até ao colapso final em 1973-1974». A conjuntura, continua a autora, não era só de crise, mas de «uma clássica situação revolucionária», revelando como nunca antes, as brechas profundas existentes no aparentemente sólido edifício do Estado Novo, sendo, por isso, «legítimo perguntar se uma ofensiva mais agressiva por parte da oposição neste momento não poderia ter provocado a sua derrocada. Era uma opinião partilhada por muitos nesta altura» (Raby 1988, p. 159).

[71] AHD/MNE, PEA M31: Ofício n.º 269, confidencial, de 20 de Junho de 1962, o Embaixador de Portugal em Roma ao MNE.

[72] *Ibidem.*

na promoção de manifestações a favor do antifascismo português e contra o Estado Novo. Em Novembro do mesmo ano, era fundado um comité idêntico em Milão, cuja primeira grande acção pública seria a participação na Conferência dos Países da Europa Ocidental para a Amnistia aos Presos e Exilados Políticos Portugueses (Paris, 15-16 de Dezembro de 1962)[73].

Os dois comités agrupavam indivíduos de todas as tendências políticas (as elites intelectuais sobretudo), quer elementos da Democracia-Cristã, do PSI, do PCI ou mesmo sem qualquer categoria política ou nacional. Segundo uma informação do Embaixador de Espanha em Lisboa, estas associações de amnistia vinham sendo constituídas, sob a direcção do comunismo internacional, tanto na Europa como na América, «con objeto de atacar a Portugal, en forma similar a otros comités igualmente dirigidos contra España»[74].

Normalmente, as acções destes comités eram noticiadas na imprensa esquerdista – *Avanti*, *Il Paese Sera* e *L'Unità* são os jornais mais empenhados em fazê-lo – com as reiteradas denúncias contra o Estado Novo, «acusando o Governo português de reprimir duramente os opositores ao regime»[75]. Entre aquelas conta-se a realização de reuniões, debates e conferências para discussão do caso português e definição de medidas de apoio aos anti-salazaristas nacionais. Em Roma, decorriam normalmente na livraria *Einaudi*, local de tertúlias comunistas[76]. Em Março de 1963, realizava-se, também na

---

[73] A delegação italiana foi composta por comunistas, socialistas e democratas-cristãos, sendo a participação destes criticada pelo diplomata português, acusando o «oportunismo de alguns dos seus dirigentes que a todo o preço parecem desejar fazer esquecer as suas antigas ligações políticas com o fascismo!» (AHD/MNE, PEA M12: Ofício n.º 664 de 29 de Dezembro 1962, o Encarregado de Negócios a.i. de Portugal em Roma ao MNE). A conferência servira para destruir os mitos da prosperidade e ordem salazaristas propagandeados pelo regime (Olmi 1962).

[74] *Ibidem*: Nota de 2 de Janeiro de 1963, o Embaixador de Espanha em Lisboa ao Director-geral dos Negócios Políticos do MNE. Existiam comités correspondentes a estas comissões em Londres (*Council for Freedom in Portugal and Colonies*), em Paris (*Comité pour le Defense des Libertés au Portugal*) e em Nova Jérsia, EUA, (*New Jersey Committee Pro Democracy in Portugal*).

[75] AHD/MNE, PEA M551: Ofício n.º 608 de 6 de Janeiro de 1963, Encarregado de Negócios a.i. de Portugal em Roma ao MNE.

[76] *Ibidem*. A livraria era propriedade do filho do antigo Presidente da República Italiana Luigi Einaudi.

capital italiana e ao que julgamos nesta livraria (*La Repubblica* 1963), uma exposição de pintura, na qual participaram 375 artistas italianos (Cattuso, Maccari, Attardi, Cagli, Fantuzzi, Guccioni, Levi, Purificato ou Omiccioli são alguns exemplos), num «gesto de solidariedad y de amistad hacia los artistas y los hombres de la cultura portuguesa»[77]. No ano seguinte, realizava-se no *Teatro Eliseo*, Roma, e com o patrocínio da Secção Exterior do PCI, uma conferência com o principal objectivo de «explorar políticamente la reciente expulsión de periodistas italianos de Portugal»[78]. Participaram Enzo Summa, representante do comité romano, Augusto Livi, do *Paese Sera*, Arrigo Repetto, do *Avanti*, Pedro Soares, Ruy Cabeçadas e Fernando Piteira, representantes da resistência portuguesa. A conferência integrava o «programa de propaganda dirigido contra os governos de Portugal e de Espanha» elaborada pela Comissão Italiana para a Amnistia e Liberdade Democrática em Portugal (de Roma) em parceria com a associação *Nuova Resistenza*, no qual se previa, além de outras reuniões públicas, a organização, nas principais cidades italianas, de «cursos sobre as guerras havidas entre a Espanha e Portugal»[79].

A crise académica de 1962 teve um impacto que não pode ser ignorado em Itália, como nota Eduardo Brazão, aludindo às «mensagens e telegramas de protesto pela posição tomada pelo nosso Governo na questão dos estudantes que esta Embaixada tem recebido nestas últimas duas semanas»[80]. No parecer do Embaixador, o Partido Comunista era incontroversamente o instigador de tais actos, estabelecendo ainda uma conexão causa-efeito entre aquele e os movimentos estudantis em Portugal, «cujas instruções [vinham] de Moscovo e talvez mesmo, como pensa o Embaixador de Espanha Boussinague, através de Roma»[81].

---

[77] *Ibidem*.

[78] AHD/MNE, PEA M13: Nota de 3 de Abril de 1964, o Embaixador de Espanha em Lisboa ao MNE, cópia.

[79] *Ibidem*: Informação secreta 212–SC/CI(2) de 3 de Julho de 1964, Director-geral da PIDE ao Chefe de Gabinete do MNE.

[80] AHD/MNE, PEA M532: Ofício n.º 210 de 23 de Maio de 1962, o Embaixador de Portugal em Roma ao MNE.

[81] *Ibidem*.

Em defesa das liberdades dos estudantes e dos trabalhadores portugueses oprimidos pela ditadura de Salazar, a *Unione Nazionale Universitaria Rappresentativa Italiana* (UNURI), género de organização nacional das associações académicas italianas, organizava em Maio de 1962, no *Teatro dei Satiri*, Roma, «uma espécie de comício dos universitários italianos (está claro socialistas e comunistas)», ao qual seguir-se-ia uma manifestação de protesto junto da Embaixada portuguesa[82]. Como informava posteriormente Brazão, esta «ficou apenas no aparato policiesco da rua» (não acontecera)[83]. Foi, de certo modo, convertida no protesto escrito entregue na Chancelaria, no qual, depois de condenar os recentes procedimentos contra os demo cratas, estudantes e trabalhadores portugueses, a presidência da UNURI, em nome de todos os movimentos antifascistas da juventude italiana e da Comissão Italiana para a Aminista e a Liberdade Democrática em Portugal, requeria ao Governo de Lisboa a supressão das medidas arbitrárias utilizadas para reprimir a liberdade dos estudantes; a libertação dos alunos detidos aquando dos últimos acontecimentos; a punição dos responsáveis pela violência usada contra os manifestantes nos protestos do 1º e 8 de Maio de 1962 e a amnistia para os presos políticos e exilados portugueses[84].

Uma nova manifestação ocorria em Setembro de 1962, com os mesmos objectivos e lógicas, mas cujo menor impacto jornalístico indicia a pouca importância do evento. Os manifestantes, declarando-se solidários com a luta da resistência portuguesa, exigiam, além da «democratização da vida política portuguesa», que o «fascismo de Salazar» fosse expulso da NATO e não fosse admitido no MEC[85].

Estas concentrações públicas não eram apenas organizadas em Roma. Exemplo disso é a manifestação da noite de São Silvestre (de 31 de Dezembro para 1 de Janeiro de 1963) em Milão. Mais propriamente, tratou-se da

---

[82] *Ibidem*.

[83] *Ibidem*: Ofício n.º 238 de 5 de Junho de 1962, o Embaixador de Portugal em Roma ao MNE.

[84] *Ibidem*: Carta n.º 457/611, sem data, a Presidência da UNURI ao Embaixador de Portugal em Roma. *Vide* a transcrição integral da carta em anexo, pp. 235-236.

[85] *Ibidem*: Ofício n.º 458, confidencial, de 27 de Setembro de 1962, o Embaixador de Portugal em Roma ao MNE e respectivos anexos.

vandalização do Consulado-geral de Portugal, com frases escritas contra Salazar na fachada do edifício e a tentativa para incendiar o portão[86].

Interessa ainda referir que alguns dos protestos, em paralelo ao objectivo geral de condenar o regime, tinham um objectivo específico, usualmente a libertação de algum notável detido pela PIDE. Um exemplo: a contestação contra a prisão do Maestro Ernesto de Sousa, em 1963, efectuada pelo Círculo de Cultura Cinematográfica Charlie Chaplin (Roma), mediante o envio de telegramas e missivas à Embaixada[87].

A partir de 1963, as acções da oposição portuguesa em Itália ganham visibilidade fundamentalmente através da acção da FPLN[88], amiúde publicitada no *L'Unità*, *Il Paese Sera* e *Avanti*. Merece destaque a reunião secreta de 1 de Janeiro de 1964 (conhecida por Segunda Conferência das Forças Antifascistas Portuguesas), ocorrida numa capital europeia e na qual fora «decidido passar à ofensiva violenta contra o regime fascista de Salazar, recorrendo também à acção violenta»[89].

A FPLN tinha ligações com os partidos italianos das esquerdas, com destaque para o PCI, uma circunstância que era pública. Em Fevereiro de 1964, três dos principais membros da Frente – Ruy Cabeçadas, Fernando Anton Piteira Santos e Pedro Soares – encontravam-se em Roma com Arturo Colombi, Giancarlo Pajetta e Giulliano Pajetta, dirigentes do PCI, ao que se

---

[86] *Ibidem*: Ofício n.º 11, confidencial, de 3 de Janeiro de 1963, o Encarregado de Negócios a.i. de Portugal em Roma ao MNE.

[87] AHD/MNE, PEA M13: Ofício n.º 324 de 17 de Junho de 1963, o Embaixador de Portugal em Roma ao MNE. O Círculo Charlie Chaplin era dirigido por militantes marxistas do PCI e exercia uma actividade cultural e propagandística importante, organizando projecções cinematográficas (as *Lunedi del Rialto*) e debates sobre a actualidade.

[88] Constituída em Dezembro de 1962, a FPLN reunia os exilados portugueses das diversas tendências políticas, agrupando-os numa frente comum e organizada contra o Estado Novo (Raby 1988, pp. 249-255).

[89] AHD/MNE, PEA M13: Ofício n.º 45 de 24 de Janeiro de 1964, o Embaixador de Portugal em Roma ao MNE. O hebdomadário comunista *Rinascità* (1964) publicou na íntegra as deliberações finais da Conferência, sendo esta a primeira vez que um documento da resistência falava concretamente da ditadura e dos meios a utilizar para derrubá-la. Em síntese, ficaram definidas as directivas de acção para restaurar a democracia em Portugal, tornar independentes os povos das colónias e destruir a máquina do Estado Novo. No plano internacional, iniciar-se-ia uma nova fase, multiplicando-se as relações, contactos e actividades.

seguiu uma conferência de imprensa, presidida por Fausto Nitti e com a participação de Arrigo Repetto (membro da Comissão Italiana para a Liberdade em Portugal), Vincenzo Summa (que acompanhara o processo jurídico relativo ao golpe de Beja), Ruy Cabeçadas e Pedro Soares (*L'Unità* 1964). Posteriormente, em Março seguinte, como é informado pela PIDE, decorria em Florença uma reunião política entre exilados portugueses e espanhóis para a preparação de uma acção subversiva contra os regimes de Salazar e de Franco «com base na força expedicionária que está a ser constituída na Argélia»[90].

A partir de 1964, a mediatização das acções da FPLN, tal como as acções contestatárias italianas, enceta um ciclo de regressão. Vários factos decorrentes da realidade histórica portuguesa poderão explicá-lo. A partir de 1962, o Estado Novo repõe a ordem interna, reprimindo os reaccionários, pelo que a resistência perde grande parte do seu ímpeto. Por outro lado, a situação portuguesa perdia novidade, perdia o impacto necessário à mobilização associativa externa, não sendo ainda despicienda a dificuldade em encontrar verbas em Itália, numa altura de retrocesso do «milagre económico», para financiar a campanha anti-salazarista. Maiores facilidades e apoios foram encontrados na Argélia, junto de Ahmed Ben Bella, opositor declarado do fascismo e do colonialismo, razões de todo determinantes para a fixação da sede da FPLN em Alger, apesar de inicialmente se ter conjecturado Roma[91].

Enfim, a conjuntura de grande contestação havia sido superada e os últimos meses de 1963, conforme nota o Embaixador Pinto de Lemos, tinham sido de relativa calma: a imprensa dava menos importância à conjuntura nacional; as campanhas orquestradas pelas organizações de extrema-esquerda registavam, desde do início do Verão de 1963, uma significativa acalmia; não se tinham realizado manifestações de rua e diminuíam as cartas e telegramas de protesto endereçados à Embaixada[92].

---

[90] *Ibidem:* Informação secreta n.º 105-SC/CI (2) de 4 de Março de 1964, o Director da PIDE ao Chefe do Gabinete do MNE.

[91] Situá-la em Roma, segundo o testemunho de Manuel Sertório, significaria enveredar pelos métodos tradicionais e de propaganda, relegando a resistência armada para um futuro incerto (o PCP defendia esta posição). Ao contrário, situá-la em Alger demonstrava o empenhamento na acção armada (Raby 1988, p. 250).

[92] AHD/MNE, PEA M282: Ofício n.º 84 de 11 de Janeiro de 1964, o Embaixador de Portugal em Roma ao MNE.

## 3. O reforço da imagem da portugalidade[93]

Em diplomacia, a imagem nacional de um Estado possui uma influência qualitativa sobre as relações inter-estatais. Ou seja, a prossecução das relações diplomáticas é largamente condicionada pela imagem nacional externamente projectada pelos organismos competentes (embaixadas, legações, centros de cultura, leitorados, imprensa, etc.). Nestas condições, é importante criar, fundamentar e difundir uma imagem nacional positiva que valorize e identifique o país através de um conjunto referencial fiduciário. Nestes termos, a História e a cultura constituem os fundamentos identitários primaciais.

O Estado Novo, valorizando axiologicamente a História da Expansão Portuguesa, criou uma imagem externa centrada no conceito de portugalidade (ou lusitanidade), facto notório nos finais dos anos 50 e acentuado na década de 60[94]. O contexto internacional de descolonização da África e da Ásia, dito de forma diversa, de quebra de vínculos político-administrativos, tornou-se para Portugal num momento de reforço tentado e retórico dos vínculos histórico-culturais entre a Metrópole e as Províncias Ultramarinas. Desta forma, contrariando a propaganda negativa que vinha sendo feita internacionalmente, o Estado Novo articula um aparelho de propaganda cultural com o objectivo de promover a unidade multirracial do povo português e a pluricontinentalidade una de Portugal em refutação da

---

[93] Segundo Cruz Malpique (1972, pp. 5-6), a portugalidade corresponde a «uma atitude humana que nos valorize, dentro e fora de Portugal», sendo aquela definida por «um conjunto de qualidades positivas», tais como uma «vontade firme» e uma «imaginação construtiva». Nestes termos, portugalidade é sinónimo de lusitanidade, definida por Marcello Caetano (1952, p. 48) enquanto «essência do nosso espírito nacional, feita de ideias-força que nos têm guiado através da História». Deste modo, «lusitanidade é a tradição que nos individualiza entre os povos, aquilo que constitui o nosso carácter colectivo em todas as épocas e em todos os lugares» (Caetano 1952, p. 48). No contexto da descolonização e das guerras coloniais, impunha-se ao Estado Novo articular um discurso propagandístico segundo esta lógica identitária, salientando os méritos e a singularidade humanista da política ultramarina.

[94] Recorde-se ainda a Exposição do Mundo Português (1940), realizada com uma clara finalidade política e propagandística de legitimação e valoração do regime a nível internacional e nacional.

categorização das Províncias Ultramarinas enquanto colónias pela ONU[95]. Estas foram, em síntese, as principais razões que explicam o reforço da imagem da portugalidade.

Nos anos 60, são três os vectores da política de propaganda lusitana com expressão em Itália: a projecção das comemorações do V Centenário da Morte do Infante D. Henrique (1960), a difusão da língua (um dos elementos definidores da Nação) e da cultura portuguesa através da criação de novos leitorados nas universidades italianas e, por fim, a colaboração com os simpatizantes de Portugal (maioritariamente jornalistas e professores universitários).

Política, ideológica e simbolicamente, as comemorações do V Centenário da Morte do Infante D. Henrique (de Março a Novembro de 1960) sintetizaram o ideário nacionalista, humanista, proselitista e luso-tropicalista do Estado Novo[96], em clara demarcação face aos imperialismos sem «virtualidades» (Garcia 1992, p. 413)[97]. Depois de reforçada legal e juridicamente a tese oficial da unidade transnacional e multirracial contra a ofensiva anti-

---

[95] Em Dezembro de 1960, a Assembleia-geral da ONU, tendo condenado toda e qualquer forma de colonialismo (resolução 1514), determinava não-autónomos todos os territórios ultramarinos portugueses (resolução 1542) (Magalhães 1996, pp. 13-16).

[96] A teoria luso-tropicalista, desenvolvida pelo brasileiro Gilberto Freyre, articula-se em torno de duas ideias base: a ausência de racismo na convivência entre os luso-tropicais (entenda-se os portugueses e os indígenas da África tropical e do Brasil) e a missão evangelizadora e civilizadora de Portugal. O pragmatismo político da utilização dos fundamentos de Freyre é claramente perceptível quando confrontada a cronologia da criação do luso-tropicalismo (anos 30) com a da sua adopção pelo regime (década de 50). Na sua integridade, a teoria contrariava os princípios da «mística imperial» propagandeados até então: a existência de uma hierarquia entre as raças e a inferioridade civilizacional e cultural dos negros. Diferentemente, o luso-tropicalismo apresentava os Portugueses na sua capacidade de olhar o Outro sem preconceitos rácicos (testemunhado pela miscigenação) e de assimilar elementos da cultura autóctone, corroborando cientificamente a conotação humana e fraternal dos argumentos invocados pelo regime no contexto internacional (Castelo 1999, Alexandre 1999).

[97] Por exemplo, o inglês, «em que a barreira da cor [...] levava a desenvolvimentos rácicos diferenciados (*apartheid*)» (Garcia 1992, p. 413). Sobre a multirracialidade e o assimilacionismo do imperialismo português *vide* Cabecinhas & Cunha 2003, pp. 157-184.

colonialista[98], o Governo de Lisboa avança, desde 1954, para a preparação daquelas que seriam as últimas grandes comemorações do regime, poderosas no seu simbolismo, grandiosas nos meios humanos e materiais envolvidos (Nogueira 1984, pp. 151-161; Coelho 1994; Matos 1996). Nelas, o Infante surgia como o elemento holístico da gesta do Descobrimentos Portugueses, encarnando o «momento mais alto do cumprimento da missão providencial que unificava o sentido da nossa História» (Catroga 1996, p. 608). A Comissão Nacional criada para a preparação da efeméride funcionou, sob a direcção do antigo Ministro dos Estrangeiros, José Caeiro da Matta, e da Academia Portuguesa de História, junto da Presidência do Conselho. Segundo ela, as comemorações deveriam «constituir uma lição de vitalidade, de confiança e de optimismo e, simultaneamente, uma confirmação do esforço e da capacidade criadora do povo português», uma «demonstração do valor e das possibilidades das gerações de hoje» e «um acto de fé nos destinos da Pátria – bem necessário nesta hora incerta da vida no mundo» (cit. por Catroga 1996, p. 606).

O funcionalismo propagandístico da efeméride previa o alargamento das celebrações aos países da rede diplomática de Lisboa mediante a participação de especialistas estrangeiros nos diversos congressos e conferências, a deslocação a Portugal de personalidades políticas e a organização de extensões comemorativas nas embaixadas e/ou instituições culturais portuguesas no exterior. Desta forma, partindo dos princípios, como argúi Valente de Almeida (cit. por Palma 2006, p. 171), que a «imagem pode ser modificada através de uma planificação estratégica» e que «é virtualmente possível a qualquer país difundir imagens de si próprio de acordo com as suas conveniências e interesses», o MNE instruía o Embaixador em Roma para que «diligenciasse preparar uma série de manifestações que marcasse com relevo a passagem daquele Centenário» e «procurasse coordenar todas as manifestações que porventura haja na ideia de levar a cabo nesse país,

---

[98] Referimo-nos ao reajustamento da nomenclatura dos territórios coloniais em Províncias Ultramarinas e Ultramar Português, em 1951, e à promulgação da Lei Orgânica do Ultramar Português (1953) e do Estatuto dos Indígenas das Províncias da Guiné, Angola e Moçambique (1954), especificando os parâmetros para a classificação de indígena e as condições necessárias para a obtenção da cidadania portuguesa e do estatuto de assimilado (Silva 1996, pp. 320-322; Henriques 2000, pp. 216-274).

de forma a poder na verdade elaborar-se um programa articulado e com a projecção que se deseja»[99].

O V Centenário teve larga projecção em Itália, sendo o momento especialmente aproveitado para rememorar a importância da experiência náutica e cartográfica dos Florentinos, Genoveses e Venezianos e da distensão das relações luso-italianas nos séculos XIV, XV e XVI. Dando continuidade a este raciocínio, mas projectando-o para a participação italiana nas comemorações oficiais em Portugal, «a Itália não podia de maneira nenhuma ficar ausente»[100], fazendo-se representar pela Marinha e no Congresso Internacional dos Descobrimentos (Setembro de 1960) (Coelho 1994, pp. 145, 147-148).

Por sugestão de Eduardo Brazão, a organização do plano comemorativo foi delegada a Leo Magnino, lusófilo activo na projecção político-cultural de Portugal na península itálica. Além de Presidente do *Gruppo Amici del Portogallo*, Magnino, apoiante da política ultramarina, conferenciava sobre o Ultramar e as relações culturais luso-italianas, dirigia a revista *La Cultura nel Mondo*, onde apareciam e apareceriam inúmeros artigos dedicados a Portugal, e faria parte da representação italiana no sobredito congresso. A presidência da Comissão Italiana pelas Comemorações Henriquinas, então criada, surgia, pois, enquanto prolongamento natural das suas acções em prol da lusofilia e do lusofilismo, em estreita colaboração com o Embaixador português. A função comemoracionista dos eventos promovidos é evidente e lógica, no entanto, não foi apenas solenizada a vertente civilizadora e evangelizadora dos Descobrimentos Portugueses, mas também a inclusão dos Italianos nesta acção humanista e espiritual, dispersando juntos a civilização latina e cristã. Uma função duplamente comemorativista que não deixa de revestir um carácter político-diplomático na conjuntura coeva, lembrando proveitos da diplomacia luso-italiana. Nas palavras de Leo Magnino: «Assim hoje é dever dos dois países amigos estreitar as suas

---

[99] AHD/MNE, 2P A59 M332: Ofício n.º 8 de 30 de Janeiro de 1960, o MNE ao Embaixador de Portugal em Roma.

[100] *Ibidem*: Texto da comunicação radiofónica redigida por Leo Magnino e transmitida pela Rádio *Roma* em 16 de Abril de 1960, a propósito da participação italiana nas Comemorações Henriquinas.

relações de amizade e de colaboração, na defesa do comum património espiritual que é a civilização ocidental, latina e cristã»[101].

Milão, Génova e Roma[102] foram as cidades celebrantes. Quanto aos apoios institucionais, a Comissão italiana contou com a colaboração do Município de Génova, do *Istituto Civico Colombiano di Genova*, da Universidade de Milão e da *Fondazione Cini* (Veneza). Sobre os actos que revestiram as cerimónias, refiram-se as conferências e exposições, o concerto de música portuguesa transmitido pela RAI e a edição de estudos temáticos.

O ciclo comemorativo italiano do V Centenário da Morte do Infante D. Henrique foi inaugurado em Milão, em 16 de Maio de 1960. A preocupação revelada por Eduardo Brazão em levá-lo a esta cidade relaciona-se com a inauguração, nesse ano, do leitorado de cultura e língua portuguesa junto da Universidade. Mas outro motivo igualmente importante é referível: o interesse em desenvolver uma «acção comercial e turística do nosso país nesse importantíssimo centro da vida italiana»[103]. Deste modo, a efeméride henriquina representou «uma boa oportunidade para um contacto maior com aquele meio universitário»[104], ponto de partida para futuras e distendidas iniciativas portuguesas entre aquela «gente do norte», de «vida organizada, séria, interessada por todos os problemas da cultura, mesmo que não seja italiana, rica e cada vez mais próspera». Ademais, como sublinha o Embaixador, «a língua portuguesa é-lhes útil para o seu contacto ou emigração em direcção ao Brasil, onde encontram novas fontes de riqueza que lhes interessa directamente»[105].

---

[101] *Ibidem*.

[102] Veneza, Nápoles e Pisa são inicialmente referidas na documentação. Todavia, não encontrámos referências posteriores quanto às actividades aqui desenvolvidas, o que permite considerar duas hipóteses: ou a ideia de criar aqui núcleos henriquinos foi abandonada ou as cerimónias foram irrelevantes.

[103] AHD/MNE, 2P A59 M332: Ofício n.º 143 de 19 de Maio de 1960, o Embaixador de Portugal em Roma ao MNE.

[104] *Ibidem*: Ofício n.º 124, urgente, de 26 de Abril de 1960, o Embaixador de Portugal em Roma ao MNE.

[105] *Ibidem*: Ofício n.º 143 de 19 de Maio de 1960, o Embaixador de Portugal em Roma ao MNE.

As comemorações em Roma decorreram em Outubro, porém, sem a pompa ou o interesse encontrado em Milão. Os ambientes, seguindo o juízo de Eduardo Brazão, eram diferentes: Roma, concentrada nos assuntos italianos, era menos cosmopolita e intelectualista que Milão[106]. Compreende-se, assim, que a efeméride fosse assinalada com uma conferência proferida pelo Patriarca D. José da Costa Nunes, alta figura do Vaticano, em nítido realce do cunho religioso e evangelizador dos Descobrimentos e instando à aprovação moral da política ultramarina actual através do «positivo resultado» da «grande obra missionária portuguesa do passado»[107].

Génova, como sublinha o Embaixador, seria a cidade na qual as celebrações deveriam revestir maior solenidade, «visto que foi dali que partiram grande parte dos pilotos das nossas navegações quatrocentistas e quinhentistas»[108]. E, de facto, assim foi. Os actos comemorativos, que decorreram em 12 de Novembro de 1960, realizaram-se no «histórico palácio *di San Giorgio* onde, como diz a tradição, Marco Pólo escreveu o seu famoso livro». Ao ciclo de conferências (no qual participaram Leo Magnino, José da Costa Miranda, Leitor na Universidade de Milão, e Eduardo Brazão) assistiu uma «numerosa assistência composta de elementos universitários, com o Reitor, entidades oficiais civis e militares, corpo consular e Portugueses ali residentes e muito público». As celebrações foram encerradas com uma recepção «concorridíssima» no «sumptuoso palácio onde está instalado o clube mais elegante da cidade»[109].

Tal como em Milão, a preparação do V Centenário Henriquino em Génova não era alheia à projecção de Portugal no momento das negociações para a criação do leitorado de português junto da Universidade. Esta circunstância evidencia, por conseguinte, a funcionalidade propagandística, primeiro, das

---

[106] *Ibidem*.

[107] *Ibidem*: Ofício n.º 284 de 11 de Outubro de 1960, o Embaixador de Portugal em Roma ao MNE.

[108] AHD/MNE, 2P A59 M332: Ofício n.º 62 de 12 de Março de 1960, o Embaixador de Portugal em Roma ao MNE.

[109] *Ibidem*: Ofício n.º 306, de 13 de Novembro de 1960, o Embaixador de Portugal em Roma ao MNE.

manifestações henriquinas, segundo, dos leitorados, como que guarda avançada da imagem do país, criando, por um lado, espaço para a actuaçâo nacional, por outro, estratégias de defesa. Como opinava Eduardo Brazão:

> «Creio que é por esta via que o nosso país poderá ser conhecido em Itália e apreciado de nova e melhor forma»[110].

A criação de leitorados inseria-se, portanto, na «ofensiva diplomático--cultural» externa do Estado Novo (Guedes 1999, pp. 244-245). Nos finais dos anos 60, a eficiência propagandística desta estratégia ficava matizada na Circular 16 de 31 de Dezembro de 1968 do MNE, relativa ao «especial interesse» que tinha vindo a ser conferido pelo IAC aos problemas «do apetrechamento e da ampliação da rede de leitorados de português junto das universidades e escolas estrangeiras» e à colaboração entre este Instituto (responsável pela criação e provimento dos leitorados) e as missões diplomáticas «na formação de uma imagem autêntica de Portugal no estrangeiro»[111].

Num curtíssimo mas informativo artigo intitulado «Os estudos universitários de português em Itália a partir de 1960», José da Costa Miranda, antigo Leitor em Milão, apresenta este ano como «o trampolim do futuro», demarcando um antes e um depois de 1960. Até então, o Governo português tinha criado leitorados junto das universidades de Roma (Faculdade de Letras e Filosofia) e Nápoles (Instituto Universitário Oriental). A abertura do leitorado de Milão, em Dezembro de 1960, constituiu, segundo o autor, «a ponta de lança fixada em ponto extremo de uma caminhada a percorrer-se». Assim se dava o primeiro passo para preencher os «espaços vazios», partindo-se para o estabelecimento de leitorados em Génova, Florença, Pisa e um segundo em Roma, na Faculdade do Magistério da *Università degli Studi*. Nos primeiros anos da década de 70, surgiriam os leitorados de Veneza, Bari, Perugia e Bolonha (Miranda 1972, pp. 33-39).

---

[110] *Ibidem*.

[111] AHD/MNE, CLT M228: Circular n.º 16 de 31 de Dezembro de 1968, o MNE às missões diplomáticas portuguesas no estrangeiro.

A expansão da cultura portuguesa em Itália realça a acção de dois lusófilos importantes, além de Leo Magnino: Giuseppe Carlo Rossi e Gaetano Ferro, ambos professores universitários.

A Giuseppe Carlo Rossi, «catedrático de português na Universidade de Nápoles e encarregado dos estudos portugueses em Roma», «deve-se-lhe, em grande parte, o impulso e o desenvolvimento do ensino da nossa língua neste país», actividade que mantinha paralelamente à publicação de «numerosos trabalhos sobre a nossa literatura e [traduções de] muitas obras de autores lusíadas, entre os quais Eça de Queiroz»[112].

Gaetano Ferro, catedrático de Geografia na Universidade de Génova, teve uma acção central na expansão da cultura portuguesa nesta Universidade, organizando conferências, incutindo nos discentes e docentes um interesse e conhecimento maiores quanto a Portugal e incitando os alunos a escrever as teses de fim de curso sobre os assuntos portugueses[113]. Esta dedicação foi reconhecida pelo Governo de Lisboa, distinguindo-o com a comenda da Ordem do Infante D. Henrique[114], criada no âmbito das Comemorações do V Centenário da Morte do Infante e destinada a «galardoar serviços ligados a actividades ou estudos histórico-marítimos ou a conhecimento e divulgação da expansão de Portugal no Mundo» (cit. por Coelho 1994, p. 137).

O processo de criação imagética, ocasional ou permanente, pressupõe, como tem sido demonstrado, a existência de instituições responsáveis por estabelecer um contacto entre a opinião pública do país-alvo e a realidade nacional, mais ou menos depurada. Falámos já na Comissão Italiana para as Comemorações Henriquinas e nos leitorados. Resta-nos explorar a acção da Embaixada em prol desta ideia – Portugal. O canal utilizado é fundamentalmente a imprensa italiana.

---

[112] AHD/MNE, CLT M222: Oficio n.º 586, confidencial, de 24 de Novembro de 1962, o Embaixador de Portugal em Roma ao MNE.

[113] *Ibidem*: Ofício n.º 144 de 26 de Novembro de 1962, o Cônsul-geral de Portugal em Milão ao MNE.

[114] *Ibidem*.

Se a imprensa constitui uma peça importante na construção de uma imagem nacional, a escolha dos colaboradores e da estratégia de comunicação deve ser criteriosa. Nestes termos, como a Embaixada adverte, procurar-se-ia preferivelmente a colaboração dos jornais independentes e de referência (como o *Corriere della Sera*, o *Il Tempo* ou o *Il Giornale d'Italia*[115]), sem que, claro está, fosse preterida a colaboração da imprensa neofascista e da direita (*Il Secolo d'Italia* e|o *Roma*, principalmente), pois Portugal não estava em posição de ser selectivo. Diga-se que se não era procurado o apoio destes sectores, quando surgia voluntariamente não era declinado ou sequer negados os auxílios solicitados, nomeadamente facilidades nas deslocações a Portugal/Ultramar e cedência de material informativo. Existia ainda uma terceira via, espécie de simbiose entre as duas precedentes: a edição de artigos por jornalistas das direitas ou simpatizantes de Portugal em publicações independentes ou esquerdizantes.

Enzo Marino enquadra-se simultaneamente nesta e na segunda via. Jornalista da extrema-direita, «pôs-se à disposição para publicar todas as notícias que lhe fornecermos e documentação fotográfica jornais e revistas direita»[116], demonstrava-se «disposto a deslocar-se a Angola e a acompanhar inclusivamente as nossas tropas, a fim de colher elementos que lhe permitam publicar uma série de reportagens»[117] e tinha «a possibilidade de inserir serviços seus noutros jornais e revistas de relevo, incluindo franceses e espanhóis, além do *Il Nuovo Meridiano*»[118]. Os trabalhos do jornalista, pela qualidade fotográfica, pertinência na abordagem dos assuntos e favorecimento da parte portuguesa convertem-se assim em ícones do jornalismo

---

[115] Como veremos posteriormente, as duas entrevistas dadas por Salazar à imprensa italiana surgem precisamente no *Corriere della Sera* e no *Il Tempo*.

[116] AHD/MNE, PAA M327: Telegrama n.º 42 de 5 de Julho de 1961, a Embaixada de Portugal em Roma ao MNE.

[117] *Ibidem*: Ofício n.º 244 de 5 de Julho de 1961, o Embaixador de Portugal em Roma ao MNE.

[118] *Ibidem*. O semanário *Nuovo Meridiano*, segundo o Embaixador, tinha uma «apreciável difusão no ambiente das direitas», tendo aqui sido publicado parte do trabalho de Marino. Outros locais seriam os jornais *Roma* (Nápoles), *La Martinela* (Florença) e a *Gazzetta del Sud* (Messina) e as revistas *Meridiano*, *Lo Specchio* e *Gente*, todos eles de «larga expansão» (*ibidem*: Ofício n.º 358, urgente, de 31 de Outubro de 1961, o Embaixador de Portugal em Roma ao MNE).

de direita e pró-salazarista italiano[119]. A passagem abaixo transcrita permitirá verificá-lo com maior propriedade:

«O Dr. Enzo Marino, acabado de chegar da sua visita a Angola, [...] mostrou-se entusiasmado com o que viu e observou na nossa província ultramarina. Trazia-me um novo artigo do *Meridiano* que junto e que me parece excelente, sobretudo pelas fotografias produzidas. Tenho verificado que os elementos de propaganda que nos chegam de Lisboa (SNI etc.) quase se limitam a discursos, ainda que excelentes, mas que aqui, neste meio, não são lidos e às vezes nem mesmo publicados, pondo-se de parte a imagem do desenvolvimento económico, social, escolar, das nossas Províncias Ultramarinas. Uma boa fotografia neste plano vale mais que o melhor argumento escrito. [...] Enzo Marino, conhecendo o seu país, apresenta neste artigo um conjunto de imagens angolanas que impressionam o leitor – o panorama da cidade de Luanda, portos, caminhos de ferro, etc. Como ele me disse, os próprios dirigentes da revista ficaram admirados do que em Angola se tem feito. O jornalista dizia-me que nem em Portugal o grande público avalia do esforço português na província ultramarina que visitou. [...] Não tenho até hoje visto no estrangeiro artigos mais elucidativos e positivos como os seus»[120].

Além de Enzo Marino, destacam-se ainda Giorgio Torchia, director da *Agenzia Oltremare* e jornalista do *Il Tempo*, e Giano Accame, director da organização política e cultural conservadora *Centro di Vita Italiana* e jornalista da revista neofascista *Il Borghese* e do jornal monárquico *Roma*.

Torchia enquadra-se na terceira categoria que enunciámos, publicando nos jornais dos diversos quadrantes políticos. Além das publicações com as quais estava directamente relacionado – *Agenzia Oltremare* e *Il Tempo*

---

[119] Apenas como exemplo: «Angola – gli agitatori vestiti da santi» (Marino 1962a), «L'ONU opera contro l'Occidente» (Marino 1962b), «Un *foyer* nell'Africa Nera» (Marino 1963). Os artigos encontram-se no AHD/MNE, PAA M327.

[120] AHD/MNE, PAA M327: Ofício n.º 104, confidencial, de 21 de Março de 1962, o Embaixador de Portugal em Roma ao MNE.

– colaborou com o periódico neofascista *Il Secolo d'Italia*[121]. Os seus trabalhos, saídos maioritariamente no *Il Tempo*, sobressaíam pela «objectividade» analítica, «não isenta de simpatia», com que referia os projectos concretizados em Angola. Um facto com «especial significado» ainda visto ser aquele um dos periódicos de maior circulação em Itália, permitindo obter os resultados conjecturados pelas autoridades portuguesas. Eram, de facto, «numerosas [as] cartas de leitores, que exprimem o seu contentamento por o *Tempo* dar um panorama objectivo da situação em Angola, tão em contraste com tantos relatos tendenciosos que aparecem nesta imprensa»[122].

A actividade de Giano Accame processou-se em dois quadrantes: no jornalístico e no da promoção institucional da política ultramarina. Os artigos saíram nas sobreditas publicações, sendo que, apesar de «muito completos», os do *Borghese*, «dado o carácter polémico desta revista neofascista», não teriam para Portugal «o interesse que apresentará a sua publicação no *Roma*, jornal monárquico de grande expansão no sul do país»[123].

A boa vontade e a predisposição desinteressada de Accame eram (re)conhecidas em Lisboa, porquanto o jornalista, confessando-se surpreso com o forte nacionalismo africano que verificara existir entre a população branca portuguesa[124], não referiria o facto ou sequer alteraria o teor dos artigos

---

[121] Como exemplo, refira-se: «Nell'Angola ferve il lavoro per il progresso e la civiltà» (Torchia 1962), «I Portoghesi cercano una soluzione al loro problema d'Oltremare» (Torchia 1963a) ou «Una tremenda guerriglia senza odio nelle paludi della Guinea portoghese» (Torchia 1963b). Estes e outros artigos encontram-se no AHD/MNE, PAA M327.

[122] AHD/MNE, PAA M327: Ofício n.º 440 de 7 Agosto de 1963, o Encarregado de Negócios a.i de Portugal em Roma ao MNE.

[123] *Ibidem*: Ofício n.º 655 de 20 de Dezembro de 1962, o Encarregado de Negócios a.i de Portugal em Roma ao MNE. Alguns dos artigos: «Viaggio nell'Angola: cannibalismo «politico» degli Americani» (Accame 1962), «I Portoghesi stanno combattendo l'ultima battaglia dell'Europa in Africa» (Accame 1963a), «A Luanda, città modernissima, si vivrebbe se non soffiasse il vento della follia terroristica» (Accame 1963b), «Il cannibalismo è alla base della «lotta di liberazione» (Accame 1963c) ou ainda «Gli Angolani non pensano ad autonomia o distacco» (Accame 1963d). Artigos no AHD /MNE, PAA M327.

[124] Segundo Accame, o espírito separatista era maior em Moçambique, sendo que «dos quatro jornais de Lourenço Marques três estavam em franca oposição ao Governo português e abertamente advogavam a independência política aceitando a ideia de um Governo Negro» (ANTT, AOS/CO/NE-30A: Apontamento do MNE, confidencial, de 17 de Novembro de 1962).

prometidos. Antes pelo contrário: a gravidade da conjuntura constituía o ponto de partida para o estreitamento da solidariedade entre os grupos políticos da direita dos diversos países, disponibilizando-se para organizar, através do *Centro di Vita Italiana*, acções de carácter cultural para esclarecimento e informação da opinião pública italiana. Estas incluiriam «palestras de escritores e exposições de pintores e escultores portugueses de raça negra» e a preparação de um catálogo da exposição fotográfica patente em Luanda «sobre o trabalho de recuperação, educação e assistência médico-social prestadas pelo exército às populações nativas» [125].

Na imprensa independente, os artigos, mais imparciais e objectivos, em reconhecendo as realizações africanas do Governo português, não deixam de sublinhar as razões do movimento independentista. No entanto, e esta é uma consequência da realidade histórica, a objectividade na maioria das vezes não abonava em favor de Lisboa. Desta forma, mais significativos eram considerados os artigos favoráveis e, principalmente, as entrevistas a Oliveira Salazar publicadas nos jornais de «força e prestígio» e afastados «das correntes políticas» [126].

O Chefe do Governo concedeu duas entrevistas – ou, pelo menos, foram estas as mais enfatizadas, pelas razões acima referidas – a jornalistas italianos na década de 60: a Indro Montanelli, do *Corriere della Sera*, em 1960, e a Emanuel Bonfiglio, do *Il Tempo*, em 1962 [127].

A entrevista de Montanelli não decorreu presencialmente, tendo as questões sido enviadas, por escrito, a Salazar. Com base neste núcleo informativo, Indro Montanelli redigiu quatro artigos, publicados entre 26 de Março e 6 de Abril de 1960, acentuadamente biográficos e com curtas referências à conjuntura política nacional [128]. Em síntese, precisa-se o conceito de salazarismo

---

[125] *Ibidem.*

[126] AHD/MNE, PEA M10: Ofício n.º 152, confidencial e urgente, de 12 de Abril de 1962, o Embaixador de Portugal em Roma ao MNE.

[127] As duas entrevistas seriam posteriormente publicadas na colectânea *Entrevistas (1960--1966)*, em 1967.

[128] Os artigos encontram no AHD/MNE, 2P A1 M432, estando devidamente citados na lista de fontes consultadas.

(que os Italianos confundiam com totalitarismo), esclarece-se o tipo de relações existentes entre o Estado Novo e a Igreja Católica (corrigindo a ideia, difundida em Itália, que «a orientação do regime é inspirada por certos meios clericais com vista à submissão total do Estado à Igreja» (Salazar 1967b, p. 16)), explica-se o segredo da «extraordinária frescura» do Presidente do Conselho «e qual a 'filosofia do poder' por ele adquirida ao longo de trinta anos» e, por fim, apresenta-se «uma 'anatomia' do povo lusitano, uma interpretação da sua História e do seu destino» (Salazar 1967b, p. 19).

O impacto da entrevista de Emanuele Bonfiglio, no parecer do Embaixador Brazão, foi consideravelmente maior. Primeiro, pela qualidade e influência do periódico, segundo, pelo facto de ser publicada na primeira página e, terceiro, pelo teor. Citando dois telegramas de Roma:

> «Dado importância jornal alta consideração e simpatia apresentação, o grande nível entrevista, considero tenha sido esta melhor esclarecimento e propaganda que se tem feito até aqui na Itália política nosso país»[129].

> «[...] Comentários jornalista italiano [...] não só compreensivos como de manifesta admiração alta personalidade Doutor Salazar»[130].

Quanto ao conteúdo, refere-se que Oliveira Salazar reitera que o Estado Novo não era uma ditadura, recusando a definição de «ditador involuntário» (Salazar 1967b, p. 101). Sobre o regime no futuro, ou o futuro do regime, afirma que este «pode continuar como qualquer outro e não serão qualidades pessoais que deverão modificá-lo, mas a evolução económica ou social do país»[131] (Salazar 1967b, p. 106). Comentando os movimentos estudantis

---

[129] AHD/MNE, PEA M10: Telegrama n.º 49 de 26 de Junho de 1962, a Embaixada de Portugal em Roma ao MNE.

[130] *Ibidem*: Telegrama n.º 52 de 3 de Julho de 1962, a Embaixada de Portugal em Roma ao MNE.

[131] Esta teria sido, segundo informações obtidas por Bonfiglio, a primeira vez que Salazar examinava publicamente a situação em que ficaria o regime findo o consulado salazarista.

e grevistas de 1962, Salazar alarga a crítica à conjuntura internacional, incidindo sobre o comunismo e o anticomunismo.

A entrevista publicada no *Il Tempo*, em duas partes, é mais extensa do que a reproduzida na colectânea que temos vindo a citar. As temáticas suprimidas concernem a assuntos diversos. Um era tradicionalmente considerado censurável: o plano comunista de sublevação na Península Ibérica, do qual Salazar não duvidava, considerando-o parte do plano geral para a expansão comunista na Europa. Sovietizados Portugal e Espanha, a Europa perdia não só uma fracção importante dos fautores de segurança, mas também a ligação à África, pelo que ficavam criadas as condições para a rendição final. Esta era, aliás, a argumentação apresentada por Portugal junto da NATO a fim de direccionar os meios militares da Aliança para Angola. Entre as restantes temáticas suprimidas, contam-se a austeridade financeira de Salazar, o Mercado Europeu Comum, os projectos ibéricos de colaboração económica e a ideia da união latina, com Salazar a acentuar a conveniência de uma colaboração latina, em especial entre Portugal, Espanha e Itália (Bonfiglio 1962b)[132].

Comparativamente, os artigos ditos «negativos» (que vimos no ponto anterior) superam largamente em número aqueles que se podem considerar «neutros» ou «objectivos» e propagandisticamente a favor de Portugal. Em termos cronológicos, estes não estão dependentes da conjuntura histórica como estão os primeiros, sendo publicados não só no contexto dos picos de tensão, interna ou externa, mas assiduamente, sem que se possa falar de uma publicação maciça concentrada em determinados períodos. No entanto, verifica-se um certo abrandamento da presença de Portugal nesta imprensa a partir dos meados da década, seja em artigos de carácter político, ultramarino ou informativo/turístico.

Concluímos fazendo uma referência breve a outras duas personalidades, jornalistas também, mas cujas acções em favor de Portugal não decorrem nos meios jornalísticos.

---

[132] *Vide* a transcrição da parte do artigo referente a estes assuntos em anexo, pp. 223-225.

Uma delas foi Emilio Marini, activo propagandista, quer por iniciativa própria, quer através do *Gruppo Amici del Portogallo*. A sua acção, na década de 60, destaca-se pela organização de várias conferências e manifestações sobre as Províncias Ultramarinas na capital italiana, sendo estas do maior interesse para o Ministério do Ultramar.

Quanto à segunda personalidade, trata-se do neofascista Pino Rauti, fundador da *Ordine Nuovo* (1954), organização política fascizante, filiando estudantes, operários, camponeses e, especialmente, «modestos trabalhadores de escritório e funcionários públicos»[133]. Se considerada a orientação anticomunista e antiplutocrática da instituição, conclui-se do pragmatismo político-social inerente: suster a comunização dos Italianos, em especial entre os sectores mais abertos à influência do PCI (precisamente as categorias maioritariamente filiadas). Ligado ao precedente, existe outro facto importante para compreender a colaboração oferecida por Rauti:

> «O movimento italiano *Ordine Nuovo* é [...] profundamente católico e acérrimo defensor da civilização ocidental e, assim, dos históricos direitos da Nação portuguesa em África, na Ásia e na Oceânia»[134].

No seguimento da fundação, em Roma, da Associação Itália-Espanha, Pino Rauti sugeria ao Governo português a criação de uma instituição congénere dedicada a Portugal. Chamar-se-ia *Associazione Italia-Portogallo* e levaria a efeito «uma vigorosa campanha de esclarecimento das realidades portuguesas, da obra de civilização dos Portugueses em todos os continentes e dos direitos jurídicos, históricos e humanos que Portugal tem de conservar em todos os seus territórios»[135].

Não estamos em condições de afirmar se a iniciativa teve ou não concretização[136]. E, na verdade, o que realmente nos interessa é verificar a

---

[133] ANTT, AOS/CO/NE-30A: Informação do MNE de Fevereiro de 1964.

[134] *Ibidem.*

[135] *Ibidem.*

[136] Na documentação, encontrámos referência a uma Associação de Amizade Ítalo-Portuguesa, presidida, em 1973, por Leo Magnino. Posteriormente, obtivemos conhecimento da fundação,

existência de propostas apresentadas ao Governo português por iniciativa de Italianos, dispostos a subscrever publicamente as causas portuguesas e a contribuir para a missão histórica e civilizacional de Portugal. São circunscritíssímos e sem influência real no decurso dos acontecimentos, mas não deixam de ser importantes para perceber uma outra ideia de Portugal existente em Itália e paralela aquela existente nos meios anti-salazaristas.

por iniciativa privada, de uma *Associazione Italia-Portogallo,* em 1986, na cidade de Nápoles, junto do Consulado de Portugal. Os objectivos são similares: difundir o conhecimento de Portugal e da cultura portuguesa, mas, logicamente, sem o cunho político-propagandístico. Não cremos tratar-se da associação referida por Rauti; quando muito, seria uma refundação segundo a reorientação dos princípios iniciais.

VI





A interrogação é pertinente e resolvemos fazê-la em título para evidenciar uma particularidade evidente no período que vai de 1968 até ao fim do Estado Novo (1974). É ela a duplicidade da actuação da Itália face a Portugal, facto que tem validade no contexto da questão colonial, que praticamente monopoliza a diplomacia luso-italiana deste período. Duplicidade porque Roma, por um lado, mostra-se solidária com os povos que lutam pela independência e assume claramente uma posição contra o colonialismo, e, por outro, adopta uma posição complacente perante a política ultramarina, visível no abstencionismo seguido na votação das resoluções contra Portugal nos organismos das Nações Unidas. No entanto, e ligando-se ao primeiro ponto, o Governo italiano não deixa de criticá-la, esperando a exequibilidade das reformas anunciadas por Marcello Caetano. Confiança e expectativa são, assim, duas palavras-chave na aproximação da Itália face a Portugal.

A primeira parte deste capítulo é dedicada à análise do processo de reaproximação diplomática luso-italiana, evidenciando e comentando a atitude de Roma em prosseguir claramente neste sentido; na segunda, reflectimos sobre o pragmatismo inerente a este processo, nomeadamente quais as suas manifestações e contrariedades.

Como é do vulgo, em Setembro de 1968, Marcello Caetano sucede na Presidência do Conselho ao enfermado António de Oliveira Salazar. Abstraindo-nos da discussão conceptual em torno do que deveria ter sido e o que foi o caetanismo (Rosas 1994, pp. 545-558; Castilho 2000; Rosas &

Oliveira 2004), faremos apenas algumas considerações gerais relativamente à política externa marcelista. Como nota o historiador Fernando Rosas (2004, p. 13), Marcello Caetano, sem ser liberal ou democrata, «era um reformista dentro do regime», ciente «que o Estado Novo podia resistir a pressões temporárias ou conjunturais, mas não ao espírito de uma época». Deste modo, mesmo sem formular a negação ou superação do regime, Caetano abre caminho, em 1968, a «uma renovação na continuidade», que, porém, suspenderia no rescaldo das eleições de Outubro de 1969 e em definitivo com a revisão constitucional de 1971 (Carvalho 2004, pp. 29-89). Evidencia-se, portanto, uma primeira fase, na qual a tónica é «liberalizar e mantendo a guerra», correspondente ao biénio 1968-1970, e uma segunda, cuja estratégia cambiada significava «manter a guerra sem liberalização», no quadriénio 1970-1974 (Rosas 1994, pp. 547-551, 551-558). O problema colonial e respectiva solução sobrepunha-se a qualquer projecto de liberalização audaz, pelo que Caetano opta por uma «via aparentemente intermédia», como conclui Fernando Rosas (2004, p. 20), não para «compatibilizar um reformismo prudente e o desenvolvimento industrial com a continuação da guerra», salvadora do Império, mas para «ganhar tempo visando a realização da «autonomia progressiva e participada» das colónias».

Em 1968, a posição internacional de Portugal não era dramática, mas nem por isso deixava de ser desconfortável (Oliveira 2001, p. 239). De facto, como sublinha António José Telo, «o factor fundamental para manter o Império [...] foi a relação de forças externa» (cit. por Oliveira 2001, p. 236), querendo com isto dizer que a presença imperial de Portugal em África dependia da aceitação dessa presença pela comunidade internacional. Algo difícil de conseguir a partir dos finais da década de 60, dado que os tradicionais apoiantes – a Inglaterra, os EUA, a França e a RFA – sentiam-se progressivamente incomodados com a posição filoportuguesa, em particular a partir de 1972, quando é claro o falimento da «primavera marcelista» e o imobilismo da política ultramarina portuguesa no referente à concessão da independência (Oliveira 2001, pp. 242-247; Oliveira 2004, pp. 308-317). Como sublinha o investigador Pedro Aires Oliveira (2001, p. 265), «embora a acção diplomática pudesse ter atenuado os efeitos da contestação [...] ela não podia alterar as percepções morais da sociedade internacional em relação à legitimidade do colonialismo, ou sequer alterar a opinião [...] nas chancelarias ocidentais, de que a melhor forma de Portugal preservar a sua influência e interesses no Ultramar passava pelo reconhecimento e enquadramento do nacionalismo africano».

Relativamente à Itália, o ano de 1968 assinala historiograficamente o início de uma conjuntura, com fim no ocaso da década de 70, marcada por sucessivas crises ministeriais e partidárias, pela corrupção política, por crises económicas e inflação, por constantes e distendidos movimentos de contestação sócio-cultural e laboral e por crescentes acções de terrorismo (Mammarella 1995, pp. 317-508). A nível interno e externo as consequências foram negativas, naquele mais do que neste, pois se externamente resultaram no enfraquecimento do papel internacional do país, interinamente repercutiram-se no imobilismo do acto governativo. Em suma, tal como em Portugal, os anos 1968-1974 constituem uma conjuntura de melindre, ainda que de natureza diferente quando comparada com as vicissitudes do regime português. Deste cenário resultaram, como veremos, condicionalismos vários, mais ou menos favoráveis à consolidação das relações luso-italianas.


## 1. Roma e o estreitamento das relações entre Portugal e a Itália

O interesse de Roma no estreitamento das relações diplomáticas com Lisboa é evidente desde 1968, sendo contínuo até 1974. É, portanto, visível um esforço de aproximação, com a Itália a abster-se nas votações no quadro das Nações Unidas ou adoptando uma posição complacente no círculo da NATO. É importante sublinhar, todavia, que este esforço da parte italiana decorre com a «prudência» necessária para «evitar o que pudesse provocar reacções inconvenientes para a finalidade a atingir»[1]. As contrariedades provinham de dois factores: a posição anticolonialista subscrita pelo Governo de Itália (à qual voltaremos mais tarde) e as «dificuldades psicológicas» resultantes das querelas partidárias e da influência das esquer-

---

[1] AHD/MNE, PEA M367: Telegrama n.º 58, confidencial, de 29 de Maio de 1968, a Embaixada de Portugal em Roma ao MNE.

das no sistema político e governativo italiano[2]. Contrariedades contornadas em favor da latinidade, da tradicional amizade, das ligações histórico-culturais e da condição dual de países ocidentais e aliados atlânticos[3].

Desta forma, quando o Embaixador João Hall Themido entregou credenciais ao Ministro dos Estrangeiros Amintore Fanfani, em Abril de 1968, este aconselhou, depois de «acentuar com palavras cautelosas e pensadas» que desejava que fosse feito um esforço no sentido de melhorar as relações luso-italianas, que se não desse demasiada importância às manifestações de hostilidade ocorridas contra Portugal no país[4].

Em Junho de 1969, o Estado Novo teria uma oportunidade única para demonstrar à Itália e à comunidade internacional a influência africana de Portugal e de como a respectiva presença na África era favorável ao Ocidente. Trata-se da intervenção do Governo de Marcello Caetano junto do Governo do Biafra para a libertação dos técnicos da ENI, ali sequestrados e sentenciados à morte, depois de urgentemente solicitada a 3 de Junho pelo Embaixador de Itália em Lisboa[5]. O caso seria de sucesso total se o

---

[2] *Ibidem*: Telegrama n.º 23, confidencial, de 17 de Abril de 1968, a Embaixada de Portugal em Roma ao MNE.

[3] Curiosamente, é um socialista quem realça estas características das relações luso-italianas. Trata-se de Giuseppe Saragat, Presidente da República de Itália. Em 1968, na audiência cedida ao Embaixador João Hall Themido, congratulava-se pela feliz inexistência de «problemas entre nossos dois países ambos pertencentes ao mundo ocidental e aliados», referindo-se seguidamente «às afinidades raças língua cultura entre dois povos e às ligações históricas entre Portugal e a Itália» (*ibidem*: Aerograma A4, confidencial, de 6 de Maio de 1968, a Embaixada de Portugal em Roma ao MNE). Esta ideia seria depois reiterada em 1971, apresentadas credenciais pelo novo Embaixador português, Armando Martins (AHD/MNE, PEA M685: Telegrama n.º 298 de 4 de Dezembro de 1971, a Embaixada de Portugal em Roma ao MNE).

[4] AHD/MNE, PEA M367: Telegrama n.º 23, confidencial, de 17 de Abril de 1968, a Embaixada de Portugal em Roma ao MNE. O Biafra constituía a província oriental da Nigéria, povoada pelos Ibos, povo étnica e culturalmente diferente, além de subjugados pelos muçulmanos Yorubas e Haússas. Este conjunto de circunstâncias leva à proclamação da independência face à Nigéria em 1967, facto que originou uma guerra violenta, com fim em 1970. A autodeterminação do Biafra foi apoiada, entre outros, por Portugal.

[5] AHD/MNE, PEA M596: Telegrama n.º 84, urgente e confidencial, de 3 de Junho de 1969, o MNE à Embaixada de Portugal em Roma. Foi igualmente pedida a intervenção da Santa Sé, da Costa do Marfim, do Gabão e da França, além da de Portugal.

PSI não fizesse parte da coligação governativa e o Ministro dos Estrangeiros, Pietro Nenni, não fosse um socialista, e isto porque «os agradecimentos do Governo italiano em relação a Portugal não tiveram a justa expressão e relevo»[6]. Ademais, Nenni recusara assinar o pedido, via telegrama, para a intervenção de Lisboa (seria o Secretário-geral do MAE a instruir o Embaixador em Lisboa nesse sentido), estigmatizando, tal como a oposição faria mais tarde, uma colaboração com o regime fascista e colonialista[7].

A actuação do MNE foi pronta, facto que deveria ser sublinhado em Roma:

> «Imediatamente chamamos Ministério representante biafrense e em termos claros expusemos graves inconvenientes adviriam para Biafra se respectivas autoridades não anunciassem pública e rapidamente medida clemência e libertação Italianos. Salientamos quanto «imagem» Biafra no mundo que fora tão penosamente construída poderia ser irremediavelmente prejudicada se pena morte fosse executada. Em termos vivos não deixámos dúvidas de que não poderíamos concordar com decisão de autoridades biafrenses. [...] Convém V. Ex.ª leve com urgência quanto precede ao conhecimento Governo italiano [...] valorizando devidamente rapidez com que demos anuência e apoio solicitação Senhor Nenni»[8].

---

[6] *Ibidem*: Aerograma A29, confidencial, de 11 de Junho de 1969, a Embaixada de Portugal em Roma ao MNE. Enquanto Nenni enviara pessoalmente mensagens de agradecimento à Costa do Marfim e ao Gabão, os restantes intervenientes recebiam apenas o agradecimento através dos representantes diplomáticos.

[7] Citamos o telegrama da Embaixada em Roma: «De várias fontes tenho obtido confirmação de que o Ministro Nenni só muito relutantemente solicitou os bons ofícios de Portugal junto de Biafra. Perante um problema muito complexo que suscitou neste país grande emoção o Senhor Nenni acabou por concluir que estando em jogo a vida de Italianos não poderia expor-se a críticas na imprensa e no Parlamento. Ninguém compreenderia que por razões de ordem pessoal e partidária se não tivesse dirigido a Portugal» (*ibidem*: Aerograma A29, confidencial, de 11 de Junho de 1969, a Embaixada de Portugal em Roma ao MNE).

[8] *Ibidem*: Telegrama n.º 84, urgente e confidencial, de 3 de Junho de 1969, o MNE à Embaixada de Portugal em Roma. Refira-se que Portugal estava numa posição favorável para exercer pressão junto daquele Governo africano, visto controlar o acesso das vias de comunicação vitais do Biafra.

No dia seguinte à intercessão de Lisboa, a 4 de Junho, o Governo bia-frense decidia «aplicar medidas de clemência e libertar prisioneiros italianos»[9]. A imprensa e a RAI (abrindo um noticiário especial) deram o «maior des-taque» ao acontecimento, acentuando, segundo o diplomata, o «carácter decisivo» da intervenção de Lisboa[10]. Desta forma, criou-se em Itália «a convicção de que Portugal salvou os técnicos da ENI», sem que os esforços subsequentes das esquerdas para diminuir os méritos da acção nacional tivessem conseguido resultados significativos[11]. Assim sendo, concluía Hall Themido, este «incidente» com os técnicos da ENI encerrava-se «com muitos aspectos positivos para o nosso prestígio em Itália»[12].

A partir de meados de 1970, o clima de cordial entendimento e de re-cente melhoria das relações é turbado por alguns momentos de tensão, em particular devido à política africana do Governo italiano, claramente incli-nada para os africanistas. Dois factos marcam este período: a realização, em Roma, da Conferência Internacional de Solidariedade para com os Povos das Colónias Portuguesas[13], entre 27 e 29 de Junho de 1970, com a parti-cipação dos nacionalistas das Províncias Ultramarinas, e a retirada da Itália do consórcio multinacional ao qual tinha sido adjudicada a construção da barragem de Cabora Bassa, no rio Zambeze, província de Tete, Moçambique.

---

[9] *Ibidem*: Telegrama n.º 85, urgentíssimo, de 4 de Junho de 1969, o MNE à Embaixada de Portugal em Roma.

[10] *Ibidem*: Telegrama n.º 138 de 5 de Junho de 1969, o Embaixador de Portugal em Roma ao MNE. Os ecos na imprensa foram os seguintes: «*Messaggero Tempo Roma* e *Secolo d'Italia* nos seus números de ontem dirigem com destaque agradecimento a Portugal pela acção desenvolvida junto Biafra que consideram decisiva. *Roma* comenta com ironia que a 'democrática e virtuosa' Itália se viu obrigada pedir intervenção do 'mau e fascista Portugal'» (*ibidem*: Telegrama n.º 141 de 7 de Junho de 1969, a Embaixada de Portugal em Roma ao MNE).

[11] *Ibidem*: Aerograma A29, confidencial, de 11 de Junho de 1969, a Embaixada de Portugal em Roma ao MNE.

[12] *Ibidem*: Aerograma A34, confidencial, de 24 de Junho de 1969, a Embaixada de Portugal em Roma ao MNE.

[13] Organizada pelo Comité de Apoio à Luta dos Povos das Colónias Portuguesas, funda-do nesse ano e agrupando entes políticos e sindicais antifascistas, obteve a participação de 177 organizações de 64 países, incluindo a Guiné (PAIGC), Angola (MPLA) e Moçambique (FRELIMO). No seu seguimento, os delegados nacionalistas – Marcelino dos Santos, Amílcar Cabral e Agostinho Neto – foram recebidos pelo Papa Paulo VI.

Portugal tentou interceder junto do MAE para evitar a realização daquela que era considerada uma conferência antiportuguesa, embora sem efeito. Não por falta de anuência do Governo italiano, mas porque este não dispunha da força política necessária para intervir em questões relacionadas com a liberdade de expressão e de associação.

Não obstante, o assunto seria acompanhado «com muita atenção e amizade», tendo certos limites sido impostos, como a proibição de manifestações de rua, os participantes não seriam autorizados a fazer declarações extra conferência e procurar-se-ia, sempre que possível, negar vistos de entrada aos delegados e actuar junto de alguns sectores da imprensa para que as notícias sobre o evento fossem diminutas[14].

Informações posteriores chegadas de Roma indicavam que a Conferência teria sido patrocinada conjuntamente pelo PCI e pela ENI, «poderosa sociedade petrolífera italiana»[15]. O Embaixador assinala as suas reservas em relação a este auxílio financeiro, embora o presumisse verosímil. A ENI não só auxiliara a luta dos Argelinos contra a França como, na altura, procedia a pesquisas petrolíferas nas costas da Tanzânia, do Congo (Brazzeville), de Madagáscar, em zonas da Nigéria, do Egipto, da Líbia e da Tunísia e à instalação de uma refinaria na Zâmbia, «onde a companhia sua dependente AGIP procede à construção de uma rede de motéis»[16]. Se a isto se acrescer o facto de que na Líbia «as medidas arbitrárias do Governo contra os Italianos ali residentes não se [aplicam] aos funcionários da AGIP nem da FIAT», fica claro, como conclui Hall Themido, «que a ENI fez em África uma opção política e que a mesma é contrária aos nossos interesses»[17]. As considerações que procedem desta conclusão são realmente expressivas e importantes para a compreensão das dificuldades existentes na gestão coordenada dos interesses italianos e portugueses em África. Por esta razão, transcrevemo-las:

----

[14] AHD/MNE, PEA M642: Aerograma A26, confidencial, de 13 de Maio de 1970, a Embaixada de Portugal em Roma ao MNE.

[15] *Ibidem*: Aerograma A47, confidencial, de 2 de Setembro de 1970, a Embaixada de Portugal em Roma ao MNE.

[16] *Ibidem*.

[17] *Ibidem*.

«Num país como a Itália este facto é muito mais importante do que seria num país que seguisse uma política externa baseada em firmes princípios mas na Itália de hoje para além de uma afirmação de europeísmo (que actualmente é feita sobretudo por razões de ordem material) de uma ténue solidariedade atlântica e da afirmação sem conteúdo prático de que se aceitam os princípios da Carta das Nações Unidas não há mais nada ou há apenas os interesses comerciais económicos e financeiros. As nossas dificuldades junto deste Governo em relação a Cabora Bassa encontram aí a sua verdadeira explicação não obstante o peso dos meios de informação das forças comunistas e socialistas. Pela mesma razão um jornal como a *Stampa* que pertence à família Agnelli e se encontra ao serviço dos interesses da FIAT e outras grandes empresas está sempre pronta a atacar Portugal e defender posições que nos são hostis»[18].

Nestas circunstâncias, e apesar de limitadas as possibilidades de acção de Portugal junto da ENI, pelas razões acima indicadas, não seria de excluir que se procurasse exercer qualquer tipo de pressão no sentido de salvaguardar os interesses nacionais. Como Themido sugere, estando aquelas companhias petrolíferas «relacionadas e dependentes entre si», dever-se-ia «verificar aí o que seria possível fazer»[19]. Quanto à FIAT, existiam meios de pressão significativos: «Trata-se de um dos carros mais populares em Portugal e por isso seria indicado dizer-se em nível apropriado uma palavra à FIAT Portuguesa sobre a atitude da *Stampa*»[20].

A retirada da Itália do projecto Cabora Bassa – segundo o *Financial Times*, o Governo de Emilio Colombo apresentara-a como símbolo da atitude italiana em relação a África[21] – foi considerada um facto grave, talvez mais pelo motivo subjacente do que pela desistência em si: Roma cedera às pressões de Kenneth Kaunda, Presidente da Zâmbia, recentemente em

---

[18] *Ibidem.*

[19] *Ibidem.*

[20] *Ibidem.*

[21] AHD/MNE, PAA M297: Telegrama n.º 688 de 26 de Outubro de 1970, a Embaixada de Portugal em Londres ao MNE.

périplo pela Europa. Como frisa o Embaixador Themido, relatando uma das diligências à Farnesina:

> «Descrevi depois sombriamente o que tem sido política italiana em relação Portugal demorando-me nas referências à conferência antiportuguesa de Junho de 1970 e à atitude em relação a Cabora Bassa. Acentuei que se ainda poderíamos compreender dificuldades italianas no primeiro caso já nos parecia que nada impedia que crédito concedido à exportação de produtos destinados àquela barragem fosse mantido. O Governo italiano havia cedido a pressões de Kaunda o que tínhamos a maior dificuldade em compreender»[22].

De facto, o regime estadonovista publicitava o projecto da construção da barragem[23] como uma obra benemérita da portugalidade, enquadrada no âmbito do Plano de Desenvolvimento do Vale do Zambeze, zona de vastos recursos exploráveis (mineralógicos, hídricos, florestais e pedológicos) e altamente estratégica do ponto de vista do desenvolvimento económico local, regional e de toda a África Austral (Direcção-geral de Informação 1970; Nogueira 1985, pp. 370-373). Em termos políticos, o empreendimento assinalaria a presença legitimada de Portugal no continente africano e a legitimidade da política ultramarina de Lisboa.

Definitivamente aprovada por Marcello Caetano em 1969, a construção da represa, sistemas de produção e de transporte de energia foi entregue ao consórcio ZAMCO (Zambeze Consórcio Hidroeléctrico), inicialmente constituído por empresas da África do Sul, RFA, França, Portugal e Itália. Todavia, cedendo às pressões internacionais e internas que reprovavam o

---

[22] *Ibidem*: Aerograma A21, confidencial, de 13 de Abril de 1971, a Embaixada de Portugal em Roma ao MNE.

[23] A deliberação do projecto aconteceu praticamente no final do consulado de Oliveira Salazar, na reunião de Conselho de Ministros de 9 de Julho de 1968. Marcello Caetano, quando assumiu a Presidência do Conselho, ponderou suspender o projecto pela dispendiosidade e porque prorrogaria a «concepção geopolítica de Salazar e Franco Nogueira», isto é, «a presença em África por tempo indeterminado e a aliança com os regimes brancos de Salisbúria e Pretória» (Oliveira 2001, p. 251), sem que, contudo, avançasse na sua ideia.

empreendimento e a colaboração ocidental com o colonialismo de Lisboa, o Governo italiano desvincula-se do compromisso[24].

Portugal tentaria renegociar a concessão de crédito, não aceitando de pronto uma atitude que «era dificilmente compreendida», dada a existência de compromissos previamente assumidos com o Ministério do Comércio Externo italiano e com a *Mediobanca*[25]. Em finais de 1970, o Embaixador português solicitava que fosse definitivamente comunicado se o assunto seria ou não revisto, sublinhando ao mesmo tempo que o momento era «excepcionalmente favorável», uma vez que aumentara o número de políticos africanos dispostos a dialogar com Portugal e a África do Sul e findava a Assembleia-geral da ONU[26]. Era esta, em suma, a sugestão de Lisboa em relação a Cabora Bassa, conforme foi anunciada ao Governo italiano:

> «Conhecíamos dificuldades assunto suscitava Itália no plano interno e quanto relações com Zâmbia e por isso desejávamos tomar atitude cooperação. Estava autorizado dizer que Portugal se necessário renunciaria benefícios ordem política mudança atitude italiana. Nesse sentido ocorria-nos fosse considerada solução permitisse concessão crédito sem publicidade. Secretário-geral comentou lhe parecia muito difícil no plano técnico proceder como sugeria tratando-se verba muito volumosa mas acrescentou que no entanto ideia lhe parecia merecedora estudo que ia determinar fosse feito»[27].

---

[24] Os restantes consorciados mantiveram-se. A África do Sul assinara um acordo com Lisboa, comprometendo-se a comprar a maioria da energia eléctrica produzida pela represa, facto importante enquanto factor de rentabilização do projecto, dado que a produção energética excedia largamente as necessidades de Moçambique. Paris e Berna prosseguiram discretamente, em reconhecimento das vantagens económicas e da eventual reorientação da política ultramarina. Concluída em Dezembro de 1974, a obra, no final de tudo, acabou por não servir os interesses do derribado Estado Novo.

[25] AHD/MNE, PAA M297: Telegrama n.º 337, confidencial, de 23 de Novembro de 1970, a Embaixada de Portugal em Roma ao MNE.

[26] *Ibidem*. A abertura ao diálogo foi proclamada por vários Estados da África no Manifesto de Lusaka (1969), o qual permitiria ao Governo de Caetano trabalhar numa *détente* africana» (Oliveira 2001, pp. 252-257).

[27] *Ibidem*.

A nomeação do Embaixador Girolamo Messeri para Lisboa (em 1970, apesar de ocupar o cargo em 1971) pode ser interpretada enquanto estratégia de Roma para incrementar o estreitamento diplomático e demonstrar a sua atenção e boa vontade neste propósito. Messeri foi um diplomata não só interessado na melhoria das relações luso-italianas mas também em que a opinião política e pública do seu país compreendesse os problemas de Portugal. Este facto provocaria celeumas em Itália, conforme veremos. Por ora, interessa salientar esta predisposição (resultante do seu carácter conservador e tradicionalista[28]) e não as respectivas consequências políticas. Por outro lado, considerando que Messeri era «amigo pessoal e político» do Ministro dos Estrangeiros Aldo Moro, além de «elemento activo e válido quer na Farnesina quer na vida política italiana»[29], a colocação resultava como que num apoio indirecto do Governo italiano, pois também Moro demonstrava simpatias por Portugal. Era, portanto, na perspectiva da Farnesina[30], uma escolha de «muita importância»[31].

Não obstante, o Embaixador João Hall Themido, em consequência das manifestações africanistas de Roma (o caso Cabora Bassa e a Conferência Internacional de Solidariedade estavam bem presentes, assim como os ataques nos *media* dependentes do Governo italiano e da Democracia-Cristã), aludia à política dúbia da Itália face a Portugal. Nestas condições, punha poucas expectativas na melhoria efectiva da diplomacia luso-italiana com a chegada de Messeri a Lisboa, conforme se nota nesta sua afirmação:

---

[28] Aludindo ao facto que Messeri poderia ter conseguido o lugar de representante permanente junto do Conselho do Atlântico, Themido justifica a escolha por Lisboa com «o seu interesse por Portugal país tradicionalista e portanto do seu gosto» (AHD/MNE, PEA M642: Aerograma A34, confidencial, de 8 de Julho de 1970, a Embaixada de Portugal em Roma ao MNE).

[29] *Ibidem*: Telegrama n.º 170, confidencial, de 24 de Junho de 1970, a Embaixada de Portugal em Roma ao MNE.

[30] Recordamos que, em 1959, a sede do MAE foi transferida do Palácio Chigi para a Farnesina.

[31] AHD/MNE, PAA M297: Como refere Themido, na conversa havida com Messeri, este, sumariando o seu *curriculum vitae*, fizera questão de deixar claro que «íamos finalmente ter em Lisboa um Embaixador com peso em Itália» (*ibidem*: Aerograma A34, confidencial, de 8 de Julho de 1970, a Embaixada de Portugal em Roma ao MNE).

> «Finalmente pedi sem interesse para esforço no sentido de uma melhoria
> de relações entre os dois países aproveitando chegada aí novo Embaixador
> e força política de que dispõe»[32].

A resposta à questão se houve realmente uma melhoria das relações diplomáticas no período 1968-1974, abstraindo a perspectiva de cada um dos governos, é positiva. No entanto, se segundo a óptica de Lisboa a Itália poderia fazer muito mais neste sentido, Roma considerava que as acções filoportuguesas atingiam o limite do sustentável, atendendo aos condicionalismos procedentes das divergências existentes ao nível da política africana dos dois países e da estrutural influência político-governativa dos socialistas e dos comunistas nos sucessivos governos da Democracia-Cristã. Um telegrama de finais de 1973 reforça com clareza esta ideia. Nele, o Embaixador Armando Martins informava o MNE que, no referente à possibilidade de o «Governo italiano adoptar atitude mais amigável e dar-nos maior apoio», a Farnesina redargava ser «impossível este Governo [...] ir mais além da abstenção»[33].

O ambiente da Democracia-Cristã acerca da política ultramarina era, por conseguinte, o assunto de maior preocupação para o Embaixador[34]. Em conversa com Aldo Moro, Ministro dos Estrangeiros, em Novembro de 1973, Armando Martins demonstrava-se apreensivo quanto à possibilidade dos meios extremistas da Democracia-Cristã tomarem posição contra Portugal, sobretudo os dirigentes mais jovens. Este facto, como nota, poderia criar embaraços nas relações entre os dois países.

A resposta do Ministro Moro incide na relevância dada pelo Governo à diplomacia ítalo-portuguesa, acentuando que o importante era as posições políticas tomadas pelo Governo e que este estava empenhado em desenvolver as relações de «tradicional amizade» com Portugal e em acompanhar

---

[32] *Ibidem*: Aerograma A21, confidencial, de 13 de Abril de 1971, a Embaixada de Portugal em Roma ao MNE.

[33] AHD/MNE, PEA (20) M759: Telegrama n.º 357 de 13 de Novembro de 1973, a Embaixada de Portugal em Roma ao MNE.

[34] *Ibidem*: Telegrama n.º 378 de 22 de Novembro de 1973, a Embaixada de Portugal em Roma ao MNE.

o movimento de identificação com a Europa, «para a qual ele tanto contribuiu pela sua obra histórica»[35]. Quanto às divergências ao nível da política africana, Moro comentava que estas não prejudicavam «de modo algum a tradicional amizade entre dois países que têm tantas outra coisas em comum»[36]. Ademais, apesar de ser uma questão interna, com a qual nada tinha a ver, o Governo italiano seguia «com todo interesse de aliado e amigo» a evolução da situação portuguesa em África, confiando no novo rumo que o Ministro do Ultramar, em colaboração com Marcello Caetano, estaria a imprimir na política ultramarina em direcção à «progressiva autonomia [dos] territórios portugueses»[37].

Desta forma, na questão da declaração unilateral da independência da Guiné Bissau (Sousa 2007, pp. 543-555), uma problemática com início em Outubro de 1973, mas que nas vésperas da Revolução de Abril de 1974 não tinha ainda sido resolvida, é visível uma atitude clara de apoio do Governo italiano ao português. Com efeito, apesar de Roma reconhecer ao PAIGC um «papel político relevante», sobre o reconhecimento do Governo independente da Guiné Bissau, e a fim de evitar o agravamento das pressões parlamentares e da atmosfera internacional sobre o assunto, a única atitude oficial passível de ser tomada com a menor controvérsia era que a «situação estava [a] ser estudada para se fazer [um] juízo exacto»[38]. Neste seguimento, à incerteza se o Governo italiano viria algum dia a «estender qualquer espécie de reconhecimento ao Governo fantochc da Guiné», um dos subsecretários do MAE assegurava ao Embaixador Armando Martins que «dos amigos de Portugal não seremos os primeiros a fazê-lo»[39]. Porém, advertia, a «Itália não poderia ficar isolada e deixar-se ultrapassar numa posição imóvel e embaraçosa diante correntes internacionais tanta influência

---

[35] *Ibidem*.

[36] *Ibidem*.

[37] AHD/MNE, PEA M27 cota provisória: Telegrama n.º 17 de 24 de Janeiro de 1974, a Embaixada de Portugal em Roma ao MNE.

[38] AHD/MNE, PEA (20) M759: Telegrama n.º 313 de 12 de Outubro de 1973, a Embaixada de Portugal em Roma ao MNE.

[39] *Ibidem*.

e instabilidade», pelo que «um reconhecimento por Holanda, colocaria actual Governo esquerda italiano numa situação extremamente embaraçosa»[40].

Numa breve referência ao caso, feita em Abril de 1974, Armando Martins alude que o Governo italiano conseguira que o assunto caísse no esquecimento[41].

Em síntese, no ocaso do regime estadonovista, o ambiente em Itália acerca de Portugal tinha melhorado e a posição do Estado português – uma inalterável política ultramarina centrada no «progressivo desenvolvimento económico e cultural dentro do quadro duma indivisível comunidade portuguesa na Europa e na África» – tornava-se mais conhecida[42]. Era este o parecer do *Ministero degli Esteri*.

## 2. O pragmatismo diplomático: manifestações e contrariedades

Nos dois pontos em que desdobrámos a segunda parte do capítulo VI procuramos demonstrar e exemplificar que, apesar dos condicionalismos, a colaboração entre Portugal e a Itália progredia no sentido de um incremento crescente, com as concretizações práticas a atingirem o pico no ano de 1973. No primeiro ponto, traça-se uma perspectiva das acções que podem ser consideradas manifestações do pragmatismo diplomático. Noutras palavras, acções com conteúdo político e económico-financeiro que representam vantagens e trazem benefícios para ambas as partes. No segundo ponto, discorre-se sobre as contrariedades que pontuaram o processo de estreitamento das relações luso-italianas. Por contrariedades entendemos os óbices resultantes da acção de diversos sectores em Itália. Estes compreendem quer os partidos da oposição política italiana, quer os sectores antifascistas e anticolonialistas em geral. Entre eles incluímos também as acções da oposição estadonovista na península itálica. Incluímos ainda, não por de-

---

[40] *Ibidem*.

[41] AHD/MNE, PEA M27 cota provisória: Ofício n.º 172, de 10 de Abril de 1974, a Embaixada de Portugal em Roma ao MNE.

[42] *Ibidem*: Telegrama n.º 17 de 24 de Janeiro de 1974, a Embaixada de Portugal em Roma ao MNE.

feito, mas por excesso, as manifestações de apoio procedentes dos sectores neofascistas, em concreto do Movimento Social Italiano (MSI), porque, tal como a acção combativa das esquerdas, a identificação do Estado Novo com a extrema-direita era contraproducente para o estreitamento das relações entre Lisboa e Roma.


## 2.1. As manifestações do pragmatismo diplomático

A expressão «pragmatismo diplomático» indicia a existência de contrapartidas positivas para ambas as partes: Portugal tinha necessidade de apoios externos para uma causa internacionalmente condenada; a Itália, proveitando dos investimentos aplicados na Metrópole ou Ultramar e das facilidades económicas cedidas por Lisboa.

A política dúbia que o Governo italiano seguia face a Portugal permitia-lhe explorar ao máximo o pragmatismo diplomático inerente às relações luso-italianas sem comprometer a aproximação aos novos e vetustos Estados da África. De facto, a Itália desde cedo propalara a propensão anticolonialista da política africana, declarando-se solidária com os povos em luta pela independência, salvaguardando interesses políticos, económicos e financeiros existentes no continente[43].

O princípio da «autoridade da ONU no mundo» enquanto «instrumento insubstituível da paz» e fundamento duma «ordem internacional de dimensões universais» que presidisse à solução dos «problemas do mundo moderno» (incluindo os remanescentes «resíduos» de colonialismo e de racismo, na enunciação do Presidente do Conselho Mariano Rumor) foi uma constante da política externa italiana[44]. Nestas circunstâncias, os problemas da África e a política da Itália no continente constituíam uma das vertentes

---

[43] Em 1973, a Embaixada em Roma, em telegrama para o MNE, mencionava que os Italianos estavam «muito interessados em África» e que mantinham «excelentes relações» com o Zaire, a Zâmbia e a Tanzânia (AHD/MNE, PAA M1226: Telegrama n.º 222 de 28 de Julho de 1973, a Embaixada de Portugal em Roma ao MNE). Recuperando o assunto de Cabora Bassa, este constitui outro dos motivos para o abandono do consórcio.

[44] AHD/MNE, PAA M297: Telegrama n.º 101 de 8 de Abril de 1970, a Embaixada de Portugal em Roma ao MNE.

principais da diplomacia nacional, cujo fundamento residia, segundo o Ministro dos Estrangeiros Aldo Moro, no pleno reconhecimento da independência dos povos africanos e na rejeição do colonialismo[45]. Refira-se que Moro manteve a pasta dos Estrangeiros quase ininterruptamente desde Agosto de 1969 até à queda do Estado Novo.

Apesar da vertente anticolonialista da política africana, Roma dispunha de margem de manobra para incrementar as boas relações com Lisboa. Ademais, e este é um facto com a sua importância, o Ministro Moro manifestava admiração e estima pessoal pelo Presidente Caetano e simpatia por Portugal[46].

A própria ONU permitia a prossecução daquela estratégia, areópago internacional no qual a Itália apostava na condenação pública das acções mais graves de Portugal, demonstrando que patrocinava a descolonização da África e diligenciava pela estabilidade e segurança do continente[47]. De resto, convém ter presente que os aliados internacionais faziam um jogo semelhante, criando as condições necessárias para uma orientação geral oficiosa, em especial entre os membros da Aliança Atlântica, ainda que colocando limites às acções bélicas de Portugal, nomeadamente dificultando a utilização de material militar nas guerras coloniais (Oliveira 2001, p. 241).

Por outro lado, a Itália, tal como holisticamente o Ocidente, procurava conservar uma plataforma útil para que Portugal avançasse no processo de autonomização progressiva das Províncias Ultramarinas, ciente que a presença portuguesa na África constituía uma mais-valia para a estabilidade futura do continente numa altura em que os recém-Estados caíam na desordem política interna ou convertiam-se em ditaduras, criando situações altamente condenáveis do ponto de vista dos direitos e liberdades humanas (Oliveira 2001, pp. 241-247; MacQueen 2004, pp. 285-293). Em suma, o

---

[45] *Ibidem*: Telegrama n.º 134 de 25 de Junho de 1971, a Embaixada de Portugal em Roma ao MNE.

[46] AHD/MNE, PEA (20) M759: Telegrama n.º 357 de 13 de Novembro de 1973, a Embaixada de Portugal em Roma ao MNE.

[47] Em prol da estabilidade na África, a Itália quebrava o normal abstencionismo na votação de resoluções contra Portugal para aprovar, em Julho de 1971, a resolução contra Portugal apresentada ao Conselho de Segurança pelo Senegal.

clima de afro-pessimismo favorecia a condescendência da Itália face à lentíssima evolução da política africana de Lisboa, conjecturando, não obstante, que a descolonização adviria e que seria preferível fazer concessões inevitáveis até que estivessem criadas as condições para a transmissão da soberania com ordem e sustentadamente. E, para todos os efeitos, Portugal tinha uma presença territorial em África, apta a lucros económicos e aos quais o pragmatismo diplomático italiano não poderia ser indiferente.

Nestes termos, as acções da Itália relativas à África, no período 1968-1974, aceitam a seguinte enunciação, feita pelo Embaixador Armando Martins, em Outubro de 1973:

> «No fundo nada mudou: Governo português conhece teses anti-colonialistas italianas e suas convicções acerca necessidade progressiva descolonização Angola e Moçambique, sabe que este Governo e partidos políticos atribuem grande importância a movimentos rebeldes que pensam podem ser valiosos interlocutores para futura situação transição e independência que Itália não desejaria fosse imediata»[48].

É sabido que a Itália tinha interesses comerciais, financeiros e económicos em África, igualmente convergentes para as províncias portuguesas, apesar das críticas internacionais e internas contra a soberania portuguesa sobre os territórios. O pragmatismo diplomático era, portanto, valorizado a par dos princípios ético-políticos da libertação. No entanto, as autoridades institucionais não encaram este procedimento de forma meramente material, mas também sob o prisma político e sócio-cultural, isto é, de desenvolvimento local e de benefício também das sociedades indígenas e, consequentemente, de melhoramento do ambiente de hostilidade existente em Itália contra Portugal. Citemos um telegrama da Embaixada de Roma, datado de 1973:

> «Mais uma vez me têm falado políticos que se ocupam de negócios, acerca possibilidades investimentos Portugal e Ultramar, oportunidades

---

[48] AHD/MNE, PEA (20) M759: Telegrama n.º 313 de 12 de Outubro de 1973, a Embaixada de Portugal em Roma ao MNE.

grandes empresas italianas auxiliarem nosso desenvolvimento económico, aumento exportação portuguesa, fornecimento militares italianos. Objectivo tal oferecimento, apresentado sob aspecto amigável nos auxiliar modificar meios políticos nos são hostis, e evidente fazer negócios e lucros»[49].

Assim como a ENI informava o Embaixador Armando Martins do muito interesse que teria em estudar uma possível colaboração com as entidades oficiais portuguesas dos sectores da exploração, produção, refinação e distribuição de petróleos, com as indústrias petroquímicas e outras afins, tendo sido já estabelecidos os primeiros contactos com sociedades privadas, como a PETROSUL ou SONAP[50]. Neste sentido, a petroquímica italiana pretendia enviar a Lisboa uma missão oficial, logo que fosse possível organizar encontros, entrevistas e reuniões com individualidades portuguesas do Ministério da Economia e da Secretaria de Estado da Indústria, *inter alia*. A proposta mereceu do Encarregado de Negócios de Portugal em Roma, Leonardo Mathias, o parecer seguidamente transcrito, importante por evidenciar a mais-valia que uma colaboração desta natureza e com aquele parceiro poderia representar ao nível da diplomacia portuguesa com a Itália:

> «ENI pode ter – pela sua grandeza – a maior importância relações luso-italianas, mesmo no âmbito político dado exercer indiscutível influência vastos meios económicos políticos este país. Julgo deveríamos procurar explorar medida possível esta iniciativa pelo que muito agradeceria V. Ex.ª se dignasse comunicar se e quando missão referida pode deslocar-se nosso país»[51].

---

[49] *Ibidem*: Telegrama n.º 123 de 25 de Maio de 1973, a Embaixada de Portugal em Roma ao MNE.

[50] *Ibidem*: Telegrama n.º 256 de 27 de Agosto de 1973, a Embaixada de Portugal em Roma ao MNE. A PETROSUL – Sociedade Portuguesa de Refinação de Petróleos foi constituída em 1972 pela SONAP e pelo grupo Mello (era uma empresa de capital misto), com o objectivo de desenvolver a actividade refinadora nacional. O Governo português adjudicou-lhe a construção, no Complexo Industrial de Sines, daquela que seria uma das maiores refinarias de Portugal.

[51] *Ibidem*.

Importante também, por motivos similares, seria a adjudicação à empresa italiana *Condotte d'Acqua* das obras portuárias de Sines, cuja concretização suscitara a grande satisfação e apreço do Governo italiano, conforme expressado pelo Ministro Aldo Moro ao homónimo Rui Patrício, no decorrer da reunião da NATO em Copenhaga (Julho de 1973), salientando ainda que «tal facto muito iria contribuir para desenvolvimento boas relações entre os dois países em todos os campos» [52]. E, como foi sublinhado, nesta escolha pesou o factor político da «boa vontade para com Governo italiano» [53].

Em Itália, a concessão era igualmente saudada pelo Presidente da construtora, Professor Loris Corbi. No jantar oferecido em Setembro de 1973 em honra de Engenheiro Silva Martins, responsável pelas obras de Sines, e estando presentes o Embaixador Girolamo Messeri e «altas individualidade italianas ligadas ao IRI e *Alfa Romeo*», Corbi brindou à cooperação ítalo-portuguesa, salientando que aquele empreendimento deveria servir de «fonte [de] inspiração para mais obras [no] mesmo espírito» [54]. Este seria, para o Encarregado de Negócios Leonardo Mathias, um momento alto nas relações luso-italianas, pois o «jantar decorreu termos muito cordiais e permitiu certamente ao Engenheiro Silva Martins prosseguir e estreitar contactos em sector muito útil nossas relações com este país» [55].

De salientar que a adjudicação de Sines e a proposta da ENI surgiam no contexto do agravamento da tensão em Moçambique, circunstância que, na perspectiva do Governo português, poderia resultar em procedimentos semelhantes ao ocorrido com Cabora Bassa: desistência do projecto como acto de condenação da política ultramarina. Deste modo, o MNE solicita à Embaixada em Roma, como medida profiláctica, informações concernentes às orientações da política externa da Itália:

---

[52] *Ibidem*: Telegrama n.º 128 de 15 de Julho de 1973, o MNE à Embaixada de Portugal em Roma.

[53] AHD/MNE, PAA M1226: Telegrama n.º 208 de 19 de Julho de 1973, a Embaixada de Portugal em Roma ao MNE.

[54] AHD/MNE, PEA M (20) M759: Telegrama n.º 290 de 22 de Setembro de 1973, a Embaixada de Portugal em Roma ao MNE.

[55] *Ibidem*.

> «Precisamos de saber, até para orientar a nossa posição em relação à Itália em casos semelhantes ao da adjudicação de Sines, qual o valor que deveremos atribuir no futuro às declarações dos mais altos responsáveis pela política externa italiana. Podemos lamentar que o Governo italiano não concorde com a nossa política. Mas, pelo menos, temos uma política.»[56]

Este excerto demonstra a disposição do Governo português em estabelecer parcerias de monta com instituições italianas, o que evidencia que a Itália poderia ser considerada aliada também a nível bilateral. Todavia, facto a sublinhar, tudo dependia da postura assumida pelo Governo italiano no referente à gestão daqueles que eram considerados assuntos internos do Estado Novo.

## 2.2. As contrariedades do pragmatismo diplomático

As contrariedades existentes no processo de estreitamento diplomático surgiam, da parte italiana, da oposição política e dos sectores antifascistas, anticolonialistas e neofascistas; da parte portuguesa, surgiam das acções da oposição estadonovista desenvolvidas em Itália, na maioria das vezes em articulação com os partidos Socialista e Comunista.

Os óbices criados pela oposição política italiana tomavam a forma de denúncias jornalísticas e de protestos formais apresentados às autoridades estatais, normalmente o Parlamento, a Presidência do Conselho ou o Ministério dos Negócios Estrangeiros. Seguem-se alguns exemplos.

A abstenção na votação da resolução n.º 2395 pela XXIII Sessão da Assembleia-geral da ONU, em 29 de Novembro de 1968, convidando Portugal a conceder a independência a Angola, Moçambique e Guiné, resultou na elaboração de um protesto escrito pela ala parlamentar do PCI, demandando uma explicação do Ministro dos Estrangeiros[57].

---

[56] *Ibidem*: Telegrama n.º 128 de 15 de Julho de 1973, o MNE à Embaixada de Portugal em Roma.

[57] AHD/MNE, PEA M596: Ofício n.º 660 de 14 de Dezembro de 1968, o Embaixador de Portugal em Roma ao MNE.

Novo protesto comunista surgiria em Março de 1969 aquando da deslocação ao Ultramar, a convite do Governo português, do Adido Militar de Itália em Lisboa, cujo comportamento «escandaloso» deveria ser levado ao conhecimento da opinião pública italiana e dos Ministros dos Estrangeiros e da Defesa[58].

No quadro geral das condenações públicas pela imprensa, o caso que provocou acesa polémica foi o apoio explícito do Embaixador de Itália em Lisboa, Girolamo Messeri, a Portugal. Em 9 de Março de 1972, o *Unità* publicava na primeira página um forte ataque contra o Embaixador, intitulado «Sustentáculo do Governo de Lisboa – Embaixador italiano Portugal apoia vergonhosa tese racista», acusando-o de transmitir ao Governo italiano um apelo para intervir, conjuntamente com os aliados da NATO, contra os movimentos de libertação nacional da África e bloquear, na ONU, o reconhecimento directo ou indirecto dos mesmos[59]. Contextualmente, o episódio decorre no rescaldo da reunião do Conselho de Segurança em Addis-Abeba[60] e da fuga de informação que permitira que a revista comunista *Giorni: Vie Nuove* tivesse acesso ao aerograma, secreto, de Messeri para a Farnesina, no qual aquele reproduzia a conversa havida com o Director-geral do MNE, Gonçalo Caldeira Coelho, a propósito da reunião de Addis-Abeba. Entre as ideias principais, destaca-se as invectivas contra os regimes africanos que, ao adquirir a independência, se convertiam em regimes racistas e/ou ditatoriais instauradores da desordem política ou ao serviço do comunismo internacional[61]. As celeumas procedentes alcançaram o Parlamento, com as

---

[58] *Ibidem*: Telegrama n.º 55 de 5 de Março de 1969, a Embaixada de Portugal em Roma ao MNE.

[59] AHD/MNE, PEA M728: Telegrama n.º 69 de 9 de Março de 1972, a Embaixada de Portugal em Roma ao MNE.

[60] Foi a primeira reunião do Conselho de Segurança realizada em África, estando presentes os representantes do MPLA, PAIGC e FRELIMO. O Conselho aprovou uma nova resolução contra Portugal.

[61] *Vide* a transcrição da tradução portuguesa do artigo do *L'Unità*, assim como da imprensa geral referente ao caso Messeri, em anexo, pp. 236-239. Refira-se que o acesso a esta documentação foi possível através da súmula constante do Boletim de Imprensa de Março de 1972, enviado para Lisboa pela Embaixada de Portugal em Roma (AHD/MNE, PEA M728).

alas comunista e socialista a acusar Messeri de ter usado de «brutal terminologia de tipo racista, colonialista e fascista» e a interpelar o Presidente do Conselho, então Giulio Andreotti, e o Ministro Aldo Moro, pedindo uma tomada de posição oficial sobre o assunto e a exoneração do Embaixador. Requeria-se ainda que o Governo italiano transmitisse inequivocamente a Portugal que a Itália não colaboraria em acções colonialistas. A posição da Farnesina era, como se percebe, delicada, embora diligenciasse para «salvar Messeri de ser demitido»[62].

A acusação imputada aos dirigentes italianos de que a Itália financiava o colonialismo, quer através de investimentos[63], quer através da venda de equipamento militar (helicópteros americanos fabricados sob licença pela *Augusta* e caças FIAT) era recorrente e não procedia somente dos sectores políticos da esquerda, mas também dos meios católicos, em refutação da violência e em apelo à paz mundial, segundo os princípios da encíclica *Pacem in Terris* de João XXIII (11 de Abril de 1963). Para o Embaixador João Themido, esta era uma «campanha de intimidação» do Governo italiano no plano da política africana, em especial na cedência de armamentos. A conclusão é acompanhada por uma breve referência a uma notícia publicada, em 16 de Março de 1970, pelo *Unità*, na qual eram utilizados elementos estatísticos distribuídos pela ONU, segundo os quais, «em 1969 Portugal comprou à Itália armamento no valor de 12 milhões dólares o que provaria que este país nos auxilia na guerra em África»[64]. Seria também o *Unità* a denunciar condenatoriamente a participação crescente do Governo

---

[62] AHD/MNE, PEA M728: Telegrama n.º 70 de 11 de Março de 1972, a Embaixada de Portugal em Roma ao MNE. Segundo Armando Martins, o *Ministero degli Esteri* desconhecia os motivos reais dos ataques, equacionando que tanto poder-se-iam destinar somente a Girolamo Messeri, por questões de política regional (o que Martins considera como o mais provável, a fim de excluir o Embaixador enquanto candidato nas eleições sicilianas), ou ao Governo em geral, devido à prossecução de uma diplomacia de colaboração com Lisboa.

[63] Até à desistência do Governo italiano, as críticas recaíam sobre o financiamento de Cabora Bassa, considerado como o equivalente a «apunhalar Africanos de Moçambique pelas costas» (AHD/MNE, PAA M297: Telegrama n.º 82 de 18 de Março 1970, a Embaixada de Portugal em Roma ao MNE).

[64] *Ibidem.*

italiano nas instalações militares da NATO em território português, mencionando-se a este propósito o «polígono acústica submarina» nos Açores.[65]

Em 27 de Junho de 1971, o semanário *Azione Sociale*, órgão dos sindicatos católicos, publicava um artigo que, no parecer do Embaixador Themido, merecia «ser assinalado por conter um ataque ao Governo italiano pela sua atitude em relação a Portugal»[66]. Em síntese, reprovava-se a posição assumida pela delegação italiana na reunião ministerial da NATO, realizada em Lisboa; denunciava-se a venda de armamento italiano a Portugal e aludia-se às recentes iniciativas para o incremento das relações económicas entre os dois países e ao envio de colonos italianos para Angola (*Azione Sociale* 1971). Duas destas ocorrências merecem uma referência especial. A primeira concerne à reunião da NATO em Lisboa. Segundo a Embaixada, apesar de ser notícia corrente que a delegação da Itália suscitaria a discussão do problema das guerras coloniais, o assunto era considerado pela maioria dos responsáveis italianos como sendo uma questão interna, excluída, portanto, do quadro de competências da NATO[67]. Quanto à segunda, trata-se da fixação de colonos italianos em Angola, ponto para o qual o Embaixador chama a atenção de Lisboa, pois, como referia o artigo do *Azione Sociale*, se algo nefasto sucedesse com aqueles em consequência das acções dos nacionalistas a «culpa é de quem o sabia e não fez nada para impedir que os nossos emigrantes fossem obrigados a encontrar uma solução naqueles lugares para a sua própria miséria»[68]. Nestes termos, impunha-se tomar algumas precauções:

> «Julgo que devemos estar atentos, de forma especial, ao problema da
> segurança dos Italianos residentes nos nossos territórios de África, pois

---

[65] *Ibidem*: Telegrama n.º 16 de 17 de Janeiro de 1971, a Embaixada de Portugal em Roma ao MNE.

[66] *Ibidem*: Ofício n.º 432, confidencial, de 19 de Julho de 1971, o Embaixador de Portugal em Roma ao MNE.

[67] *Ibidem*: Aerograma A24, confidencial, de 25 de Maio de 1971, a Embaixada de Portugal em Roma ao MNE.

[68] *Ibidem*: Ofício n.º 432, confidencial, de 19 de Julho de 1971, o Embaixador de Portugal em Roma ao MNE.

o menor incidente será imediatamente explorado contra nós. Dado o carácter emotivo do povo italiano e a sensibilidade do Governo às manobras dos comunistas, uma situação dessa natureza criar-nos-ia aqui grandes dificuldades. Este artigo que é evidentemente feito pelo grupo, aliás reduzido, que permanentemente nos ataca em dois ou três jornais é esclarecedor e julgo que lhe devemos prestar atenção»[69].

O acompanhamento das relações luso-italianas pela imprensa dos sectores antifascistas e anticolonialistas era, portanto, incómoda para os dois governos. Desta forma, decorrendo a negociação do acordo de associação com a CEE (Castilho 2000, pp. 157-174) e no contexto dos ataques movidos contra Portugal na reunião do Conselho de Segurança de Addis-Abeba (Fevereiro de 1972), o Ministro dos Estrangeiros Aldo Moro, embora declarasse que, em ambos os casos, Portugal poderia contar com a amizade e a boa vontade de Itália, salientava que o Governo encontrava crescentes e sérias dificuldades junto da opinião pública para justificar a sua posição[70]. E de facto, finda a reunião de Addis-Abeba, o Embaixador Armando Martins informava o MNE dos «termos ressentidos com que a imprensa empenhada das extremas-esquerdas italianas registou a falta de adesão às medidas contra Portugal, pedida na reunião do Conselho de Segurança»[71]. Continuando com o relato do diplomata, «o que, sobretudo, parece ter chocado mais tal imprensa foi a atitude da Itália», acusando a delegação italiana de subvencionar o «neocolonialismo na África»[72].

---

[69] *Ibidem*.

[70] *Ibidem*: Telegrama n.º 36 de 4 de Fevereiro de 1972, a Embaixada de Portugal em Roma ao MNE.

[71] *Ibidem*: Ofício n.º 65 de 8 de Fevereiro de 1972, o Embaixador de Portugal em Roma ao MNE. O Conselho de Segurança aprovou com 9 votos a favor, zero contra e com a abstenção da Itália, Argentina, Bélgica, França, Reino Unido e EUA, a resolução 312 de 4 de Fevereiro de 1972, insistindo na condenação da política colonial portuguesa, reafirmando «o direito inalienável de Angola, Moçambique e Guiné à independência», apelando ao final das guerras coloniais e solicitando a todos os Estados que suspendessem o fornecimento de armamento a Portugal (MacQueen 2004, pp. 292-293).

[72] AHD/MNE, PAA M297: Ofício n.º 65 de 8 de Fevereiro de 1972, o Embaixador de Portugal em Roma ao MNE.

Em Agosto de 1973, a pressão geral crescera sobre o MAE, em concreto sobre Aldo Moro, para que alterasse a política que vinha sendo seguida face a Portugal. Os recentes acontecimentos de Moçambique fundamentavam as exigências, imputando ao Governo de Lisboa «graves crimes de guerra» e reprovando a complacência da Itália e da NATO para com o mesmo[73]. Neste contexto, o Município de Bolonha, governado pelo PCI, demandava ao Ministro Moro um esclarecimento público acerca da posição da Itália perante a situação moçambicana[74]. A resposta do Ministro, publicada pela imprensa, esclarecia que o Governo acompanhava a evolução dos acontecimentos, tendo já expresso a Portugal, através das vias diplomáticas, a sua «viva preocupação com a situação de Moçambique» e assegurava que não deixaria, «inspirando-se nos princípios e deliberações da ONU», de apoiar quaisquer eventuais iniciativas de carácter humanitário ou político que viessem a ser tomadas[75]. Esta declaração serviu de ponto de partida para a produção de comentários referentes ao futuro da diplomacia luso-italiana. Por exemplo, o jornalista Lucio Manisco especulava no *Il Messaggero* que os termos da carta poderiam representar a necessária revisão da política externa da Farnesina, suspendendo o provimento de Lisboa com meios bélicos e assistência técnica, económica e militar italianos e adoptando posições claramente antiportuguesas no quadro da ONU. O jornalista fundamenta esta última asserção referindo que, desde 1970, nas votações da Itália em organismos internacionais prevaleceram abstenções ou votos contrários às medidas de expulsão de Portugal ou a excessivas condenações do colonialismo português (Manisco 1973)[76].

As acções de condenação da diplomacia ítalo-portuguesa registam-se também ao nível da fundação de associações italianas antifascistas, à seme-

---

[73] A FRELIMO expandira para as províncias centrais de Manica e Sofala a zona de acção. Estes acontecimentos e o facto da guerrilha estar capacitada para executar ataques em escala às principais urbes da região (Beira e Vila Pery) acicataram a «fúria dos brancos», agravando animosidades (MacQueen 2004, p. 281).

[74] AHD/MNE, PEA M PEA (20) M759: Telegrama n.º 252 de 24 de Agosto de 1973, a Embaixada de Portugal em Roma ao MNE.

[75] *Ibidem*.

[76] Artigo consultável no AHD/MNE, PAA M1226.

lhança do que acontecia na década de 60. Encontrámos referência a duas iniciativas.

Uma é ao Comité Italiano de Apoio à Luta dos Portugueses Contra a Ditadura, fundado em Milão, no início dos anos 70. A finalidade é enunciada na própria nomenclatura da associação, mais concretamente «apagar do espírito dos Italianos a ideia de Portugal como país de férias», «desmascarar os sucessos diplomáticos do Governo reaccionário italiano traduzidos por sangrentos laços com os fascistas portugueses» e «unir a luta do povo italiano contra a ditadura com a do povo português»[77]. O Cônsul-geral português em Milão sumula a reunião realizada em Abril de 1973 no *Club Turati*, conhecida organização socialista milanesa:

> «Sucederam-se as habituais acusações contra Portugal e o «fascismo português», tendo os oradores chamado a atenção para a cumplicidade do Governo «reaccionário» de Andreotti com Portugal. Insistiram igualmente no ponto de que a resistência de Portugal no continente africano seria inviável sem o apoio do «imperialismo ocidental»[78].

Segundo o Consulado, o Comité era constituído por membros pertencentes a «um dos muitos grupúsculos comunistas aqui geralmente conhecidos por esquerda extraparlamentar»[79]. No entanto, a participação, na sobredita reunião, de certas personalidades de relevo da vida política milanesa, como o socialista Conde Carlo Ripa di Meana, «estreito colaborador do *Sindaco* de Milão», e o também socialista Aldo Aniasi, imprimia alguma «responsabilidade» às acções da associação[80]. Nestes termos, conforme nota o Cônsul-geral:

---

[77] AHD/MNE, PEA (3) M742: Ofício n.º 58 DPA, confidencial, de 10 de Abril de 1973, o Cônsul-geral de Portugal em Milão ao MNE.

[78] *Ibidem*.

[79] *Ibidem*. A esquerda extraparlamentar constituía uma significativa força política de extrema-esquerda, agrupando um conjunto de organizações de inspiração marxista-leninista estatuídas no seguimento das cisões internas do PCI, nomeadamente, *Lotta Continua, Potere Operaio, Avanguardia* e *Il Manifesto* (Mammarella 1991, pp. 333-335).

[80] *Ibidem*.

«Embora o Comité esteja nitidamente ligado a grupos comunistas sem importância de maior e a reunião de sábado não tenha tido qualquer repercussão [...], penso que devemos estar atentos à evolução do Comité e às suas manifestações [...]. Aquelas ter-se-iam resumido à leitura de um apelo por um comunista italiano na ocasião da morte de Amílcar Cabral e à distribuição de uma folha volante à porta de um teatro milanês onde cantava Amália Rodrigues»[81].

Relativamente à segunda iniciativa, trata-se da Comissão de Solidariedade com Portugal (*Comitato di Solidarietà con il Portogallo*), fundada em Roma, em Março de 1974, por um grupo de organizações e parlamentares democráticos, em anuência aos apelos da resistência portuguesa, em luta há 48 anos contra um regime ditatorial. Uma resposta tornada premente pela conjuntura de crise do regime, internacionalmente condenado pelo antidemocratismo e colonialismo. O objectivo central da associação seria, nesta lógica, intensificar na Itália as iniciativas contra os remanescentes regimes fascistas europeus – o da Grécia e Espanha a par do Estado Novo –, colaborando com as comissões já existentes para aqueles países (*L'Unità* 1974). O Embaixador Armando Martins, em alusão ao facto, refere que a declaração de princípios e objectivos da Comissão foi subscrita por «vários senadores e deputados dos partidos Socialista e Comunista, da Esquerda Independente (grupo formado no Parlamento italiano com elementos saídos das fileiras socialistas, comunista e social-democrática) e da Democracia-Cristã, bem como, designadamente, o sindicato comunista CGIL – CISL – UIL[82] e a organização esquerdista ACLI (Associação Católica dos Trabalhadores Italianos)»[83].

As contrariedades provenientes dos sectores neofascistas têm um carácter particular neste conjunto porquanto elas não representam uma acção

---

[81] *Ibidem.*

[82] O Embaixador refere-se à federação constituída a 25 de Julho de 1972 entre as uniões sindicais CGIL, CISL e a UIL.

[83] AHD/MNE, PEA M27 cota provisória: Ofício n.º 162, de 2 de Abril de 1974, o Embaixador de Portugal em Roma ao MNE.

crítica e reprovadora das relações ítalo-portuguesas ou das políticas seguidas pelo Governo de Lisboa. A sua negatividade provém da familiaridade
ideológica e da conotação negativa ganha pelo neofascismo desde finais
da década de 60. Como a Itália era governada por governos democratas-cristãos recorrentemente coligados com os socialistas e os republicanos e dada
a influência comunista, qualquer correlação estabelecida entre os neofascistas e o Estado Novo, considerado fascista pelos Italianos, colocaria
maiores entraves à aproximação diplomática entre os dois países. Completando este quadro, há que referir a conturbada e violenta conjuntura
política interna italiana desde, *grosso modo*, 1969 até finais da década de 70.
É um ciclo de violência e de terrorismo, com vários atentados à bomba em
diversas instituições nacionais, manifestações de rua e de procedimentos
judiciais quase marciais, factos em reacção buliçosa e, era ideia recorrente,
com o comprometimento da extrema-direita (Mammarella 1991, pp. 331-342;
Bocca 1979; Montanelli & Cervi 1992).

Como vimos no capítulo precedente, a Embaixada de Portugal em Roma
aconselhava que se evitassem declarações de apoio por parte dos sectores
neofascistas, ou pelo menos só neofascistas, sendo as consequências con-
traproducentes, senão contrárias, às expectativas. Ao longo do período
1968-1974, e no caso concreto de apoios políticos com carácter de colaboração, isto é, de gestão de interesses de ambas as partes, aqueles partiam
do Movimento Social Italiano (MSI), politicamente activo neste período e
hipoteticamente envolvido nos acontecimentos referidos *supra*.

Em Novembro de 1973, o Presidente do MSI, Almirante Birindelli, depois
de expor longamente o programa do partido (em duas palavras, anticomunismo e anticapitalismo), solicitava facilidades para o estabelecimento de
ligações do movimento com o regime e personalidades políticas portuguesas[84]. O Embaixador Armando Martins contrapõe «atenciosamente» que,
apesar das eventuais simpatias existentes em Portugal pelo MSI, parecia-lhe
«imprudente» que o «Governo português tomasse atitudes que poderiam ser
interpretadas pelo Governo italiano como interferência ou mesmo hostili-

---

[84] AHD/MNE, PEA M (20) M759: Telegrama n.º 368 de 20 de Novembro de 1973, a
Embaixada de Portugal em Roma ao MNE.

dade face à sua política interna»[85]. Ademais, atravessando Portugal um momento difícil no plano externo, repetidamente atacado na ONU e em vários organismos internacionais, bem como na imprensa de muitos de países e com a colaboração da Igreja, o conhecimento de qualquer ligação entre uma figura política portuguesa e o MSI, seria, decerto, explorada para novos ataques contra Portugal, além do que o Governo de Itália e a Democracia-Cristã interpretá-la-iam «de maneira que só traria prejuízos para ambos os lados»[86]. Nestas condições, impunha-se ao Embaixador apenas uma estratégia producente: «manter com missinos e monárquicos que se aproximam Embaixada relações cordiais, mas deixando sempre compreender que minha missão é manter melhores relações possível com o Governo e partidos do Governo e que não darei passo algum que possa prejudicar este objectivo»[87]. Medidas que evidenciavam não ser conveniente dar seguimento a qualquer iniciativa de aproximação.

O pedido de apoio político seria renovado praticamente nas vésperas da Revolução de Abril de 1974, no dia 4 do mesmo mês. Armando Martins re-declinou a solicitação com base nos argumentos anteriormente expostos. No entanto, advertia Lisboa que, segundo tinha podido constatar, o MSI «não desistirá de procurar no Governo português apoio político», incluindo «meios indirectos de ajuda financeira» [88].

O movimento de procura de colaboração tinha também um sentido inverso, isto é, partia dos movimentos políticos da oposição estadonovista, os quais buscavam apoios políticos e financeiros para a causa da libertação do fascismo e dos povos africanos. No capítulo V, fizemos algumas considerações sobre as acções da oposição portuguesa em Itália e a recepção aqui encontrada. Entre 1968 e 1974, a colaboração continua, embora com menor impacto do que no passado. Neste ponto há a considerar não só a conjuntura interna da Itália, abeirada de uma crise política nacional, mas

---

[85] *Ibidem.*

[86] *Ibidem.*

[87] *Ibidem.*

[88] AHD/MNE, PEA M27 cota provisória: Ofício n.º 171, confidencial, de 4 de Abril de 1974, o Embaixador de Portugal em Roma ao MNE.

também as cisões verificadas entre os núcleos oposicionistas e organizações de arregimento portuguesas. Marcam presença assídua em Roma vários elementos do PCP, participando nos congressos do PCI, sendo também de referir as iniciativas de Mário Soares, em representação da Acção Socialista Portuguesa. Pela visibilidade dada à causa da resistência, as acções da oposição estadonovista convertiam-se em óbices ao prosseguimento da aproximação diplomática, impulsionando núcleos italianos de contestação e de propaganda negativa da política externa do Governo democrata-cristão com fins políticos internos.

O PCI tinha interesses político-ideológicos no derrube do Estado Novo, pactuando quer com os oposicionistas portugueses, quer com os nacionalistas africanos. Exemplo disso é o convite endossado a Amílcar Cabral para participar no XII Congresso do PCI, realizado em Bolonha, em Fevereiro de 1969 (Sousa 2007, pp. 507-543). Embora não tenha podido participar, a mensagem de agradecimento que enviou ao Congresso, publicada na edição de 13 de Fevereiro do *L'Unità*, evidencia a proximidade existente:

> «Impossibilitado de aceitar o vosso amável convite para participar no Congresso venho endereçar-vos saudações cordiais em nome dos combatentes do nosso povo empenhados na luta difícil mas vitoriosa contra o colonialismo português. Desejamos êxito aos vossos trabalhos. Debatem neste momento problemas importantes que dizem respeito ao nosso povo e a toda a Humanidade. O nosso povo deseja que rapidamente as organizações e os homens que se batem pela paz a justiça e o progresso tomem a iniciativa de executar da melhor forma uma acção vigorosa de solidariedade concreta com a nossa luta contribuindo assim para apressar a libertação do nosso país e reforçar os laços de amizade de cooperação construtiva entre o grande povo italiano e o nosso povo»[89].

O PCP fizera-se ali representar por uma delegação que mantinha o anonimato por motivos de segurança, dadas as condições de extrema

---

[89] AHD/MNE, PEA M596: Telegrama n.º 39 de 13 de Fevereiro de 1969, a Embaixada de Portugal em Roma ao MNE.

clandestinidade em que o partido era obrigado a operar em Portugal. Por esta mesma razão, segundo telegrama da Embaixada, «a mensagem dos comunistas portugueses ao Congresso foi lida por uma senhora italiana»[90] Na mensagem, publicada no *L'Unità* de 13 de Fevereiro, o PCP, depois de denunciar o imobilismo do regime de Caetano, considerado um «fascismo sem Salazar», condenava os apoios internacionais seduzidos pela demagogia liberalizadora marcelista, aduladora da contínua inexistência das liberdades fundamentais, da actividade repressiva da polícia do Estado, da coarctação da oposição, dos crimes de guerra praticados em Angola, Guiné e Moçambique e da exploração da classe operária e trabalhadora. A saudação do PCP findа com agradecimentos ao PCI pela solidariedade e a amizade com que acompanhava a luta democrática dos antifascistas portugueses (Comitato Centrale del PCP 1969).

As constantes deslocações de Mário Soares a Roma[91], conforme concluía o Embaixador João Hall Themido, não tinham um «carácter acidental», em virtude dos contactos mantidos com o PSI e o Partido Social Democrático Italiano (PSDI), proporcionados pelo Engenheiro Tito de Morais, antigo membro do grupo de Portugueses exilados em Argel e na altura um «agente muito activo» da oposição portuguesa na capital italiana[92]. Além destes, existiam contactos com o PCI, o Partido Socialista Proletário, considerado mais extremista do que o próprio Partido Comunista, e o Comité Italiano para a Paz, uma organização «pacifista» tida por comunista. As afinidades com o Partido Socialista Proletário, porque adversário do PSI, não beneficiaram, num primeiro momento, as relações com os socialistas, porquanto levantavam dúvidas sobre as reais finalidades de Mário Soares e dos socialistas portugueses[93]. Desta forma, numa das conversações ocorrida pelos

---

[90] *Ibidem*: Telegrama n.º 40 de 13 de Fevereiro de 1969, a Embaixada de Portugal em Roma ao MNE.

[91] Os testemunhos de Mário Soares relativos aos tempos de exílio e à actividade antifascista prosseguida no estrangeiro constituem uma referência bibliográfica importante para a contextualização destas deslocações. *Vide*, entre outros, Soares 1974 e Soares 1975.

[92] AHD/MNE, PEA M707: Ofício n.º 204, confidencial, de 24 de Março de 1971, o Embaixador de Portugal em Roma ao MNE.

[93] AHD/MNE, PEA M18 confidencial: Ofício PEA17, muito secreto, de 28 de Janeiro de 1969, o Director-geral dos Negócios Políticos do MNE ao Embaixador de Portugal em Roma

inícios de 1969, no decorrer da qual Soares solicitava apoios financeiros, o PSI «apenas lhe teria prometido, em termos vagos, a concessão de subsídios de viagem para os seus correligionários»[94].

Em 1972, a situação evoluíra qualitativamente. A Acção Socialista Portuguesa enviava ao XXXIX Congresso do PSI uma delegação constituída por Mário Soares, Francisco Ramos da Costa e Manuel Tito de Morais. Na mensagem dirigida ao Congresso, «lida em plena sessão», Soares exprimia «o seu reconhecimento ao PSI», do qual teria recebido «não apenas boas palavras, mas actos concretos que se traduziram numa ajuda eficaz», assinalando, seguidamente, os pontos principais da luta socialista contra o Estado Novo: «obter a expulsão de Portugal da NATO; impedir a associação do país com o Mercado Comum e combater a fundo o fascismo português também em África»[95].

Além da obtenção de apoios políticos, como a Embaixada assinalava, era visível o interesse dos socialistas portugueses pela comunidade portuguesa de Roma, apta a absorver os ideais socialistas mediante acções de solidariedade e de assistência social, cultural e laboral. Para o Embaixador Themido, este interesse era «compreensível», dado que os emigrantes portugueses eram essencialmente «pessoas de origem modesta e mal preparadas para enfrentar a vida moderna nos grandes centros urbanos», sendo, por conseguinte, «sensíveis a manobras de carácter político, sobretudo quando essa actividade toma como pretexto a protecção do emigrado e a sua promoção no novo ambiente de trabalho»[96].

Nestas circunstâncias, havia que contrapor iniciativas oficiais às da oposição, facto sublinhado a Lisboa pela Embaixada, sugerindo, para o efeito, o subsídio das associações religiosas portuguesas que, em Roma, contactavam com os emigrantes e mereciam a confiança das autoridades para a criação de cursos de língua portuguesa. Este facto tinha um conteúdo

---

[94] *Ibidem*.

[95] AHD/MNE, PEA M707: Ofício n.º 611 de 28 de Novembro de 1972, o Embaixador de Portugal em Roma ao MNE.

[96] *Ibidem*: Ofício n.º 204, confidencial, de 24 de Março de 1971, o Embaixador de Portugal em Roma ao MNE.

político expressivo: evitar que críticas à política ultramarina fossem fundamentadas com a emigração crescente de cabo-verdianas para Roma, não só porque considerada uma consequência da exiguidade económica das províncias, mas também porque as emigradas conheciam defeituosamente a língua portuguesa[97], o que demonstrava a quimera da unidade civilizacional da portugalidade, uma vez que a língua é entendida como factor de identificação dos povos.

A acção do grupo socialista português progredia e, em Dezembro de 1970, enviava à comunidade portuguesa um folheto através do qual convidava os Portugueses trabalhadores em Roma a «participar activamente» na novel Associação dos Trabalhadores Portugueses em Itália, a qual «teria por objectivo a defesa dos seus interesses e contaria com o apoio do sindicato social-democrata União Italiana dos Trabalhadores»[98].

Findando, recuperamos a questão que ordenou a reflexão apresentada neste capítulo: houve, de facto, um estreitamento nas relações diplomáticas luso-italianas? A resposta é afirmativa. Existiu uma intencionalidade clara das duas partes nesse sentido, muito embora, pelos condicionalismos expostos, o estreitamento não progredisse na forma e nas concretizações pretendidas pelas mesmas. E assim era porque os interesses, além de convergentes, eram, em grande parte, politicamente divergentes.

---

[97] *Ibidem*.

[98] *Ibidem*: Ofício n.º 79, confidencial, de 5 de Fevereiro de 1971, o Embaixador de Portugal em Roma ao MNE.

Neste discorrimento problematizámos a diplomacia processada a nível bilateral entre Portugal e a Itália no período que vai desde a exoneração de Benito Mussolini (1943) à queda do Estado Novo (1974). É então o momento de assinalar o quanto lamentamos que a investigação se cingisse aos arquivos portugueses. Por muito que nos tivéssemos esforçado para superar qualquer impressão de parcialidade no discurso argumentativo, o facto é, e tem que ser relevado, que a análise crítica dos documentos produzidos pelas chancelarias italianas é uma mais-valia importante.

Mais do que um estudo exaustivo, dado o dilatado segmento temporal analisado, procurámos traçar um panorama geral das relações luso-italianas. Assim procedemos essencialmente por uma razão: ser este um tema praticamente inédito. Nas pesquisas bibliográficas que efectuámos não conseguimos localizar qualquer monografia para a cronologia em causa. Porventura existirá algum artigo, do qual, por infortúnio, não tivemos conhecimento. Procuramos, assim, colmatar uma «falha» historiográfica.

Concluído este intróito, passemos às conclusões finais.

Ainda que a investigação propriamente dita tivesse como ponto de partida a exoneração de Mussolini, no capítulo primeiro recuámos a cronologia para reflectirmos um pouco sobre a diplomacia luso-italiana concernente ao período fascista. Fazendo-o, pudemos assinalar os pontos de convergência no referente à política externa entre dois regimes semelhantes: o salazarismo e o fascismo. Fizemo-lo também para possuirmos argumentos claros para fundamentar porque António de Oliveira Salazar não reconheceu a República de Salò e deu continuidade às relações luso--italianas através do Governo Real. Como demonstrámos, as relações entre o Estado Novo e a Itália de

Mussolini decorriam num clima de bom entendimento e cordialíssima amizade, não obstante as reservas de Salazar quanto à possibilidade do imperialismo e nacionalismo fascistas convergirem para os territórios do Império Colonial Português. A expansão europeia do comunismo, dada a consonância do anticomunismo dos dois regimes, foi um dos sólidos vectores de colaboração, facto visível na intervenção conjunta na Guerra Civil de Espanha e prolongado nos projectos europeus delineados.

Como referimos, na perspectiva salazarista e mussoliniana, Portugal e a Itália, enquanto nações europeias, cuja ordem e prosperidade foram restabelecidas por regimes autoritários, e ante a crise social, económica, política e institucional da Europa, deveriam envolver-se na estruturação de uma nova ordem europeia. Paralelamente, o Estado Novo absorvia os métodos e organizações estatais de arregimentação social do fascismo italiano, ao mesmo tempo que a propaganda fascista crescia em Portugal com a criação do *Istituto di Cultura Italiana* (1936). Todavia, a assinatura do Pacto de Aço (1939) com a Alemanha e a declaração de guerra aos Aliados por parte da Itália (1940) abriram uma fase de estagnação nas relações entre os dois regimes, continuada até 1943. Estes factores, em conjunto com os sucessivos erros político-militares de Mussolini e as vitórias somadas dos Aliados, levariam a que Lisboa não reconhecesse, em 1943, a recém-criada República de Salò enquanto Governo legítimo de Itália.

Abre-se, assim, a fase que designámos por diplomacia de transição (1943-1946), com ela entrando verdadeiramente na temática da investigação. De transição porque este triénio representa um ciclo de reconfiguração da política interna e externa dos dois Estados, executada de forma tácita no sentido da aproximação aos Aliados enquanto estratégia para minorar as consequências políticas da guerra. Portugal procurou, com sucesso, resguardar o regime das invectivas dos vencedores contra o autoritarismo e o antiliberalismo do Estado Novo; a Itália pretendeu circunscrever as represálias procedentes da política belicista de Mussolini. Esta diplomacia de transição foi também caracterizada como sendo simbólica, evidenciando que as características fascizantes do Estado Novo, numa altura em que a Itália escamoteava o recente passado fascista, não interferiram negativamente na diplomacia luso-italiana com o Reino de Itália.

As grandes questões deste período prendem-se com os assuntos procedentes da Segunda Guerra Mundial, nomeadamente a negociação da paz separada entre Roma e os Anglo-americanos por intermédio de Lisboa e a cooperação ao nível da coarctação da actividade política e propagandística dos apoiantes de Mussolini em território português.

Os três últimos anos da década de 40 correspondem a uma fase pouco significativa do ponto de vista das concretizações no quadro das relações luso-italianas, cuja relevância recai no domínio económico e cultural e não tanto no político. Em parte porque para os dois países este é, essencialmente, um triénio de reposicionamento estratégico no sistema euro-atlântico, centrando a diplomacia com as potências-líder ocidentais: a Inglaterra, a França e os EUA.

Argumentámos que a particularidade de ambos neste sistema procedia da respectiva subalternidade: Portugal e a Itália surgiam no cenário europeu e internacional como países menores e sem influência no concerto das nações. A co-fundação da NATO (1949) torna-se, assim, paradigmática, sendo o estatuto de aliado utilizado por ambas as partes para obter ou justificar apoios mútuos nas décadas ulteriores.

No referente à Europa, a orientação da política externa portuguesa ficava definida no ocaso da década de 40: cooperação europeia de nível transatlântico (é nesta base que se deve entender a adesão, em 1948, ao Plano Marshall e à OECE e à NATO, em 1949) e o apartamento face aos projectos de cooperação política ou tendentes à supranacionalidade. Já os responsáveis políticos italianos, optando definitivamente por integrar a esfera do Ocidente, imprimem na política externa um cunho marcadamente europeísta e procuram converter o país numa potência regional média, criando algum tipo de influência não só na Europa, mas também no Mediterrâneo e Médio Oriente.

No que respeita ao movimento de integração europeia, Roma e Lisboa tinham posições divergentes. Se Salazar era adverso à constituição de instituições supranacionais, Alcide De Gasperi defendia a criação de uma Federação dos Estados da Europa. Como arguímos, enquanto para a maioria dos políticos e intelectuais italianos a Europa surgia como o principal ponto de referência, malgrado ter deixado de ser o centro da política internacional, para Portugal, o ponto de referência era representado pelo Atlântico e o Império Colonial. Não obstante, Roma apresentava dois projectos destinados também à inclusão de Portugal: uma união latina europeia e uma federação na base da OECE. Dois projectos sem concretização, porquanto pouco concordantes com os interesses dos envolvidos.

Neste contexto, as relações luso-italianas orientaram-se para a actualização do Acordo Comercial de 1936, ainda que em clima de tensão, vistas as dificuldades colocadas pela Itália à importação de produtos portugueses. De salientar também a sugestão de Roma no sentido do alargamento do intercâmbio comercial aos produtos coloniais, particularmente necessários para a economia italiana, dada a dificuldade na obtenção de matérias-primas.

Uma das conclusões defendidas no decorrer do trabalho foi que, na década de 50, a diplomacia luso-italiana assumiu um carácter de ineditismo face à época precedente. Por um lado, Roma e Lisboa reconhecem formalmente a importância da distensão das relações bilaterais, por outro, esboça-se um eloquente discurso de estreitamento dos laços históricos e culturais fundamentado sobre o *ethos* cultural comum – a latinidade – que permite identificar um largo campo de acção estratégica convergente: a América Latina (zona com a qual Portugal, antigo colonizador, mantinha profundas relações histórico-culturais, enquanto a Itália tinha ali um destino privilegiado da emigração e investimentos nacionais) e o Mediterrâneo (zona estratégica de segurança e de visibilidade política para Portugal e de influência político-cultural e económico-comercial para a Itália).

Concluímos também que Roma tinha um interesse acrescido na aproximação a Lisboa enquanto parte da estratégia de posicionamento em zonas onde pretendia deter alguma influência ou presença económica, política e cultural. Por seu lado, Portugal empenhava-se em solidificar os laços histórico-diplomáticos com os tradicionais e mais importantes parceiros: a Inglaterra, a Espanha e a França. Não obstante, ambos os países demonstram o maior interesse em elevar as respectivas legações nas duas capitais à categoria de Embaixada (Outubro de 1956), sublinhando, a par da existência de antigos vínculos políticos, históricos e de amizade, a colaboração na protecção, defesa e liberdade da civilização ocidental e dos ideais comuns aos povos português e italiano face à mundialização do comunismo.

Verificámos que as dissidências ao nível da política africana de Portugal e da Itália ficaram patentes ao longo da década de 50. A África revestia uma importância considerável e crescente na política externa italiana por motivos muito concretos: ganhar espaços de intervenção económica e criar um destino para os trabalhadores excedentários. Neste particular, salienta-se o acolhimento existente em Itália ao nível da teoria salazarista da cooperação Europa-África, segundo a qual a Europa só poderia garantir uma posição internacional liberta da influência russa e americana se apoiasse o respectivo desenvolvimento económico nos recursos do continente africano. No entanto, o alinhamento da Itália com os movimentos anticolonialistas, em contraposição ao colonialismo do regime português, condicionou as relações diplomáticas no referente à intervenção italiana nas Províncias Ultramarinas, com Lisboa a manifestar sérias reservas quanto aos interesses demonstrados por Roma quanto a Angola e Moçambique. Deste modo, a posição do Governo italiano na questão de Goa, ambígua para Lisboa, com aquele a tentar proteger as relações económicas encetadas com a União Indiana, antecipou como Roma geriria a questão africana no decorrer das guerras coloniais. Como dissemos, no referente à política ultramarina portuguesa, a posição da Itália foi, ao longo da década de 50, de dissenção pontual e de consenso geral.

A circunstância inversa, ou seja, de consenso pontual e de dissenção geral, caracteriza o período 1960-1967, ao qual designámos, por conseguinte, os «anos de chumbo» da diplomacia luso-italiana. Contrariamente ao proposto na década anterior, a partir de 1960, verificou-se um retrocesso nas relações entre Roma e Lisboa, facto que a visita oficial do Ministro da Defesa, Júlio Botelho Moniz, a Itália, em Dezembro de 1960, não conseguiu evitar. Esta conjuntura de fricção decorre de um conjunto de circunstâncias precisas. A posição do Governo italiano pelo direito à autodeterminação política dos povos no contexto da ONU colidia com a argumentação apresentada pelo Estado português para legitimar a presença na África. Coevamente, processava-se a ascensão político-governativa do PSI e a político-social do PCI, constituindo ambos os partidos focos de pressão no referente aos procedimentos a tomar contra Portugal, cujos princípios político-ideológicos eram severa e continuamente criticados.

Para uma melhor percepção da posição italiana ao longo destes sete anos, que não é imutável, identificámos três fases distintas. Uma primeira de divergência indiciada (1960), na qual surgem as primeiras manifestações indicadoras da posição da Itália contrária aos interesses portugueses. Uma segunda de divergência convergente (1961-1963), nela sendo manifestos, por um lado, o apoio ao nacionalismo africano e a condenação de Portugal no quadro da ONU e, por outro, a moderação nas posições tomadas no contexto da NATO e a predisposição dos sectores conservadores da Democracia-Cristã em colaborar com a Embaixada no sentido de minorar o impacto das campanhas negativas. Por fim, uma terceira de convergência reservada (1964-1967), isto é, de alguma aproximação a Lisboa, pouco expansiva dada a conjuntura de esquerdização da política italiana e as reservas existentes face às repercussões ao nível das relações com os países africanos. Paralelamente à questão colonial, os movimentos grevistas e estudantis de 1961-1962, a maior repressão sobre a oposição e a respectiva actuação em Itália acentuam, pela projecção jornalística obtida, as manifestações públicas de condenação do regime português pelas forças político-partidárias italianas da esquerda e antifascistas em geral.

Neste panorama, como vimos, impunha-se traçar uma estratégia de sustentabilidade das teses portuguesas, aqui sendo importante a acção da Embaixada em Roma, explorando com lucidez as simpatias existentes (evitando, por exemplo, contactos próximos com os sectores neofascistas) a fim de difundir um discurso propagandístico convincente e objectivo concernente à unidade multirracial do povo português e à pluricontinentalidade una de Portugal.

A questão que centrou a reflexão dos assuntos no último capítulo será a base das derradeiras conclusões. Recordemo-la: houve realmente uma melhoria das relações diplomáticas no período 1968-1974? A resposta, circunstanciada ao capítulo, embora tendo por referência a argumentação apresentada nos restantes capítulos, foi positiva. Houve, de facto, uma predisposição bilateral concretizada ao nível do melhoramento do clima existente entre as duas nações autodesignadas latinas, ocidentais, europeias e aliadas. Propriedades, em suma, basilares da tradicional amizade. Mencionámos também que enquanto Lisboa considerava que a Itália poderia fazer muito mais neste sentido, Roma contra-argumentava que as acções filoportuguesas atingiam o limite do sustentável, uma vez que os interesses, além de convergentes, eram, em grande parte, politicamente divergentes. O Governo italiano tinha em consideração o facto que a Democracia-Cristã governava com o apoio tácito de partidos externos e que estabelecia coligações governativas com o PSI e outros antifascistas.

Ao longo deste período, a actuação da Itália pauta-se pela duplicidade. Por um lado, mostra-se solidária com os povos que lutam pela independência e assume claramente uma posição contra o colonialismo, por outro, adopta uma posição complacente perante a política ultramarina, visível no abstencionismo seguido na votação das resoluções contra Portugal nas Nações Unidas. No entanto, a posição crítica não é abandonada, antes pelo contrário: os diplomatas portugueses são frequentemente confrontados com juízos relativos à necessidade de proceder à descolonização e conceder finalmente a independência a médio prazo às remanescentes Províncias Ultramarinas. Esta seria, argumentava-se, a melhor garantia para conservar a influência cultural e ligações históricas com os povos de Angola, Moçambique, Cabo Verde e Guiné. Foi, em síntese, o período durante o qual o Governo português contou com a maior compreensão do homólogo italiano, pois além de acreditar na estratégia da «autonomia progressiva» defendida por Marcello Caetano, verificava a evolução negativa dos novos Estados africanos, convertidos em ditaduras e em transgressores do ponto de vista das dignidades e dos direitos humanos.

É, todavia, possível identificar um curto momento de turbação nas boas relações em meados de 1970, com a Itália a retirar-se do financiamento da barragem de Cabora Bassa, Moçambique. Nestes termos, a nomeação de Girolamo Messeri para o cargo de Embaixador de Itália em Lisboa, pela categoria e influência política nos círculos de Roma, constituiu uma estratégia para repor a cordialidade nas relações luso-italianas.

De qualquer modo, o período de 1968-1974 foi realmente de estreitamento diplomático entre Roma e Lisboa. Senão vejamos: a Itália abstinha-se na maioria das votações relativas aos assuntos coloniais portugueses; seguiu uma posição complacente no quadro da NATO; não reconheceu a independência da Guiné-Bissau, em 1973; predispunha-se a enfrentar as críticas da oposição e na imprensa ao optar por demonstrar maior compreensão face aos argumentos portugueses; fornecia equipamentos militares ao Governo de Caetano (aeronaves) e demonstrava interesse em investir em Portugal. Lisboa, por seu lado, procurava canalizar todo o apoio possível, demonstrando empenhamento na distensão da tradicional amizade entre os dois países, concedendo facilidades para a deslocação de missões económicas italianas ao Ultramar e atribuindo o consórcio de obras importantes a firmas italianas, como Cabora Bassa e, posteriormente, o Porto de Sines.

Sempre que considerámos pertinente, alongámos o discurso às questões culturais, verificando como o Estado português utilizava em proveito próprio a latinidade enquanto vector da propaganda cultural em Itália. Nesta lógica, subvencionou o *Gruppo Amici del Portogallo*, uma associação privada para o conhecimento e divulgação da cultura portuguesa em Itália, fundada, *inter alia*, por Leo Magnino, em 1947. Como acederia mais tarde, por sugestão do Ministro António Ferro, à criação, em Roma, do Centro Português de Informações (1955), o qual constituiria uma fonte informativa e documental de referência. No final dos anos 50, o Embaixador Eduardo Brazão salientava a importância da divulgação da cultura portuguesa para a valorização internacional e a projecção política de Portugal. E aqui residia o problema: a presença cultural em Itália era significativamente diminuta. Não por acaso, foi Leo Magnino, presidente do *Gruppo*, quem orientou em Itália as cerimónias comemorativas do V Centenário da Morte do Infante D. Henrique (1960), a derradeira e magna manobra de publicitação axiológica do Ultramar Português. A efeméride abria o período de maior investimento na visibilidade cultural de Portugal, com a criação de novos leitorados de língua e cultura portuguesa junto das principais universidades ao longo dos anos 60 e 70.

Fizemos também considerações esparsas sobre as acções dos oposicionistas portugueses ao Estado Novo na península itálica, salientando a colaboração estabelecida com o PSI e o PCI e o apoio recebido por diversos movimentos associativos, agrupados em comités e centros especificamente instituídos para sensibilizar a opinião pública italiana para as causas da resistência portuguesa e dos nacionalistas africanos.

Feita a Revolução de Abril de 1974, Portugal e a Itália encetam um novo período nas relações diplomáticas, libertas das tensões procedentes da questão colonial. É a latinidade na sua profunda expressão, à qual se acresce o trabalhado europeísmo da novel democracia portuguesa. Dois elos de expressiva e sustentada aproximação.

## Fontes

### Arquivos nacionais

*Arquivo Histórico-Diplomático* – Ministério dos Negócios Estrangeiros, Lisboa.

*Arquivo de António Oliveira Salazar* – Arquivo Nacional da Torre do Tombo.

### Discursos, memórias e testemunhos pessoais

NOGUEIRA, Franco 1985, *Salazar*, Vol. IV, *O Ataque (1945-1958)*, 2.ª edição, Livraria Civilização Editora, Porto.

NOGUEIRA, Franco 1984, *Salazar*, Vol. V, *A Resistência (1958-1964)*, Livraria Civilização Editora, Porto.

NOGUEIRA, Franco 1985, *Salazar*, Vol. VI, *O Último Combate (1964-1970)*, Livraria Civilização Editora, Porto.

SFORZA, Carlo 1948a, *Per la Pace e l'Unità dell'Europa. Testo del Discorso Pronunciato il 28 Settembre 1948 alla Camera dei Deputati a Chiusura della Discussione del Bilancio del Ministero degli Affari Esteri*, Tipografia del Ministero degli Affari Esteri, Roma.

SFORZA, Carlo 1948b, *Per l'Unione Europea Tutela della Pace. Testo del Discorso Pronunciato il 15 Ottobre 1948 al Senato della Repubblica Durante la Discussione del Bilancio del Ministero degli Affari Esteri*, Tipografia del Ministero degli Affari Esteri, Roma.

SFORZA, Carlo 1949, *Le Direttive della Politica Estera Italiana. Discorsi Pronunziati alla Camera dei Deputati il 25 Ottobre 1948 e al Senato il 27 Ottobre 1949*, Tipografia del Ministero degli Affari Esteri, Roma.

SALAZAR, António Oliveira 1939, *Discursos 1928-1934*, Vol. I, 3.ª edição, Coimbra Editora Lda., Coimbra.

SALAZAR, António Oliveira 1946, *Discursos e Notas Políticas 1935-1937*, Vol. II, 2.ª edição, Coimbra Editora Lda., Coimbra.

SALAZAR, António Oliveira 1959, *Discursos e Notas Políticas 1938-1943*, Vol. III, 2.ª edição, Coimbra Editora Lda., Coimbra.

SALAZAR, António Oliveira 1951, *Discursos e Notas Políticas 1943-1950*, Vol. IV, Coimbra Editora Lda., Coimbra.

SALAZAR, António Oliveira 1959, *Discursos e Notas Políticas 1951-1958*, Vol. V, Coimbra Editora Lda., Coimbra.

Salazar, António Oliveira 1967a, *Discursos e Notas Políticas 1959-1966*, Vol. VI, Coimbra Editora Lda., Coimbra.

Salazar, António Oliveira 1967b, *Entrevistas (1960-1966)*, Coimbra Editora Lda., Coimbra.


*Fontes impressas*

Academia Das Ciências De Lisboa 1939, «Sessão plenária extraordinária e pública de 9 de Março de 1939», *Boletim da Academia das Ciências de Lisboa*, Vol. XI, Março, pp. 5-30.

*Anuário Diplomático e Consular Português (1944-1949)*, Ministério dos Negócios Estrangeiros, Lisboa.

*Anuário Diplomático e Consular Português (1950-1974)*, Imprensa Nacional, Lisboa.

Caetano, Marcello 1952, *A Missão dos Dirigentes. Reflexões e Directivas Sobre a Mocidade Portuguesa*, 3.ª edição, Lisboa.

Direcção Geral De Informação 1970, *Cabora Bassa en Marcha*, Lisboa.

Ferro, António 1935, *Salazar. O Homem e a Sua Obra*, Empresa Nacional de Publicidade, Lisboa.

Guerra, Ruy Teixeira 2000, «Algumas notas sobre as relações entre os Estados Unidos e a Europa. Relatório apresentado no concurso para conselheiros de legação e cônsules-gerais em 1950», *Ruy Teixeira Guerra*, ed. Nuno Valério, Edições Cosmos, Lisboa, pp. 5-68.

Magnino, Leo 1970 «As relações culturais entre Portugal e a Itália e o papel da cultura em defesa dos valores humanos», *A Bem da Língua Portuguesa. Boletim da Sociedade de Língua Portuguesa*, n.º 5, pp. 266-275.

Malpique, Manuel da Cruz 1972, «Para um conceito constitutivo de portugalidade», *Revista Gil Vicente*, n.º 9-10.

Ministero Degli Affari Esteri 1960, *I Documenti Diplomatici Italiani (1939-1943)*, Nona Serie, Volume IV (9 aprile - 10 giugno 1940), Libreria Dello Stato, Roma.

Miranda, José da Costa 1972, «Os estudos universitários de português em Itália a partir de 1960», *Estudos Italianos em Portugal*, n.º 33-35, Istituto Italiano di Cultura, Lisboa, pp. 33-39.


*Imprensa*

Accame, Giano 1962, «Viaggio nell'Angola: cannibalismo 'politico' degli Americani», *Il Borghese*, n.º 51, 20 dicembre.

Accame, Giano 1963a, «I Portoghesi stanno combattendo l'ultima battaglia dell'Europa in Africa», *Roma*, 19 gennaio.

Accame, Giano 1963b, «A Luanda, città modernissima, si vivrebbe se non soffiasse il vento della follia terroristica», *Roma*, 22 gennaio.

Accame, Giano 1963c, «Il cannibalismo è alla base della lotta di liberazione», *Roma*, 13 febbraio.

Accame, Giano 1963d, «Gli Angolani non pensano ad autonomia o distacco», *Roma*, 26 febbraio.

*Azione Sociale* 1971, «Ma l'Italia non ci deve stare», 27 giugno.

Badalassi, Piero 1960a, «Nell'Angola portoghese i fermenti dell'esplosione», *Il Popolo*, 16 novembre.

Badalassi, Piero 1960b, «Il movimento di liberazione nell'Angola. Lotta pacifica all'integrazione», *Il Popolo*, 20 novembre.

Benedetti, Tullio 1948, «Gli scambi economici tra Italia e Portogallo», *Il Giornale della Sera*, 26 settembre.

Bonfiglio, Emanuele 1962a, «Non sono dittatore mi ha detto Salazar», *Il Tempo*, 26 giugno.

Bonfiglio, Emanuele 1962b, «Salazar denuncia i piani comunisti», *Il Tempo*, 3 luglio.

Comitato Centrale del PCP 1969, «Il saluto del PC Portoghese», *L'Unità*, 13 febbraio.

Confalonieri, Vittorio Badini 1955, «Goa», *Messaggero Veneto*, 8 settembre.

*Corriere d'Informazione* 1946, «Poco da scialare anche in Portogallo», 19-20 agosto.

*Diário da Manhã* 1952, «Por aclamação foi aprovado sócio honorário da Academia do Mediterrâneo o senhor Presidente do Conselho», 20 de Novembro.

*Diário da Manhã* 1956, «Chegou a Lisboa o Ministro de Instrução da Itália», 16 de Fevereiro.

*Esteri* 1952, «La funzione economica dell'Africa», 31 maggio.

*Esteri* 1955, «La questione di Goa», 15 Junho.

*Esteri* 1961, «Italia e Gran Bretagna», 20 aprile – 15 maggio.

Fiorillo, Antonio 1948a, «Contro la ditatura di Salazar si può dire tutto, salvo che abbia trascurato miglioramenti economici e sociali», *Stampa Sera*, 6 ottobre.

Fiorillo, Antonio 1948b, «Coimbra la dotta», *Stampa Sera*, 8-9 ottobre.

*Giornale d'Italia* 1955, «Hipóteses francesas sobre a política externa italiana: uma viagem do Senhor Martino também a Lisboa via Madrid?» (tradução portuguesa), 8 settembre.

Gory, M. I. 1955, «Au début de 1955, la position international de l'Italie est meilleure que jamais», *Journal de Genève*, 7 Janvier.

Hispanicus 1949, «Volto del Portogallo d'oggi», *Corriere del Popolo*, 4 gennaio.

*Il Sole* 1950, «Può participare l'Italia alla valorizzazione dell'Impero Portoghese?», 15 de novembre.

*Il Tempo* 1956, «La nuova politica di Salazar tende all'unione euro-africana», 29 gennaio.

*La Repubblica* 1963, «Pro libertad de Portugal», 13 marzo.

*L'Europeo Qualunque* 1947, «Due civiltà si scontrano», 25 febbraio.

*L'Umanità* 1948, «Ventennio fascista in Portogallo», 10 luglio.

*L'Unità* 1962, «Milano: libertà per il Portogallo», 29 novembre.

*L'Unità* 1964, «Patrioti portoghesi incontrano dirigenti del PCI», 25 febbraio.

*L'Unità* 1974, «Creato un comitato di solidarietà con il Portogallo», 31 marzo.

Manisco, Lucio 1973, «L'Italia e il colonialismo in Africa», *Il Messaggero*, 25 agosto.

Marino, Enzo 1962a, «Angola – gli agitatori vestiti da santi», *Meridiano d'Italia*, 22 febbraio.

Marino, Enzo 1962b, «L'ONU opera contro l'Occidente», *Meridiano d'Italia*, 22 febbraio.

Marino, Enzo 1963, «Un *foyer* nell'Africa Nera», *Costume nel Mondo*, Aprile.

*Messaggero Veneto* 1955, «Interesse indiano para a mediação de Roma» (tradução portuguesa), 8 settembre.

Minuti, Ricardo 1962a, «Portogallo: Medio Evo nell'era atomica», *Il Paese Sera*, 4-5 giugno.

Minuti, Ricardo 1962b, «Decisivi per Salazar i prossimi sei mesi», *Il Paese Sera*, 8-9 giugno.

Montanelli, Indro 1948a, «Maledizioni e statue al Dottor Salazar», *Corriere della Sera*, 17 febbraio.

Montanelli, Indro 1948b, «Salazar non ammette che i Portoghesi sognino», *Corriere della Sera*, 21 febbraio.

Montanelli, Indro 1948c, «Portogallo, paradosso economico», *Corriere della Sera*, 28 febbraio.

Montanelli, Indro 1948d, «Salazar fedele a Londra guarda pero all'America», *Corriere della Sera*, 2 marzo.

Montanelli, Indro 1960a, «Simile come gocce d'acqua il Portogallo e il suo capo», *Corriere della Sera*, 27 marzo.

Montanelli, Indro 1960b, «La più singolare e grigia di tutte le dittature mondiali», *Corriere della Sera*, 30 marzo.

Montanelli, Indro 1960c, «Chiuso nella penombra lo straordinario dittatore», *Corriere della Sera*, 3 aprile.

Montanelli, Indro 1960d, «Nasce dalla noia l'unica opposizione», *Corriere della Sera*, 6 aprile.

Olmi, Massimo 1962, «Al Portogallo», *Politica*, 15 dicembre.

*Resistenza* 1961, 11 novembre.

*Rinascità* 1964, «Libertà per il Portogallo», 25 gennaio.

Ritis, Beniamino 1947, «Tutto è pace e serenità», *Il Messaggero*, 9 dicembre.

Ritis, Beniamino 1948, «Il miraccolo dell'escudo», *Il Messaggero*, 7 marzo.

Torchia, Giorgio 1962, «Nell'Angola ferve il lavoro per il progresso e la civiltà», *Il Secolo d'Italia*, Roma, 18 Dicembre.

Torchia, Giorgio 1963a, «I Portoghesi cercano una soluzione al loro problema d'Oltremare», *Il Tempo*, 8 agosto.

Torchia, Giorgio 1963b, «Una tremenda guerriglia senza odio nelle paludi della Guinea portoghese», *Il Tempo*, 3 settembre.

Uberti, Remo 1948, «Vivificano lo stato di Salazar le correnti monarchiche portoghesi», *L'Italia Monarchica*, 5 dicembre.


# Bibliografia

Alexandre, Valentim 1999, *Velho Brasil, Novas Africas: Portugal e o Império (1808-1975)*, Edições Afrontamento, Porto.

Berstein, Serge 1992, *Démocraties, Régimes Autoritaires e Totalitarismes au XX$^e$ Siècle*, Hachette, Paris.

Bocca, Giorgio 1979, *Il Terrorismo Italiano (1970-1978)*, Rizzoli, Milano.

Bossuat, Gérard 1994, *Les Fondateurs de l'Europe*, Belin, Paris.

Bossuat, Gérard 1996, «Les enjeux des constructions européennes pour la France e le Portugal (1944-1960)», *O Fim da Segunda Guerra Mundial e os Novos Rumos da Europa*, coord. António José Telo, Edições Cosmos, Lisboa, pp. 60-82.

Cabecinhas, Rosa & Cunha, Luís 2003, «Colonialismo, identidade nacional e representações do negro», *Estudos do Século XX*, n.º 3, *Colonialismo, Anticolonialismo e Identidades Nacionais*, coord. Luís Reis Torgal & Luís Oliveira Andrade, Quarteto Editora, Coimbra, pp. 157-184.

Carvalho, Rita Almeida de 2004, «O marcelismo à luz da revisão constitucional de 1971», *A Transição Falhada. O Marcelismo e o Fim do Estado Novo (1968-1974)*, coord. Fernando Rosas & Pedro Aires de Oliveira, Círculo de Leitores, Lisboa, pp. 27-89.

Castelo, Cláudia 1999, *O Modo Português de Estar no Mundo. O Luso-Tropicalismo e a Ideologia Colonial Portuguesa (1933-1961)*, Edições Afrontamento, Porto.

Castilho, José Manuel Tavares 2000, *A Ideia de Europa no Marcelismo (1968-1974)*, Assembleia da República – Edições Afrontamento, Lisboa – Porto.

Castaño, David 2006, *Paternalismo e Cumplicidade: As relações Luso-Britânicas de 1943 a 1949*, Associação dos Amigos do Arquivo Histórico Diplomático, Lisboa.

Catroga, Fernando 1996, «Ritualizações da História», *História da História em Portugal, Séculos XIX-XX*, Círculo de Leitores, Lisboa, pp. 547-671.

Coelho, Maria Helena da Cruz 1994, «O Infante D. Henrique em comemorações de morte e vida no século XX», *Revista de Ciências Históricas*, Vol. IX, Universidade Portucalense, Porto, pp. 135-149.

Collotti, Enzo 1992, *Fascismo, Fascismos*, Caminho, Lisboa.

Costa, António 1992, *O Salazarismo e o Fascismo Europeu*, Estampa, Lisboa.

Cruz, Manuel Braga da 1988, *O Partido e o Estado no Salazarismo*, Presença, Lisboa.

*Dicionário de História do Estado Novo* 1996, dir. Fernando Rosas & J. M. Brandão de Brito, 2 Vols., Círculo de Leitores, Lisboa.

*Enciclopédia Luso-Brasileira de Cultura*, 22 volumes, Editorial Verbo, Lisboa.

*Encyclopedia of Contemporary Italian Culture* 2002, ed. Gino Moliterno, Routledge, London – New York.

Farneti, Paolo 1985, *The Italian Party System (1945-1980)*, Frances Printer, London.

Fernandes, José Manuel 1996, «Índia, Estado da», *Dicionário de História do Estado Novo*, dir. Fernando Rosas & J. M. Brandão de Brito, Vol. I, Círculo de Leitores, Lisboa, pp. 457-460.

Fonseca, Ana Mónica 2007, *A Força das Armas: o Apoio da RFA ao Estado Novo (1958-1968)*, Instituto Diplomático – Ministério dos Negócios Estrangeiros, Lisboa.

Garcia, José Luís 1992, «A ideia de império na propaganda do Estado Novo», *Revista de História das Ideias*, Vol. XIV, Faculdade de Letras, Coimbra, pp. 411-424.

Girault, René 1996, «Puissance et impuissance en Europe occidentale à la fin de la Seconde Guerre Mondiale", *O Fim da Segunda Guerra Mundial e os Novos Rumos da Europa*, coord. António José Telo, Edições Cosmos, Lisboa, pp. 97-112.

Guedes, Armando Marques 1992, «A diplomacia cultural e a diplomacia: a política portuguesa de celebração de acordos culturais bilaterais», *Revista Internacional de Língua Portuguesa*, n.º 7, Associação das Universidades de Língua Portuguesa, Lisboa, pp. 39-45.

Guedes, Armando Marques 1999, «Identidade, propaganda, nacionalismo e o projecto de leitorados de língua e cultura portuguesas, 1921-1997», *Cultura: Revista de História e Teoria das Ideias*, Vol. XI: FCHS-UNL, Lisboa, pp. 222-257.

Henriques, Isabel Castro 2000, «A sociedade colonial em África. Ideologias, hierarquias, quotidianos», *História da Expansão Portuguesa*, dir. Francisco Bethencourt & Kirti Chaudhuri, Vol. V, *Último Império e Recentramento (1930-1998)*, coord. Francisco Bethencourt e Kirti Chaudhuri, Círculo de Leitores, Lisboa, pp. 216-274.

Lucena, Manuel 1976, *A Evolução do Sistema Corporativo Português*, 2 Vols., Perspectivas & Realidades, Lisboa.

Macqueen, Norrie 2004, «As guerras coloniais», *A Transição Falhada. O Marcelismo e o Fim do Estado Novo (1968-1974)*, coord. Fernando Rosas & Pedro Aires de Oliveira, Círculo de Leitores, Lisboa, pp. 265-300.

Magalhães, José Calvet de 1996, *Portugal e as Nações Unidas: A Questão Colonial (1955-1974)*, Instituto de Estudos Estratégicos e Internacionais, Lisboa.

Mammarella, Giuseppe 1991, *L'Italia Contemporanea (1943-1998)*, Il Mulino, Bologna.

Marcos, Daniel da Silva Costa 2007, *Salazar e De Gaulle: a França e a Questão Colonial Portuguesa (1958-1968)*, Instituto Diplomático – Ministério dos Negócios Estrangeiros, Lisboa.

Martins, Fernando & Faria, Pedro Leite 2006, «Um primeiro passo no bom caminho. Tratado de amizade e consulta entre Portugal e Brasil de 16 de Novembro de 1953», *Tratados do Atlântico Sul. Portugal-Brasil 1825-2000*, ed. Zilia Osório de Castro, Júlio Rodrigues da Silva & Cristina Montalvão Sarmento, Instituto Diplomático – Ministério dos Negócios Estrangeiros, Lisboa, pp. 251-288.

MATOS, Sérgio Campos 1996, «O V Centenário Henriquino (1960): Portugal entre a Europa e o Império», *O Fim da Segunda Guerra Mundial e os Novos Rumos da Europa*, coord. António José Telo, Edições Cosmos, Lisboa, pp. 153-169.

MEDINA, João 2000, Salazar, *Hitler e Franco. Estudos Sobre Salazar e Ditadura*, Livros Horizonte, Lisboa.

MONTANELLI, Indro & Cervi, Mario 1992, *L'Italia degli Anni di Piombo (1965-1978)*, Rizzoli, Milano.

MILZA, Pierre & Berstein, Serge 1980, *Le Fascisme Italien: 1919-1945*, Seuil Paris.

NOLFO, Ennio di 1996, *La Repubblica delle Speranze e Degli Ingani. L'Italia dalla Caduta del Fascismo al Crollo della Democrazia Cristiana*, Ponte Alle Grazie, Firenze.

NOLTE, Ernst 1991, *Les Mouvements Fascistes. L'Europe de 1919 à 1945*, Calmann-Lévy, Paris.

OLIVEIRA, Manuel Alves 1990, *O Grande Livro dos Portugueses*, Círculo de Leitores, Lisboa.

OLIVEIRA, Pedro Aires de 2001, «A política externa do marcelismo», *Diplomacia e Guerra. Política Externa e Política de Defesa em Portugal do Final da Monarquia ao Marcelismo. Actas do I Ciclo de Conferências*, coord. Fernando Martins, Edições Colibri, Lisboa, pp. 233-265.

PADOA-SCHIOPPA, Tommaso 2001, *Europa, Forza Gentile. Cosa Ci Ha Insegnato l'Avventura Europea*, Società Editrice Il Mulino, Bologna.

PALMA, Elisabete Cortes 2006, *Cultura, Desenvolvimento e Política Externa. Ajuda Pública ao Desenvolvimento nos Países Africanos Lusófonos*, Instituto Diplomático – Ministério dos Negócios Estrangeiros, Lisboa.

Pereira, Pedro Cantinho 2006, *Portugal e o Início da Construção Europeia (1947-1953)*, Instituto Diplomático – Ministério dos Negócios Estrangeiros, Lisboa.

PIMENTEL, Irene 1995, «A presença do fascismo italiano em Portugal 1926-1943», *História*, n.º 4, ano XVII (nova série), Janeiro, pp. 14-25.

PINTO, António Costa & TEIXEIRA, Nuno Severiano 2005, «Portugal e a integração europeia (1945-1986)», *A Europa do Sul e a Construção da União Europeia: 1945-2000*, coord. António Costa Pinto & Nuno Severiano Teixeira, Imprensa de Ciências Sociais, Lisboa, pp. 17-43.

RABY, Dawn Linda 1988, *A Resistência Antifascista em Portugal 1941-1974*, Edições Salamandra, Lisboa.

RAY, John 1999, *História Narrativa da Segunda Guerra Mundial*, Edições 70, Lisboa.

RÉAU, Elisabeth 1993, *L'Idée de l'Europe au XX$^{ème}$ Siècle*, Éditions Complexe, Bruxelles.

RÉMOND, René 1994, *Introdução à História do Nosso Tempo. Do Antigo Regime aos Nossos Dias*, Gradiva, Lisboa.

RIBEIRO, Maria Manuela Tavares 2003, *A Ideia de Europa. Uma Perspectiva Histórica*, Quarteto, Coimbra.

RODRIGUES, Luís Nuno 2001, «A «solidão» na política externa portuguesa no início da década de 60: o caso dos Estados Unidos», *Diplomacia e Guerra. Política Externa e Política de Defesa em Portugal do Final da Monarquia ao Marcelismo. Actas do I Ciclo de Conferências*, coord. Fernando Martins, Edições Colibri, Lisboa, pp. 189-224.

RODRIGUES, Luís Nuno 2001, «Portugal e a Guerra Civil de Espanha», *Memória de Portugal. O Milénio Português*, coord. Roberto Carneiro & Artur Teodoro de Matos, Círculo de Leitores, Lisboa, pp. 504-505.

RODRIGUES, Luís Nuno 2004, «A diplomacia portuguesa no início das guerras coloniais», *Diplomatas e Diplomacia. Retratos, Cerimónias e Práticas*, Livros Horizonte, Lisboa, pp. 69-100.

ROSAS, Fernando 1994, *História de Portugal*, Vol. VII, *O Estado Novo (1926-1974)*, dir. José Mattoso, Circulo de Leitores, Lisboa.

Rosas, Fernando & Oliveira, Pedro Aires (coord.) 2004, *A Transição Falhada. O Marcelismo e o Fim do Estado Novo (1968-1974)*, Círculo de Leitores, Lisboa.

Salvadorini, Vittorio Antonio 2000, *Italia e Portogallo dalla Guerra d'Etiopia al 1943*, Editrice La Palma, Palermo – São Paulo.

Schirò, Luís Bensaja dei 1997, *A Experiência Fascista em Itália e em Portugal*, Edições Universitárias Lusófonas, Lisboa.

Silva, António Duarte 1996, «Estatuto dos indígenas», *Dicionário de História do Estado Novo*, dir. Fernando Rosas & J. M. Brandão de Brito, Vol. I, Círculo de Leitores, Lisboa, pp. 320-322.

Soares, Mário 1974, *Portugal Amordaçado: Depoimento sobre os Anos do Fascismo*, Arcádia, Lisboa.

Soares, Mário 1975, *Escritos do Exílio*, Bertrand, Lisboa.

Sousa, Julião Soares 2007, *Amílcar Cabral e a Luta pela Independência da Guiné e Cabo Verde (1924-1973)*, 2 Vols., Faculdade de Letras, Coimbra, dissertação de doutoramento policopiada.

Telo, António José 1990, *Propaganda e Guerra Secreta em Portugal (1939-1945)*, Perspectivas & Realidades, Lisboa.

Telo, António José 1996, *Portugal e a NATO: o Reencontro da Tradição Atlântica*, Edições Cosmos, Lisboa.

Telo, António José 1996, «Política externa», *Dicionário de História do Estado Novo*, dir. Fernando Rosas & J. M. Brandão de Brito, Vol. I, Círculo de Leitores, Lisboa, pp. 769-776.

Torgal, Luís Reis 1993, «Salazarismo, fascismo e Europa», *Vértice*, Janeiro – Fevereiro, pp. 41--52.

Torgal, Luís Reis 1994, «Salazarismo, Alemanha e Europa. Discursos políticos e culturais», *Revista de História das Ideias*, n.º 16, Faculdade de Letras, Coimbra, pp. 73-104.

Varsori, Antonio 2005, «A Itália e a integração europeia», *A Europa do Sul e a Construção da União Europeia: 1945-2000*, coord. António Costa Pinto & Nuno Severiano Teixeira, Imprensa de Ciências Sociais, Lisboa, pp. 73-95.

# ANEXOS

## ANEXO I

REFERÊNCIAS BIOGRÁFICAS

Não pretendemos problematizar acções, orientações políticas ou métodos governativos, mas tão só disponibilizar um conjunto de informações biográficas sobre as personalidades mais relevantes que citámos ao longo do livro. As omissas, justificamo-las com a insuficiência de dados que complementem as referências anteriormente feitas.

Para procedermos a este trabalho, consultámos essencialmente obras de carácter geral, como a *Enciclopédia Luso-Brasileira de Cultura*, o *Anuário Diplomático e Consular*, *O Grande Livro dos Portugueses* e a *Encyclopaedia of Contemporary Italian Culture*, devidamente citadas na bibliografia. Optámos por este método para evitar sucessivas referências bibliográficas em textos muito sucintos.

ACCAME, Giano (1928-) Jornalista e escritor italiano, ex-parlamentar do PSI e dirigente do *Movimento Sociale Italiano* (anos 60). Foi redactor da revista neofascista *Il Borghese* e do *Il Settimanale*.

ANDREOTTI, Giulio (1919-) Figura central no panorama político italiano e democrata cristão. Foi Secretário do Conselho de Ministros (1947-1954), Ministro do Interior (1954), das Finanças (1955-1957), do Tesouro (1958-1959), da Defesa (1959-1966 e 1974), da Indústria e Comércio (1966-1968), da Economia (197-1976) e dos Estrangeiros (1983-1989). Entre 1972 e 1973 foi Presidente do Conselho, cargo que voltaria a ocupar entre 1976-1979 e 1989-1991.

ANIASI, Aldo (1921-2005) Membro da resistência italiana, foi durante grande parte da sua vida Presidente da *Federazione Italiana Associazioni Partigiane*. Inicialmente militante do PCI, abandonou o partido e ingressou no PSI, alinhando com a corrente interna reformista que conduziria à cisão que originou o PSDI. Retornaria, contudo, ao PSI. Exercendo funções na municipalidade de Milão desde 1951, foi eleito Presidente da Comuna em 1967, cargo que exerceria até 1976. Nos anos 80 foi nomeado Ministro da Saúde (1980-1981).

BOFFA, Giuseppe (1923-1998) Jornalista e comunista italiano. Escreveu para o *L'Unità*, tornando-se correspondente do jornal em Paris (1949-1953) e em Moscovo (1953-1958 e 1963-1964) e enviado especial a diversos países da Europa, Ásia, Médio Oriente e América do Sul. Em 1962, foi expulso de Portugal pelas suas ligações ao PCP. Nos anos 60, a investigação histórica torna-se numa actividade paralela ao jornalismo, tendo escrito: *Storia della Rivoluzione Russa* (1966), *Dialogo sullo Stalinismo* (1976, obra de co-autoria com Gilles Martinet), *Il Fenomeno Stalin nella Storia del XX Secolo* (1976) e *Storia della Unione Sovietica* (1979), *Dall'URSS alla Rusia. Storia di una Crisi non Finita* (1995) ou *Memorie del Comunismo* (1998). Foi membro do Comité Central do PCI. Recebeu o *Prémio Viarregio* (1959), na categoria de jornalismo, com o trabalho *La Grande Svolta*.

BRAZÃO, Eduardo (1907-1990) Diplomata e historiador português. Licenciou-se em Direito pela Universidade de Coimbra (1929). Ingressa na carreira diplomática em 1935, tendo sido responsável pela criação do Instituto Português e da Escola de Camões em Hong-Kong, quando Cônsul nesta cidade. Posteriormente, criaria na Universidade de Dublin uma cátedra de Língua e Cultura Portuguesa. Secretário Nacional da Informação entre 1956 e 1958, é seguidamente nomeado Embaixador em Roma, sendo o primeiro diplomata português a ser colocado na capital italiana com esta categoria. Foi ainda Embaixador em Otava e no Vaticano, passando à disponibilidade em Março de 1974. Autor de uma vasta obra historiográfica, pode dizer-se que foi um especialista da História diplomática portuguesa. Publicou, entre outras, a *História Diplomática de Portugal 1940-1834* (2 volumes, 1932-1933), *L'Unificazione Italiana Vista dai Diplomatici Portoghesi 1848-1870* (2 volumes, 1962), *Relações Diplomáticas de Portugal com a Santa Sé* (8 volumes, 1969-1974) e *Portugal e a Santa Sé* (1976).

CABEÇADAS, José Mendes (1883-1965) Oficial da Armada, foi o primeiro Presidente da República Portuguesa do período da ditadura (Maio a Junho de 1926), sendo sucedido pelo Marechal Manuel Gomes da Costa. Afastado do poder pelas forças da direita do regime, tornou-se num opositor a Óscar Carmona e Salazar, participando em duas tentativas insurreccionais (1946 e 1947).

CABRAL, Amílcar (1924-1973) Nacionalista africano, lutou pela independência de Cabo Verde e da Guiné-Bissau no quadro do PAIGC (fundado em 1956), partido apoiado pela Guiné-Conacri, China e Marrocos na luta armada contra o Governo português. Foi assassinado em Conacri, em 1973.

CAETANO, Marcello (1906-1980) Professor universitário, político e estadista. Licenciado em Direito (1927) e doutorado em Ciências Político-Económicas (1931) pela Universidade de Lisboa, foi professor de Direito Administrativo desde 1933, Comissário Nacional da Mocidade Portuguesa (1940-1944), Ministro das Colónias (1944-1947), Presidente da Comissão Executiva da União Nacional (1947-1949), Presidente da Câmara Corporativa (1949-1955), Ministro da Presidência (1955-1958), Reitor da Universidade de Lisboa (1959-1962) e Presidente do Conselho (1968-1974). Foi deposto pela Revolução de Abril de 1974, exilando-se no Rio de Janeiro, Brasil, onde dirigiu o Instituto de Direito Comparado na Universidade de Gama Filho (1974-1980).

CASTRO, Augusto de (1883-1971) Licenciado em Direito pela Universidade de Coimbra, foi jornalista, diplomata, advogado, deputado e escritor. Foi professor no Conservatório Nacional e Embaixador em Londres e Ministro de Portugal no Vaticano, em Bruxelas, Roma e Paris. Foi ainda director do *Diário de Noticias* e da *Folha do Norte* e redactor do *Jornal do Comércio* e d'*O Século*.

CIANO, Galeazzo (1903-1944) Diplomata e político italiano, foi uma figura central do regime fascista de Mussolini, tendo exercido as funções de Subsecretário para a Imprensa e Propaganda (1934), de Ministro da Cultura Popular (1935) e de Ministro dos Negócios Estrangeiros (1936). Contrário à participação da Itália na Segunda Guerra Mundial, foi demitido do cargo de Ministro dos Estrangeiros e nomeado Embaixador junto do Vaticano. Na sessão do Grande Conselho Fascista (Julho de 1943), votou a favor da exoneração de Benito Mussolini. Em 1944, foi condenado à morte, acusado de traição, pelo Tribunal Especial de Verona e fuzilado.

COLOMBI, Arturo (1900-1983) Antifascista italiano. Desenvolveu uma luta activa contra o regime de Mussolini. Em 1946, é nomeado membro da direcção do PCI, posteriormente confirmado pelos sucessivos congressos do partido. Foi deputado, senador e autor de algumas obras relativas ao movimento operário e à luta antifascista, como por exemplo, *Nelle Mani del Nemico* (1951).

CUNHA, Paulo Arsénio Veríssimo (1902-1986) Licenciado em Direito pela Universidade de Lisboa, foi professor universitário e político. Entre 1946 e 1950 foi Vice-presidente da Câmara Corporativa. Ministro dos Estrangeiros entre 1950-1958, chefiou as delegações portuguesas às reuniões do Conselho Atlântico entre Dezembro de 1952 e Maio de 1958, promoveu as visitas oficiais a Portugal do Chefe de Estado do Brasil (em 1955 e 1957), da Rainha Isabel

II de Inglaterra (1957) e do Governador-geral da União da África do Sul (1957); negociou o Tratado de Amizade e Consulta com o Brasil (1953) e defendeu os interesses de Portugal quanto à questão de Goa. Procedeu igualmente à elevação da Legação de Portugal em Roma à categoria de Embaixada (1956). Foi ainda Reitor da Universidade Técnica de Lisboa entre 1962 e 1965.

DANTAS, Júlio (1876-1962) Jornalista, historiador, cronista, poeta e dramaturgo. Foi Inspector Superior das Bibliotecas e Arquivos, professor de Arte Dramática no Conservatório Nacional, Ministro da Instrução e dos Negócios Estrangeiros (1921-1923), Embaixador no Brasil (1941-1949) e Presidente da Academia de Ciências de Lisboa. Contra a obra de Dantas, que considerava «balofa», Almada Negreiros escreveu, em 1915, o *Manifesto Anti-Dantas*.

EINAUDI, Luigi (1874-1961) Licenciado em Direito e professor de Economia Política, exerceu um conjunto vasto de funções políticas e jornalísticas até à queda do fascismo. Foi Governador da *Banca d'Italia* (1945), deputado da *Unione Democratica Nazionale* na Assembleia Constituinte (1946), senador da República (1948), Vice-presidente do Conselho de Ministros (1947-1948) e Ministro das Finanças (1947). Em 1948 foi eleito Presidente da República da Itália.

FANFANI, Amintore (1908-1999) Figura histórica do Partido da Democracia-Cristã italiano. Licenciado em Economia e Comércio. Começou por ser um fascista entusiasta e defensor do corporativismo enquanto fórmula de recuperação da sociedade italiana, dividida entre o liberalismo e o comunismo. Exilado na Suíça durante a Segunda Guerra Mundial, regressa a Itália e integra o PDC, assumindo, doravante e ao longo da segunda metade do século XX, um papel central no panorama político italiano. Foi Ministro do Trabalho (1947-1950), da Agricultura (1951-1953), do Interior (1953) e dos Estrangeiros (1958-1959; 1962 e 1966-1968). Presidente do Conselho em 1954, entre 1958 e 1963 e, posteriormente, entre 1982 e 1983 e em 1987. Presidiu ao Senado entre 1968-1973, 1976-1982 e 1985-1987. Foi Secretário-geral do PDC entre 1954-1959 e 1973-1975.

FEDERZONI, Luigi (1878-1967) Licenciado em Letras e em Direito, fundou conjuntamente com Enrico Corradini a *Associazione Nazionalista Italiana* (1910). Foi Ministro do Governo de Mussolini entre 1923 e 1928, ocupando sucessivamente as pastas das Colónias e do Interior. Senador em 1928, exerceu as funções de Presidente do Senado entre 1929 e 1939. Personalidade central nos meios culturais italianos, presidiu à *Società Geografica Italiana* (1923-1926), à *Reale Accademia d'Italia* (1938-1943) e ao *Istituto dell'Enciclopedia Italiana*. Na sessão do Grande Conselho Fascista (Julho de 1943), defendeu a deposição de Benito Mussolini.

FERRO, António Joaquim Tavares (1895-1956) Jornalista, escritor, político e diplomata. Director do Secretariado Nacional de Informação (1933-1949), desenvolveu uma acção importante ao nível da criação artística, mais modernista no início das suas funções e mais conservadora no final, de acordo com a estética do Estado Novo. Em 1950, foi nomeado Ministro de Portugal em Berna, daqui passando a Roma (1954-1956).

FERRO, Gaetano (1925-) Professor universitário e investigador italiano, foi nomeado doutor *honoris causa* pela Universidade de Lisboa (1997). Obteve a cátedra de Geografia na Faculdade de Letras da Universidade de Génova (1960), leccionou Geografia Económica e Geografia Histórica na Universidade de Trieste e Geografia Comercial na Universidade de Milão. Autor de obras e estudos variados nas áreas da Geografia Humana, História e Ciência Política. Foi um dos estudiosos de Portugal em Itália.

GARIN, Vasco Vieira. Diplomata português nascido em 1907. Licenciado em Ciências Económicas e Financeiras pela Universidade de Lisboa (1931), ingressou de imediato na carreira diplomática, sendo colocado em Londres, Washington, Montreal, Nova Deli, Banguecoque, Canadá e novamente em Washington. Foi o representante de Portugal junto das Nações Unidas entre 1956-1963.

GAROSCI, Aldo (1907-2000) Licenciado em Letras, foi jornalista e membro da resistência italiana. Antifascista, exilou-se nos EUA entre 1940 e 1943. Com o *Partito d'Azione* em desagregação, no qual militava, integra o PSI. Foi colaborador do *Il Mondo* e da *La Resistenza*, tendo também leccionado História Contemporânea e do *Rissorgimento* na Universidade de Turim.

GASPERI, Alcide De (1881-1954) Nato em Pieve-Tesino (Trento), cursou Filosofia na Universidade de Viena, tornando-se Presidente do Partido Popular Italiano, em 1919, e membro da Câmara dos Deputados, em 1921. Opositor ao fascismo, demite-se do Parlamento em 1924, sendo preso, dois anos depois, pela polícia de Mussolini, acusado de atentar contra o *Duce*. Em finais de 1944, é nomeado Ministro dos Negócios Estrangeiros e, em 1945, Presidente do Conselho, cargo que exerceria até 1953. Gasperi foi um elemento activo na construção da Europa das comunidades e da inclusão da Itália no movimento de integração europeia. Em 1947, defendeu a adesão italiana ao Plano Marshall, considerando-a uma oportunidade única para a reconstrução económica da Itália e para o seu alinhamento com a Europa. Em 1950, é convidado por Robert Schuman para participar nas negociações para a criação da Comunidade Europeia do Carvão e do Aço (seria eleito Presidente em 1954) e da Comunidade Europeia de Defesa. Em 1952 recebe o *Prémio Carlos Magno*, distinção atribuída às personalidades que mais promoveram a ideia de uma Europa unida e as instituições europeias.

GAUDIO, Attilio (1930-2002) Etnólogo, antropólogo, jornalista, africanista e autor premiado de uma vasta obra dedicada à África, ao Islão e aos povos do Mediterrâneo. Licenciado em Letras e Ciências Humanas, frequentou também a parisiense *École d'Anthropologie*.

GAULLE, Charles De (1890-1970) Líder do Exército Livre Francês (1940-1944), foi Chefe do Governo da República da França entre 1944 e 1946 e Presidente da República entre 1958 e 1969, sob a nova Constituição de natureza presidencialista, concedendo amplos poderes ao Chefe de Estado. A sua política baseou-se em dois princípios fundamentais: ordem e nacionalismo. Acompanhou o processo de concessão da independência às colónias francesas na África e reposicionou internacionalmente a França enquanto potência ocidental. Apesar de ter conseguido diminuir as crises societárias dos anos 50, o carácter eminentemente conservador das suas políticas conduziram a novas convulsões políticas, sociais e culturais, geralmente conhecidas por Maio de 68. A nível europeu, De Gaulle dominou o movimento europeísta dos anos 60, defendendo a ideia de uma «Europa de Pátrias» em reacção ao funcionalismo excessivamente técnico e económico do Mercado Comum.

GOMES, Ruy Luís (1905-1984) Matemático e professor universitário, foi candidato presidencial em 1951, sendo então obrigado a exilar-se (Argentina e Brasil), regressando a Portugal após a Revolução de 25 de Abril de 1974.

GONELLA, Guido (1905-1982) Político democrata-cristão, foi Ministro da Instrução Pública entre 1946 e 1951, desempenhou o cargo de Secretário-geral do Partido da Democracia-Cristã entre 1950 e 1953, regressando às funções ministeriais como Ministro da Justiça em 1957-1962 e 1972-1973.

LEMOS, Abílio Pinto de Lemos. Licenciado em Direito, iniciou a carreira diplomática em 1937, aos 27 anos. Foi sucessivamente colocado no Rio de Janeiro (1941), Buenos Aires, Joanesburgo, Paris, Bruxelas e Roma. Em 1956 é nomeado adjunto do Director-geral dos Negócios Políticos e da Administração Interna e, em 1958, Director-geral da mesma repartição. Embaixador em Viena (1959), segue para Roma (1963-1968) e daí para Berna.

LUSSU, Joyce (1912-1998) Escritora, jornalista e antifascista italiana. Extinto o *Partito d'Azione*, ingressa no PSI, fazendo parte da direcção desde 1948. Entre as suas causas conta-se o antifascismo e o anticolonialismo, colaborando com os movimentos nacionalistas africanos e as resistências nacionais antifascistas.

MAGNINO, Leo. Antigo Leitor na Universidade de Coimbra, professor no Instituto Oriental de Nápoles e na Universidade de Roma, técnico superior do Ministério da Instrução Pública. Estudioso do Oriente, em particular do Japão, dedicou vários trabalhos ao estudo das relações histórico-culturais entre Portugal e o Extremo Oriente. A promoção de manifestações sobre a cultura portuguesa foi constante entre as suas acções, quer no âmbito da Universidade de Roma, quer na Universidade Internacional do Mediterrâneo, instituição à qual presidiu, ou na Academia do Mediterrâneo. Em 1946, fundou a revista *La Cultura nel Mondo*, sendo o seu director, aqui tendo sido publicados vários artigos relativos a Portugal. Em reconhecimento da sua actividade, foi diversas vezes homenageado e condecorado pelo Governo português.

MANUPPELLA, Giacinto (1901-1990) Licenciado em Letras pela Universidade de Roma (1923), fez carreira nas universidades portuguesas. Foi assistente de Filologia Clássica na Faculdade de Letras da Universidade de Lisboa (1946-1952) e Leitor de Italiano na Faculdade de Letras da Universidade de Coimbra (1957-1960). Em 1960, ascendeu à categoria de professor contratado equiparado a professor catedrático nesta mesma instituição. Investigador da cultura luso-italiana e da literatura portuguesa, colaborou em várias publicações, sendo também autor de uma vasta bibliografia nestas áreas temáticas. Foi doutor *honoris causa* pela Universidade de Coimbra (1968).

MARTINO, Gaetano (1900-1967) Licenciado em Medicina, dedicou-se à investigação e ao ensino de Química Biológica e Fisiologia Humana na Universidade de Messina até ingressar na carreira política. Europeísta, participou activamente no movimento europeu dos anos 50, sendo da sua responsabilidade a realização da Conferência de Messina (1955), ponto de partida para a instituição da CEE (1957). Desempenhou também funções de realce no quadro da NATO, sendo um dos «três sábios» que produziram um relatório sobre as competências civis da Aliança Atlântica (1954). Foi Ministro dos Estrangeiros (1954-1957) e da Instrução Pública (1954). Reitor da Universidade *La Sapienza*, Roma, entre 1966 e 1967.

MARTINS, Virgílio Armando (1914-1988) Licenciado em Direito pela Universidade de Lisboa, ingressou, em 1939, na carreira diplomática. Foi, entre outros, membro da delegação portuguesa junto da NATO e Embaixador em Tóquio (1964) e em Roma (1971). Passando à disponibilidade, rege a cadeira de História Contemporânea das Civilizações Orientais na Faculdade de Ciências Sociais e Humanas, na Universidade Nova de Lisboa, onde cria o Instituto de Estudos Orientais. Foi autor de diversas obras de direito consular internacional, de ensaios sobre a cultura japonesa e de estudos comparativos relativos à literatura oriental e ocidental. Foi ainda fundador da Associação de Amizade Portugal Japão.

MATTA, José Caeiro da (1883-1963) Jurista, político e diplomata português. Foi por duas vezes Ministro dos Negócios Estrangeiros (1933-1935 e 1947-1950) e da Educação Nacional (1944-1947). Foi Presidente da Comissão das Comemorações do V Centenário da Morte do Infante D. Henrique, que decorreram no ano de 1960.

MATOS, José Maria Norton de (1967-1955) Oficial português, foi Governador-geral de Angola (1912-1915), Ministro das Colónias (1915) e da Guerra (1915-1917), tendo organizado o corpo expedicionário nacional que participou na Primeira Guerra Mundial. Republicano, exilou-se em Londres no seguimento do golpe militar de Sidónio Pais (1918). Regressado a Portugal no ano seguinte, é promovido a General e novamente nomeado Governador-geral de Angola (1921-1924). Foi Embaixador em Londres (1924-1926) e candidato pela oposição ao Estado Novo à Presidência da República em 1949. Como protesto, contra a falta de garantias democráticas, retirou a candidatura.

MEANA, Carlo Ripa di (1929-) Membro de uma família condal da Úmbria, esteve envolvido com os meios estudantis comunistas, editando em Praga, a expensas do PCI, a revista da União Internacional dos Estudantes, intitulada *World Student News*. Em dissidência com o Partido Comunista, ingressa no PSI, alinhando com a facção esquerdista. A partir de 1963, começa a frequentar o *Club Turati*, Milão. Foi Presidente da *Bienale di Venezia* (1974-1978), deputado socialista no Parlamento Europeu (1979-1984), Comissário Europeu da Cultura e do Ambiente (1985-1992) e Ministro do Ambiente (1992-1993).

MENEZES, Francisco Calheiros e. Licenciado em Filosofia e Letras pela Universidade de Madrid, ingressa na carreira diplomática em 1915. Exerceu diversas funções no Ministério dos Estrangeiros, tendo sido nomeado Director-geral dos Negócios Políticos e da Administração Interna em 1936. Foi representante diplomático de Portugal em Bruxelas, Paris, Genebra, Ankara, Berna, em Roma (1946-1954) e no Vaticano, passando à disponibilidade em 1956.

MONIZ, Júlio Calos Alves Dias Botelho (1900-1970) Militar e político português, foi Ministro do Interior (1944-1947), Chefe do Estado-Maior das Forças Armadas e Ministro da Defesa (1955-1961). Foi um dos mentores da «abrilada», uma tentativa falhada de golpe de Estado executada em Abril de 1961.

MONTANELLI, Indro (1909-2001) Licenciado em Direito, destacou-se como jornalista, assumindo claramente uma posição anticomunista.

Montereale, Gianfranco Alliata (1921-1994) Doutor em Direito e um dos maiores proprietários da Sicília, província na qual detinha uma grande influência, era uma das personalidades com importância política em Itália, tendo exercido inúmeros cargos. Até 1953, colaborou com o PDC, tendo integrado, na legislatura de De Gasperi, a Comissão dos Negócios Estrangeiros e a Câmara dos Deputados. Foi Vice-presidente da União Nacional Monárquica e Presidente da Frente Nacional Monárquica, Presidente do Instituto Internacional para o Estudo do Problema Monárquico e membro do Conselho da Presidência do Instituto Internacional para o Estudos dos Problemas Étnicos e das Minorias. Foi um dos fundadores do *Gruppo Amici del Portogallo*.

Moro, Aldo (1916-1978) Político italiano e democrata-cristão do centro-esquerda, foi Secretário-geral do partido entre 1959 e 1964, Ministro da Instrução Pública (1957-1959), dos Estrangeiros (1964-1966; 1969-1972 e 1973-1974) e do Interior (1976). Foi por duas vezes Presidente do Conselho de Itália, entre 1963-1968 e posteriormente, entre 1974 e 1976. Foi assassinado pelas *Brigate Rosse*, em 1978.

Mussolini, Benito (1883-1945) Presidente do Conselho de Ministros do Reino de Itália entre 1922 e 1943. Após a Primeira Guerra Mundial, Mussolini abandona o socialismo, que seguira na juventude, e adere à vaga nacionalista, fundando o *Partito Fascista Italiano* (1921). A «Marcha sobre Roma» (Outubro de 1922) condu-lo às esferas cimeiras do poder, sendo convidado pelo rei Vittorio Emanuele para o cargo de Primeiro-Ministro. Apoiado pelos Camisas Negras, em 1925 torna-se num ditador absoluto, intitulando-se *il Duce* (o Líder), cujo método governativo era baseado no autoritarismo político, no poder pessoal, no nacionalismo, no imperialismo, no anticomunismo, no antidemocratismo e antiliberalismo. Aliado de Adolfo Hitler, declara guerra à França e à Inglaterra em 1940. As campanhas militares desastrosas e a crescente oposição interna levam o Rei a exonerá-lo em Julho de 1943. Funda então, com o apoio dos Nazis, a República de Salò, no Norte de Itália, símbolo do fascismo até à sua morte, em 1945, fuzilado pela resistência italiana.

Nenni, Pietro (1891-1980) Político, estadista e jornalista italiano, foi Secretário-geral do PSI (1945-1963), procurando a colaboração do PCI ao nível da oposição aos governos democratas-cristãos. Em 1957, a estratégia é alterada, voltando-se para o Partido da Democracia-Cristã, a sua aproximação foi facilitada pela crescente influência da ala centro-esquerda deste partido. Foi Ministro dos Negócios Estrangeiros entre 1946-1947 e 1968-1969.

Neto, António Agostinho (1922-1979) Médico angolano e líder do Movimento Popular de Libertação de Angola (MPLA), foi um dos nacionalistas africanos que mais contribuiu para a causa da independência das Províncias Ultramarinas a nível internacional. Foi Presidente da República de Angola entre 1975 e 1979.

Nitti, Fausto (1899-1974) Antifascista italiano, exilado durante o regime de Mussolini, regressa a Itália em 1946, exercendo, desde então, diversos cargos junto de associações antifascistas. Foi director da revista *Patria Indipendente*, editada pela *Associazione Nazionale Partigiani d'Italia*.

Nunes, D. José da Costa (1880-1976) Bispo de Macau (1920-1940) e Patriarca das Índias (1940-1953), foi *Vice-camerlengo* da Santa Sé. Em 1962, foi elevado ao cardinalato.

Pajetta, Giancarlo (1911-1920) Membro do PCI, foi eleito deputado parlamentar em 1946, função que exerceu até a sua morte. Em 1948, integrou a secretaria nacional do Partido Comunista, de onde sairia apenas na década de 80. Foi por várias vezes director do *L'Unità* e, por algum tempo, do periódico político-cultural *Rinascità*.

Pajetta, Giuliano (1915-1988) Irmão de Giancarlo Pajetta, foi um dos importantes dirigentes do PCI. Eleito deputado comunista entre 1948-1972, foi ainda responsável pela Secção Externa do Comité Central do PCI (1958-1966).

Pella, Giuseppe (1902-1981) Licenciado em Economia e Comércio e membro da Democracia-Cristã, foi deputado (1948 e 1968), senador (1968 e 1976), Ministro do Tesouro (1947, 1948-1951 e 1951-1953) e dos Estrangeiros (1954 e 1957-1960) e Presidente do Conselho entre Agosto de 1953 e Janeiro de 1954.

Piemonte, Maria-José – *vide* Sabóia.

Ramos, Gustavo Cordeiro (1888-1974) Professor universitário e político. Foi por diversas vezes Ministro da Instrução (entre Novembro de 1928 e Julho de 1933), Procurador à Câmara Corporativa, Presidente do Instituto de Alta Cultura (desde 1959) e membro da Academia de Ciências de Lisboa, entre outras instituições nacionais e internacionais.

Rauti, Pino (1926-) Político e jornalista italiano, participou na fundação do *Movimento Sociale Italiano* (1946), tendo fundado a *Ordine Nuovo* (1954), associação civil anticomunista e fascizante, a qual permaneceria integrada no partido neofascista até 1956. Conhecido anticomunista, veemente nas suas intervenções e declarações, foi acusado de envolvimento nos diversos atentados terroristas ocorridos em 1969.

Reynold, Gonzague de (1880-1970) Escritor e historiador suíço, ideologicamente conservador e da direita. Foi autor da obra *L'Europe Tragique*, na qual defendia a crise da Europa e dos seus valores fundamentais.

Roberto, Holden (1923-2007) Nacionalista angolano, dirigiu a União dos Povos de Angola, fundada em 1954. Em 1962, criou a Frente Nacional de Libertação de Angola (FNLA), à qual presidiria e da qual procederia a constituição do Governo Revolucionário de Angola no Exílio (GRAE).

Rossi, Giuseppe Carlo (1908-1983) Licenciado em Letras, iniciou a carreira de docente no ensino secundário, passando depois ao ensino universitário. Foi Leitor de italiano em Friburgo, professor do Instituto Italiano de Lisboa e director das cadeiras de Literatura Italiana e Espanhola na Universidade de Lisboa. Foi um dos grandes responsáveis pela divulgação dos estudos de língua e cultura portuguesa em Itália, sendo professor e director da cadeira de Língua e Literatura Portuguesas junto da Universidade de Roma (1948-1957) e o fundador da mesma cátedra junto do *Istituto Universitario Orientale*, em Nápoles. Foi autor de uma larga bibliografia, incluindo relativas aos assuntos portugueses, estando presente em diversas iniciativas culturais da lusofilia em Itália.

Rossi, Paolo (1900-1985) Professor de Direito e membro do PSI. Foi Ministro da Instrução Pública entre 1955 e 1957 e Presidente do Tribunal Constitucional entre 1975 e 1978.

Sabóia, Maria José de (1906-2001) Também conhecida por Princesa Maria José do Piemonte, casou, em 1930, com o Príncipe Humberto de Sabóia, que viria a ser o último Rei da Itália (1946). Filha mais nova do Rei Alberto I da Bélgica, educada nos meios liberais da terra natal, perfilava contidamente na ordem fascista de Mussolini, servindo de intermediária para a negociação da paz separada da Itália com os Aliados. Salazar foi seu sequaz nesta missao. Instaurada a República (1946), parte para o exílio, fixando-se em Genebra, Suíça, onde faleceria aos 94 anos.

Salazar, António de Oliveira (1889-1970) Estadista e professor universitário, licenciado em Direito pela Universidade de Coimbra. Ministro das Finanças em 1928-1932, dos Estrangeiros (1939-1946) e da Defesa (1961-1962) e Presidente do Conselho entre 1932 e 1968. Fundador do Estado Novo (1933) segundo os princípios coevos do autoritarismo político, do fascismo, do corporativismo, do nacionalismo, do imperialismo, do antidemocratismo e anticomunismo, seguiu fidedignamente estes ditames até ao final da sua carreira política.

Santos, Fernando Piteira (1918-1992) Licenciado em Histórico-Filosóficas pela Universidade de Lisboa, integrando, nos tempos de estudante, a Juventude Comunista, foi co-fundador do Movimento de Unidade Nacional Antifascista e membro do Comité Central do PCP até à sua prisão, em 1945. Expulso do partido em 1950, acusado de «revisionista», aproxima-se da Resistência Republicana e Socialista. Exilado em Argel no seguimento do golpe de Beja (1962), foi um dos fundadores da FPLN.

Santos, Marcelino dos (1929-) Político, poeta moçambicano e co-fundador da Frente de Libertação de Moçambique.

Saragat, Giuseppe (1898-1988) Político socialista italiano, foi Ministro dos Negócios Estrangeiros (1963-1964) e Presidente da República de Itália (1964-1971). Contrário à aliança do PSI com o PCI, firmada no pós-guerra, Saragat abandona o PSI e funda o *Partito Socialista dei Lavoratori Italiani* (1947). Em 1951, em resultado da fusão com o *Partito Socialista Unitario*, é instituído o *Partito Socialista Democratico Italiano* (1951). Ideologicamente, foi um social-democrata reformista com uma forte propensão atlantista, favorável à integração da Itália no Plano Marshall e na NATO.

SCELBA, Mario (1901-1991) Presidente do Conselho de Ministros da República de Itália entre 1954 e 1955. Foi Ministro do Interior entre 1947-1953, 1954-1955 e 1960-1962. Ciente da facilidade com que a sociedade se convertia a ideologias demagógicas do ponto de vista do progresso social, centrou a acção governativa no controlo das manifestações públicas, normalmente organizadas pelo PSI e o PCI. Com a preponderância partidária e política da facção centro-esquerda da Democracia-Cristã, afasta-se dos centros políticos italianos. Entre 1969 e 1971 foi Presidente do Parlamento Europeu.

SFORZA, Conde Carlo (1873-1952) Diplomata e político italiano, opositor ao fascismo (demitiu-se do cargo de representante diplomático da Itália em França após a nomeação de Mussolini enquanto Presidente do Conselho). Foi Ministro dos Estrangeiros da República Italiana (1947-1951) e um dos italianos europeístas mais convictos. Foi um dos responsáveis pela adesão da Itália ao Plano Schuman e um dos impulsionadores do movimento de integração europeia. Foi autor, em 1929, da obra *Les Etats-Unis d'Europe*.

SOARES, Mário Alberto Nobre Lopes (1924-) Licenciado em Ciências Histórico-Filosóficas (1951) e em Direito (1957), foi advogado e activo opositor ao Estado Novo. Como consequência, foi preso e deportado para São Tomé (1968-1969). Em 1970, iniciava o exílio na França, mantendo ligações e contactos com o PSI e o PCI. Foi co-fundador da Acção Socialista Portuguesa (1962), convertida no Partido Socialista em 1973, sendo então nomeado Secretário-geral. Depois da Revolução de 1974, foi por duas vezes eleito Primeiro-Ministro (1976-1978 e 1983-1985). Foi Presidente da República entre 1986 e 1996.

SOUSA, Ernesto de (1921-1988) Criador do movimento cineclubista em Portugal e com vasta acção no campo das artes da representação e cinematográficas, foi detido pela PIDE no seguimento da realização do filme *Dom Roberto*, premiado pelo Festival de Cannes de 1963 (Menção Especial do Júri do Melhor Filme para a Juventude), facto que o impossibilitou de estar presente no evento.

SPINELLI, Altiero (1907-1986) Político e escritor italiano, foi membro da resistência e é considerado um dos fundadores da Europa, dada a sua intervenção activa no movimento de integração europeia. Fundou, em 1943, o Movimento Federalista Europeu. A sua carreira esteve eminentemente ligada às instituições europeias.

THEMIDO, João Hall (1924-) Licenciado em Direito pela Universidade de Coimbra, ingressou na carreira diplomática em 1947. Director dos Negócios Políticos do MNE entre 1964 e 1968, foi nomeado para o cargo de Embaixador em Roma em 1968, posto no qual permaneceria até 1971. Seguiu-se Washington (1971-1981) e Londres (1983-1989). Entre 1981 e 1983 permaneceu em Lisboa, desempenhando funções de Secretário-geral dos Estrangeiros. Foi distinguido com diversas condecorações, nacionais e estrangeiras. Em Itália foi distinguido com a Ordem de Mérito.

TOGLIATI, Palmiro (1893-1964) Licenciado em Direito, iniciou a carreira politica no PSI, antes de deflagrar a Primeira Guerra Mundial. Em 1921, tornou-se num dos fundadores do PCI, assumindo o cargo de Secretário-geral do partido em 1927, que conservaria até à sua morte, em 1964. Sob a sua direcção o PCI, converteu-se no partido comunista não-governante mais influente da Europa, facto visível na percentagem de votos recolhidos entre o eleitorado, na capacidade para convocar manifestações massivas contra o Governo e na pressão que exercia sobre os sucessivos ministérios democratas-cristãos.

TORCHIA, Giorgio. Jornalista italiano, colaborador do *Il Tempo* e director da *Agenzia Oltremare*, mantinha contactos com a *Aginter Press*, uma organização subversiva e paramilitar anticomunista de carácter internacional, fixada em Lisboa, em 1966, e com ligações à PIDE. Foi um dos grandes colaboradores do Estado Novo em Itália, transmitindo várias informações relativas aos movimentos nacionalistas africanos e antifascistas portugueses, obtidas enquanto jornalista.

MINISTROS DOS NEGÓCIOS ESTRANGEIROS DE PORTUGAL (1943-1974)

ANTÓNIO DE OLIVEIRA SALAZAR, interino (1936, 6 Novembro)

JOSÉ CAEIRO DA MATTA (1947, 5 Fevereiro)

PAULO ARSÉNIO VERÍSSIMO CUNHA[1] (1950, 2 Agosto)

MARCELLO GONÇALVES NUNES DUARTE MATHIAS (1958, 29 Setembro)

ALBERTO FRANCO NOGUEIRA (1961, 4 Maio)

MARCELLO JOSÉ DAS NEVES ALVES CAETANO, interino (1969, 6 de Outubro)

RUI MANUEL DE MEDEIROS D'ESPINEY PATRÍCIO (1970, 15 Janeiro)

REPRESENTANTES DIPLOMÁTICOS DE PORTUGAL EM ROMA (1935-1974)

JOSÉ CAETANO LÔBO DE ÁVILA DA SILVA LIMA (1935, 7 Fevereiro)
Ministro Plenipotenciário

LUÍS JORGE DA COSTA (1945, 3 Abril)
Encarregado de Negócios Interino

JOSÉ JORGE RODRIGUES DOS SANTOS (1945, 24 Maio)
Ministro Plenipotenciário

LUÍS JORGE DA COSTA (1946, 2 Maio)
Encarregado de Negócios Interino

FRANCISCO CALLHEIROS E MENESES (1946, 29 de Maio)
Ministro Plenipotenciário

RUY EDUARDO BARBOSA DE MEDINA (1954,19 Fevereiro)
Encarregado de Negócios Interino

ANTÓNIO JOAQUIM TAVARES FERRO (1954, 12 Maio)
Ministro Plenipotenciário

RUI EDUARDO BARBOSA DE MEDINA (1956, 5 Setembro)
Encarregado de Negócios Interino

FERNANDO DELFIM MARIA LOPES VIEIRA (1956, 14 Outubro)
Encarregado de Negócios Interino

EDUARDO BRAZÃO (1958, 11 de Fevereiro) Embaixador

FERNANDO MANUEL FERREIRA LOBÃO DE CARVALHO (1962, 9 Setembro)
Encarregado de Negócios Interino

ABÍLIO ANDRADE PINTO DE LEMOS (1963, 9 Fevereiro) Embaixador

MANUEL NATANIEL DE CARVALHO COSTA (1968, 10 Fevereiro)
Encarregado de Negócios Interino

JOÃO MANUEL HALL THEMIDO (1968, 9 Abril) Embaixador

JOÃO DE SÁ COUTINHO REBELO SOTTO MAIOR (1971, 25 Outubro)
Encarregado de Negócios Interino

VIRGÍLIO ARMANDO MARTINS (1971, 16 Novembro) Embaixador

---

[1] Substituído interinamente por Marcello Caetano, Ministro da Presidência, de 26-12-1956 a 11-2-1957 e 29-5-1957 a 27-6-1957.

# Anexo III

## Monarcas do Reino de Itália (1943-1946)

Vittorio Emanuele III (1900-1946)
Umberto II (1946)

## Presidentes do Conselho de Ministros do Reino de Itália (1943-1946)

Benito Mussolini (1922, Outubro – 1943, Julho)
Pietro Badoglio (1943, Julho – 1944, Junho)
Ivanoe Bonomi (1944, Junho – 1945, Junho)
Ferruccio Parri (1945, Junho – 1945, Dezembro)
Alcide De Gasperi (1945, Dezembro – 1946, Julho)

## Presidentes da República de Itália (1946-1974)

Enrico De Nicola (PLI) 1946, Julho
Luigi Einaudi (PLI) 1948, Maio
Giovanni Gronchi (PDC) 1955, Maio
Antonio Segni (PDC) 1962, Maio
Giuseppe Saragat (PSDI)1964, Dezembro
Giovanni Leone (PDC) 1971, Dezembro

## Presidentes do Conselho de Ministros de Itália (1946-1974)

Alcide De Gasperi (PDC) 1946, 13 Julho
Giuseppe Pella (PDC) 1953, 17 Agosto
Amintore Fanfani (PDC) 1954, 18 Janeiro
Mario Scelba (PDC) 1954, 10 Fevereiro
Antonio Segni (PDC) 1955, 6 Julho
Adone Zoli (PDC) 1957, 19 Maio
Amintore Fanfani (PDC) 1958, 1 Julho
Antonio Segni (PDC) 1959, 15 Fevereiro
Fernando Tramboni (PDC) 1960, 25 Março
Amintore Fanfani (PDC) 1960, 26 Julho
Giovanni Leone (PDC) 1963, 21 Junho
Aldo Moro (PDC) 1963, 12 Dezembro
Giovanni Leone (PDC) 1968, 24 Junho
Mariano Rumor (PDC) 1968, 12 Dezembro
Emilio Colombo (PDC) 1970, 6 Agosto
Giulio Andreotti (PDC) 1972, 17 Fevereiro
Mariano Rumor (PDC) 1973, 7 Julho

## Ministros dos Negócios Estrangeiros de Itália (1946-1974)

Alcide De Gasperi (PDC) 1946, 13 Julho

Pietro Nenni (PSI) 1946, 18 Outubro

Carlo Sforza (PRI) 1947, 2 Fevereiro

Alcide De Gasperi (PDC) 1951, 26 Julho

Giuseppe Pella (PDC) 1953, 17 Agosto

Attillio Piccioni (PDC) 1954, 18 Janeiro

Gaetano Martino (PDC) 1954, 19 Setembro

Gaetano Martino (PLI) 1955, 6 Julho

Giuseppe Pella (PDC) 1957, 19 Maio

Amintore Fanfani (PDC) 1958, 1 Julho

Giuseppe Pella (PDC) 1959, 15 Fevereiro

Antonio Segni (PDC) 1960, 25 Março

Amintore Fanfani, interino (PDC) 1962, 7 Maio

Attillio Piccioni (PDC) 1962, 29 Maio

Giuseppe Saragat (PSDI) 1963, 4 Dezembro

Aldo Moro, interino (PDC) 1964, 28 Dezembro

Amintore Fanfani (PDC) 1965, 5 Março

Aldo Moro, interino (PDC) 1965, 30 Dezembro

Amintore Fanfani (PDC) 1966, 23 Fevereiro

Giuseppe Medici (PDC) 1968, 24 Junho

Pietro Nenni (PSI) 1968, 12 Dezembro

Aldo Moro (PDC) 1969, 5 Agosto

Giuseppe Medici (PDC) 1972, 26 Julho

Aldo Moro (PDC) 1973, 7 Julho

## Representantes Diplomáticos de Itália em Lisboa (1943-1974)

Renato Prunas (1944) Ministro Plenipotenciário

Alberto Rossi Longhi (1945) Ministro Plenipotenciário

Antonio Grossardi (1946) Ministro Plenipotenciário

Pietro De Paolis (1948) Ministro Plenipotenciário

Antonio Venturini (1952) Ministro Plenipotenciário

Angelo Corrias (1958) Embaixador

Remigio Danilo Grillo (1962) Embaixador

Giuseppe Cerulli-Irelli (1965) Embaixador

Girolamo Messeri (1971) Embaixador

– Alguns dos seus admiradores gostariam de o ver aproveitar mais a lição da Itália, a lição do *Duce*. É dessa opinião? Julga o fascismo, nas suas linhas gerais, adaptável ao nosso país?

E o Dr. Salazar, sem a mais leve hesitação, tomando, como sempre, o caminho mais curto e mais directo:

– A nossa ditadura aproxima-se, evidentemente, da ditadura fascista no reforço da autoridade, na guerra declarada a certos princípios da democracia, no seu carácter acentuadamente nacionalista, nas suas preocupações de ordem social. Afasta-se, porém, nos seus processos de renovação. A ditadura fascista tende para um cesarismo pagão, para um Estado que não conhece limitações de ordem jurídica ou moral, que marcha para o seu fim sem encontrar embaraços nem obstáculos. Mussolini, como se sabe é um admirável oportunista da acção: ora marcha para a direita, ora marcha para a esquerda; combate hoje a Igreja, mas, pouco depois, é ele próprio quem faz o Tratado de Latrão para mandar encerrar, meses passados, as associações católicas. [...] Não nos esqueçamos de que Mussolini é um italiano descendente dos *condottieri* da Idade Média, e não esqueçamos, igualmente, as suas origens, a sua formação socialista, quase comunista. O seu caso é, portanto, um caso admirável, único, mas um caso nacional. Ele próprio o disse: «O fascismo é um produto típico italiano como o bolchevismo é um produto russo. Nem um nem outro podem transplantar-se e viver fora da sua natural origem». O Estado Novo português, ao contrário, não pode fugir, nem pensa fugir, a certas limitações de ordem moral que julga indispensável manter, como balizas, à sua acção reformadora.

Ponho uma objecção:

– Mas Benito Mussolini é, justamente, um dos ditadores mais severos, nessa ordem moral, que a História conhece. A sua legislação é rigorosa, implacável, para todos os desvios: adultérios, maus costumes, corrupções... Roma, por exemplo, é hoje uma das cidades mais pacatas do mundo...

E Salazar, completando o seu pensamento, aparando-o como se apara um lápis que já escrevia bem mas que se aguça ainda mais para escrever mais fino:

– Entendamo-nos. Não duvido da obra moralizadora de Mussolini. Digo que certas afirmações e atitudes na ordem moral são impostas por Mussolini ao fascismo, não são impostas pelo fascismo a Mussolini. Ele *quer* assim e podia querer o contrário sem se contradizer. Pelo contrário, os limites dentro dos quais pretendemos trabalhar, são impostos pelos princípios fundamentais do Estado Novo português à nossa acção, à acção dos governantes. As nossas leis são menos severas, os nossos costumes menos policiados, mas o Estado, esse, é menos absoluto e não o proclamámos omnipotente.

– Mussolini, digo eu, é um grande homem mas não se é impunemente da terra de César e de Maquiavel...

– Outra diferença que separa as duas ditaduras – continua o Dr. Salazar – é a diferença dos seus meios de acção, a mecânica da sua renovação. A violência, processo directo e constante da ditadura fascista, não é aplicável, por exemplo, ao nosso meio, não se adapta à brandura dos nossos costumes...

Ponho uma ilustração, uma imagem na nossa conversa:

– Mussolini, discípulo de Georges Sorel, disse num dos seus discursos estas palavras sobre a violência: «A violência, para nós, está muito longe de ser um desporto ou um divertimento. Ela é, como a guerra, uma dura necessidade de certas horas históricas, mas há que trazer sempre, no coração, o sonho de uma Itália pacífica, laboriosa, na qual todos se sintam filhos da mesma mãe e ligados pelos mesmos destinos.»

– «Concordo com Mussolini... em Itália – comenta serenamente o Dr. Salazar – mas não posso concordar em Portugal. A violência pode ter vantagens, efectivamente, em certas horas históricas, mas não é na nossa raça nem com os nossos hábitos. Em Portugal não há homens sistematicamente violentos. Fraquejam todos a meio caminho e acabam por ser as primeiras vítimas dessas violências falhadas. O caso das nossas revoluções é significativo. [...] A Ditadura para realizar a sua obra tem de ser calma, generosa, um tudo-nada transigente, vagarosa até. Ela perderá em tempo, mas ganhará em eficácia e solidez: uma Ditadura de direito sem dar grandes asas ao poder pessoal. [...] Há problemas de interesse nacional, de interesse colectivo, que se resolveriam facilmente com duas penadas, passando por cima de tudo, de todas as leis, de todas as normas, de todos os obstáculos individuais. [...] Um poder sem limites, rápido, decisivo, tem suas seduções, suas vantagens e seus perigos. Não nos esqueçamos de que para se chegar a toda a parte é preciso delegar noutros, íntegro, o mesmo poder... [...] Mas sou o primeiro a reconhecer que há, talvez, maior saúde, maior justiça, maior claridade, num poder pessoal largo, bem compreendido e bem dirigido. Simplesmente, para usar desse poder pessoal, é preciso encontrar homens raros, homens moralmente excepcionais, com uma grande disciplina interior, uma vontade firme e uma inteligência clara. [...]»

Entrevista de Salazar a António Ferro, 1932

António Ferro 1935, *Salazar. O Homem e a Sua Obra,*
Empresa Nacional de Publicidade, Lisboa, pp. 71-80

## «O Estado Novo português na evolução política europeia»

«Seria longo, e já agora inútil, fazer neste discurso a exposição, mesmo sucinta, de todos os princípios que formam o evangelho do Estado Novo e obedecem, no conjunto, às exigências da nossa História e da civilização latino-cristã, ambas desviadas em certos períodos do seu rumo certo. Desejo apenas frisar algumas características essenciais pela conveniência de definir atitudes típicas do regime português e até de contrariar qualquer possível desvirtuamento na interpretação ou na execução do nosso programa. E porque muito e quase só se tem falado da sua concordância com outros regimes, pretendo hoje não me ocupar do que é semelhante, mas do que é diferente, para que possa ressaltar a todos os olhos a sua bem marcada originalidade. [...]

Sem dúvida se encontram, por esse mundo, sistemas políticos com os quais tem semelhanças, pontos de contacto, o nacionalismo português – aliás quase só restritos à ideia corporativa. Mas no processo de realização e sobretudo na concepção do Estado e na organização do apoio político e civil do Governo são bem marcadas as diferenças. Um dia se reconhecerá ser Portugal dirigido por sistema original, próprio da sua História e da sua geografia, que tão diversas são de todas as outras, e desejávamos se compreendesse bem não termos posto de lado os erros e vícios do falso liberalismo e da falsa democracia para abraçarmos outros que podem ser ainda maiores, mas antes para reorganizar e robustecer o país com os princípios de autoridade, de ordem, de tradição nacional, conciliados com aquelas verdades eternas que são, felizmente, património da humanidade e apanágio da civilização cristã.

Entre as características dominantes do nosso nacionalismo e que bem o distinguem de todos os outros adoptados pelos regimes autoritários da Europa, está a potencialidade colonial dos Portugueses, não improvisada em tempos recentes, mas radicada pelos séculos na alma da Nação. Ela constitui, pela longa hereditariedade, uma das maiores forças componentes do nosso ideal colectivo, ligada, ademais, ao fim humanitário da evangelização e à nossa independência peninsular. Foi sempre assim: a mais só temos hoje redobrado amor que nos leva a trabalhar pela causa do Império legado pelos nossos maiores. [...]

Um dos mais altos objectivos do 28 de Maio e da evolução por ele determinada na política e no direito é o restabelecimento do Estado nacional e autoritário: restabelecimento, digo, porque o Estado português, quando se constituiu na península e quando se dilatou pelo mundo, foi com toda a virtualidade inerente a essas duas características essenciais. [...]

O regresso do Estado a uma ordem bem constituída, racional por exprimir a Nação organizada, justa por subordinar os interesses particulares ao geral dentro dos fins humanos, forte por ter como base e como fecho a autoridade que nem seja negada nem se deixe negar, que seja realmente, como disse Caillaux, a obra prima da civilização – eis uma das maiores necessidades ensinadas pelos melhores tempos da nossa História [...].

É isto exacto; e todavia é preciso afastar de nós o impulso tendente à formação do que poderia chamar-se o Estado totalitário. O Estado que subordinasse tudo sem excepção à ideia de Nação ou de raça por ele representada, na moral, no direito, na política e na economia, apresentar-se-ia como ser omnipotente, princípio e fim de si mesmo, a que tinham de estar sujeitas todas as manifestações individuais e colectivas, e poderia envolver um absolutismo pior do que aquele que antecedera os regimes liberais, porque ao menos esse outro não se desligara do destino humano. Tal Estado seria essencialmente pagão, incompatível por natureza com o génio da nossa civilização cristã, e cedo ou tarde haveria de conduzir a revoluções semelhantes às que afrontaram os velhos regimes históricos e quem sabe se até a novas guerras religiosas mais graves que as antigas.

A Constituição aprovada pelo plebiscito popular repele, como inconciliável com os seus objectivos, tudo o que directa ou indirectamente proviesse desse sistema totalitário. Ela começa por estabelecer como limites à própria soberania a moral e o direito. Impõe ao Estado o respeito pelas garantias derivadas da natureza a favor dos indivíduos, das famílias, das corporações e das autarquias locais. Assegura a liberdade e a inviolabilidade das crenças e práticas religiosas. Atribui ao país e seus representantes a instrução e educação dos filhos. Garante a propriedade, o capital e o trabalho em harmonia social. Reconhece a Igreja, com as suas organizações próprias, e deixa-lhe livre a acção espiritual.

Numa palavra: o nacionalismo português para ser o que é pela Constituição, para ser conforme ao que é exigido pelas mais sãs tradições nacionais, tem de manter com pureza e desenvolver com lógica essas e outras ideias que, ao lado da concepção do Estado nacional e autoritário, são essenciais do Estado Novo.»

Discurso proferido na Sala Portugal da Sociedade de Geografia de Lisboa, em 26 de Maio de 1934, na sessão inaugural do I Congresso da União Nacional.

António de Oliveira Salazar 1939, *Discursos 1928-1934*, Vol. I, 3ª ed., Coimbra Editora Lda., Coimbra, pp. 329-346

## Salazar sobre a CEE, a União Latina e a Península Ibérica

«[...] *Esiste allora, secondo Vostra Eccellenza, un piano comunista di sovversione nella Peninsola Iberica? Perché in questo momento?*

«Sulla esistenza di tale piano – ha risposto il Presidente – non abbiamo il minimo dubbio. Il cosiddetto Partito Comunista Portoghese non è forte come numero di aderenti, ma è in possesso di un embrione di organizzazione, ed è ben aiutato e diretto dai partiti comunisti stranieri, dai quali gerarchicamente dipende. Basterà ricordare questo fatto: mentre veniva messo in circolazione in Lisbona un manifesto comunista che invitava alla sovversione e alla violenza, il contenuto di esso veniva trasmesso alla stessa ora da Mosca attraverso la radio. Non so se ciò si verifichi anche nel caso della Spagna. Forse le tecniche e i procedimenti sono diversi.

Ma non vi è dubbio che esiste un piano comunista che mira alla sovversione della Peninsola Iberica. E la ragione è semplice: impiantato il comunismo nella penisola, tutta l'Europa occidentale sarebbe messa in condizione di non potere essere più difesa: sarebbero resi difficili i collegamenti con l'Africa e sparirebbe l'ostacolo che le province portoghesi e spagnole d'oltremare rappresentano oggi al completo dominio di quel continente da parte del comunismo stesso. I migliori porti dell'Africa occidentale, le ferrovie, gli aeroporti rimarrebbero in mani ostili all'Occidente, e questo diffilcilmente, in caso di conflitto o di grave crisi, potrebbe mantenere il dominio dell'Atlantico meridionale e l'accesso all'oceano Indiano. A tutto questo si arriverebbe facilmente se si riuscisse ad impiantare il comunismo nella Peninsola

Iberica. Mi sembra che la vastità dei possibili risultati ben giustifichi il piano contro il Portogallo e la Spagna, e la violenza degli attacchi e delle diffamazioni contro i due paesi. E non posso tralasciare di lamentare che alcuni occidentali non si rendano conto, o si regolino come se non se ne rendessero conto, di tali evidenti realtà».

*Queste dichiarazioni di Salazar pongono in modo chiaro la duplice esigenza di una difesa europea fondata sulla solidarietà e di uno sforzo, che non può essere soltanto militare, per il mantenimento delle posizioni residue dell'Europa in Africa. [...] Avevo chiesto quindi al Capo del Governo portoghese di precisare il suo pensiero, in merito, come economista oltreché come uomo di Stato, e, avendo in mente soprattutto i progetti di unificazione politica che sono connessi alla attuale integrazione economica, avevo aggiunto: «Quali particolari accorgimenti Vostra Eccellenza retiene necessari per consentire l'adesione, o associazione, del Portogallo al Mercato Comune, in relazione alle particolari condizioni politiche ed economiche del paese? Esistono ostacoli costituzionali alla partecipazione del suo paese ad una unione anche politica dell'Europa?»*

*Salazar ha ricordato la lettera inviata qualche giorno prima dal Governo portoghese al Presidente della Comunità Europea per sollecitare l'apertura di negoziati nell'intento di trovare la formula più appropriata per le relazioni da stabilire ed ha aggiunto di non poter ancora prevedere quali misure saranno adottate.* «Dalle prossime conversazioni e trattative – *egli ha detto* – sortirà certamente una formula di associazione, cooperazione o altra capace di regolare gli interessi comuni». «Quanto all'ultimo aspetto – (*quello della unificazione politica*) – non esiste – *ha detto ancora il Presidente* – nessun impedimento d'ordine costituzionale portoghese, sul piano su cui tanto il Portogallo quanto il Mercato Comune stanno laborando, ed è difficile fare previsioni oltre la realtà attuale».

*Non ci erano ignote le notevoli difficoltà di ordine economico e politico che sarebbero da superare per arrivare ad una piena adesione portoghese alle istituzioni europee già in atto, e soprattutto a quelle che si progettano, cosicché non ci ha meravigliato la estrema cautela dell'atteggiamento di Salazar. Ma poiché si era molto parlato in quei giorni a Lisbona di certi piani di unione economica, o addirittura di eventuale confederazione politica tra Spagna e Portogallo, come utile premessa alla partecipazione dei due paesi alla Comunità Europea, anche su questo aspetto abbiamo voluto sondare le intenzioni del Presidente.*

*Egli ha affermato che le relazione tra i due paesi della Peninsola Iberica sono «fraterne» ed hanno raggiunto* «una comunione di tradizioni, di cultura, di valori morali e spirituali che hanno reso possibile una cooperazione intima non solo per i problema di mutuo interesse politici ed economici, ma anche per quelli che sono di particolare interesse di ciascuno dei due paesi. Tale cooperazione – *ha dichiarato ancora Salazar* - ha trovato e trova la sua struttura giuridica e politica nel Patto Peninsulare che ha più di due deceni di vita ed ha costituito per i due paesi la pietra angolare delle rispettive politiche. Non retengo che la collaborazione fra i due popoli, intima e profunda com'è, richieda in questo momento nuove formule che non le aggiungerebbero nulla né potrebbero rendere la cooperazione esistente più significativa di quanto lo è. Retengo d'altra parte che le disposizioni attuali permettono ad ognuno dei due paesi, nella misura in cui esse corrispondono ai propri interessi e desideri, di partecipare alle istituzioni europee e recare ad esse tutta la propria collaborazione a beneficio della valorizzazione e del rafforzamento dell'Europa».

*Sembra evidente, da questa risposta di Salazar, che egli intende differenziare l'atteggiamento portoghese da quello spagnolo nei riguardi del problema della unificazione europea. E uguale riserbo ho constatato, da parte del Presidente, nei riguardi di certi progetti di collaborazione latina, dei qualli in taluni ambienti di Lisbona avevo in quei giorni sentito parlare con entusiasmo. Si parlava di costituire, in seno all'Occidente, un gruppo particolarmente compatto comprendente Italia, Spagna e Portogallo, così legate da grandi affinità etniche, dalla somiglianza dei loro costumi e dalla coincidenza delle loro tradizioni, in modo da stabilire tra loro, e con le Nazioni americane costituite prevalentemente di Portoghesi, Spagnoli e Italiani, speciali rapporti di collaborazione politica ed economica.*

«L'affinità dei paesi latini della sponda mediterranea e la comunione di valori e tradizioni fra di loro, consigliano certamente una maggiore cooperazione. L'idea del resto non è di oggi, e negli ultimi deceni, ed anche prima, è stata suscitata più volte. L'Unione Latina, che giustamente prevede l'inclusione delle nazioni dell'America del Sud, è stata un inizio della realizzazione di tale pensiero, che però non ha fatto progressi sostanziali.

D'altronde problema vitali si pongono oggi in termini che trascendono il quadro del tre paesi, poiché interessano tutto l'Occidente, e la difesa dei valori e dei principii di questo dovrà essere realizata, per essere efficace, in tutte le parte dove si verifica la minaccia della loro distruzione. Non vi è dubbio però che l'Occidente, nella sua più ampia accezione, potrebbe e dovrebbe forse utilizzare di più i paesi di origine latina come punti di contatto con l'America Latina, e sotto questo aspetto particolare responsabilità spetterebbero al Portogallo e alla Spagna in relazione alle nazioni americane di lingua portoghese e spagnola. Per quanto ci riguarda specialmente, la Comunità Luso-Brasiliana costituisce una realtà che può essere della più alta importanza, e noi attendiamo che in tal senso essa si sviluppi e si rafforzi». [...]»

Emanuele Bonfiglio 1962, «Salazar denuncia i piani comunisti»,
*Il Tempo*, 3 luglio

(AHD/MNE, PEA M10)

Da política externa da Itália

«Senhor Ministro dos Negócios Estrangeiros
Excelência,

[...]

2. Tem sido uma constante da política externa italiana o desejo de figurar, como grande potência, no concerto das nações. Torna-se difícil, para quem não estiver em quotidiano contacto com as realidades deste país, compreender até que ponto esse desejo, em rigor legítimo, tomou formas obsessivas, que são tema de permanente ironia nos círculos diplomáticos de Roma e até, segundo aqui diariamente referido, em todos os meios frequentados por representantes italianos. A leitura dos jornais e o mero registar de comentários feitos, em todos os sectores da opinião pública, revelam este facto com tal acuidade que a simples menção, rigorosamente objectiva, de alguns detalhes, mesmo dos mais inofensivos e equilibrados, tocaria já os limites da caricatura.

3. Alguns observadores políticos fundam esta especial forma de mente numa herança espiritual do período fascista. Outros, recuando ainda mais, procuram-na em necessidades de propaganda no momento da reunificação. Todos, porém, estão de acordo em afirmar que, pelo menos desde há cerca de cem anos, sob a pressão da opinião pública, a diplomacia italiana, em lugar de procurar vantagens concretas para a sua actuação, vive entregue ao desejo de fazer este país representar o papel de uma grande potência, não raro em detrimento dos seus interesses mais profundos. Muito embora na perfeita convicção de que este ponto tenha sempre sido salientado a essa Secretaria de Estado, julgo de meu dever referi-lo ainda uma vez porque, na opinião geral aqui ouvida exprimir, nenhuma realidade da política externa deste país poderá ser devidamente compreendida se não se contar com tal factor e sem ele ser concebido não apenas em termos do mais profundo exagero mas até levando-o ao ponto do quase absurdo. É, efectivamente, apenas à luz dele que as massas julgam aqui da legitimidade da acção governativa.

4. Quanto precede permitir-me-á submeter à consideração de V. Ex.ª uma longa série de aparentes desaires, os quais estão criando um ambiente difícil à actuação diplomática deste Governo, que vem sofrendo, por parte da imprensa da oposição, contínuos ataques. Estes seguem-se todos segundo um método preestabelecido e uniforme, seja no seu desenvolvimento seja na sua eficácia: os jornais incitam o Governo a lançar-se, em nome do prestígio nacional, em toda a sorte de iniciativas; depois, ou, em face do insucesso às quais a maioria é condenada, o atacam, ou, em razão do alto preço por que foram pagos os escassos êxitos obtidos, igualmente o hostilizam sem, então, se esquecerem de sublinhar a contradição não raro estabelecida entre princípios inicialmente definidos e factos que os contradizem. Não serão agora produzidos exemplos notórios, hoje já do domínio da História contemporânea, contando

entre eles o dispendioso protectorado da Somália. Referir-se-ão somente alguns, registados durante os últimos dias.

5. Desde a Conferência de Genebra que o Palácio Chigi vem mostrando a mais nervosa agitação, não em razão da evolução dos fenómenos internacionais, para a qual reconhece, no fundo, a sua escassa influência, mas em ordem a fazer supor à opinião pública italiana que este país figura, em tal desenvolvimento, como factor determinante. Os relatos oficiosos, feitos aqui, da reunião do Conselho da NATO, que antecedeu aquela Conferência, deixariam supor ter sido este Governo a orientar a marcha dos acontecimentos políticos que a ela se seguiram. As declarações dos homens públicos não surpreenderam, pelo tom excessivo em que foram feitas, porque confrangeram, em virtude das necessidades demagógicas que os ditaram. O mesmo se verificou com as descrições da actuação deste Director-geral dos Negócios Políticos, Conde Magistrati, nomeado como observador ao encontro de Genebra.

6. Não obstante a versão optimista de todos esses factos, a imprensa da oposição, minimizando-os sempre e atribuindo a sua irrelevância seja à dependência em que este Governo se colocara, em razão da sua política atlântica, seja à deficiência dos seus homens públicos e até do regime político actual, levou este Ministro dos Negócios Estrangeiros a assumir solenemente compromissos, como o da presença da Itália nos trabalhos da Comissão de Desarmamento, os quais, obrigando, de momento, ao silêncio dos seus opositores, deram origem a sangrentos reparos quando as circunstâncias os revelaram como impossíveis de serem mantidos.

7. Os sucessos políticos de todos os países limítrofes, objecto de uma permanente hostilidade que é, em rigor, uma outra constante da opinião pública italiana, permitiram à imprensa criar aqui, em relação ao Palácio Chigi, aberta sensação de desconforto. A visita à Índia do Chefe do Governo jugoslavo, a ida a Belgrado dos governantes soviéticos e da família real grega, a assinatura do acordo comercial russo-jugoslavo [...] coincidindo com a notícia da nova concessão de auxílios financeiros americanos àquele país, o convite feito ao Senhor Kardelj para ir a Londres e aqueles transmitidos a quasi todos os Chefes de Governo europeus, com exclusão dos italianos, para Moscovo, o êxito da missão do Senhor Raab na URSS, e a presença da França entre os governos reconhecidos como de grandes potências foram elementos preparadores do estado de espírito que culminou com o provocado pelos encontros, no Kremlin, do Senhor Adenauer e dos dirigentes russos, iniciados no próprio dia do aniversário da declaração de guerra feita pela Itália à Alemanha, em 1943.

8. Tais factos têm, quando objectivamente considerados, escassa e até benéfica influência para a condução dos negócios públicos, por parte do gabinete de Roma, mas os constantes ataques jornalísticos levaram a fazê-los reputar outros tantos desastres diplomáticos. Toda a satisfação havida graças à desilusão momentaneamente criada, na Alemanha, pela forma como, aparentemente, decorreu a Conferência de Genebra, aqui atribuída à ausência, no decurso dos trabalhos, de terceiras potências moderadoras, como teria sido, eventualmente, a Itália; todo o júbilo originado pela crise francesa em Marrocos, onde se pretendeu ver, como origem última, a independência concedida à Líbia; toda a euforia causada pela crise da Aliança Balcânica, em virtude dos recentes acontecimentos de Chipre, tensão, segundo alguns, provocada pelas imperfeições daquele Pacto, que não incluía a Itália, todos esses elementos, comentados em tom falsamente apreensivo, foram, em razão dos acontecimentos acima referidos, convertidos em outras tantas razões de ultrajantes reparos à chamada inércia dos diplomatas italianos, culpados de não fazerem figurar a Itália na tão desejada posição de grande potência.

9. Acrescentando a quanto se deixou dito o evidente mal-estar económico produzido pelas restrições, sempre crescentes, dos mercado externos, quer de produtos quer de mão-de-obra, fácil se afigura encontrar o germe de uma situação que este Ministério dos Negócios Estrangeiros foi bruscamente chamado a resolver. Impôs-se-lhe dar à opinião pública novas esperanças de futura prosperidade material (sempre mais difícil, uma vez que durante os últimos dez anos, se preferiu aqui converter todos os auxílios financeiros em bens de consumo e não em aqueles de produção, criando um nível de vida e de preços artificial, destinado a descer, a curto ou longo prazo) e novas certezas de que a Itália estaria desempenhando uma alta missão no campo diplomático.

10. Revelando-se ineficaz o recurso habitual de fazer anunciar rumorosamente, na imprensa, encontros de embaixadores italianos com grandes personalidade políticas, fez-se apelo directo ao envio do Senhor Martino em missões especiais, tão despidas de conteúdo real como de interesse em serem recebidas. Assim, à falta de quaisquer convites feitos por algum Governo,

teve origem o seu projecto de uma longa viagem ao Extremo Oriente e até à obtenção de um breve encontro com o Senhor Macmillan, em forma privada, por ocasião de uma ida do Senhor Martino a Londres, que constituirá matéria de oportuna informação, para assistir aos festejos de aviação de Farnborough.

11. Estas circunstâncias explicam os rumores, de toda a ordem, postos a circular em torno de eventuais futuras iniciativas diplomáticas italianas, boatos que as próprias agências noticiosas não raro fazem correr em tom de quase ironia e que, as mais das vezes, se revelam despidos de fundamento. Em rigor, a única esperança italiana de dar novo alento a esta luta do Palácio Chigi com uma opinião pública insaciável de êxitos diplomáticos consiste agora, por algum tempo, numa eventual admissão na ONU, entrada que se situará paralelamente à sua inclusão em todos os organismos internacionais onde já conseguiu penetrar, tantas vezes descrendo da sua efectiva utilidade prática e não raro havendo, antes da adesão, manifestado público cepticismo a propósito dos méritos da actuação deles.

12. Neste sentido se está desenvolvendo toda uma larga actividade diplomática e, desde já, uma longa série de fortes ataques por parte da imprensa, fundada em declarações muito específicas e categóricas deste Ministério dos Negócios Estrangeiros, que as circunstâncias tem vindo a privar de conteúdo real. Como V. Ex.ª se dignará oportunamente verificar, as implicações contidas no comportamento, nem sempre prudente, por parte do Governo italiano, não deixarão de vir fortemente em todas as decisões que a mediania dos recursos e de influência política deste país lhe permitirão vir a tomar.

A bem da Nação
Rui Medina»

Ofício n.º 489 de 5 de Setembro de 1955,<br>
o Encarregado de Negócios a.i. de Portugal em Roma ao MNE.

(AHD/MNE, 2P A58 M139)

Da política africana da Itália

«Senhor Ministro dos Negócios Estrangeiros
Excelência,

[...] 2. O movimento abertamente anticolonialista que representava a reacção normal de toda a imprensa e esferas oficiais italianas está registando, presentemente, um aberto retrocesso. A imprensa do centro e das direitas, primeiro e, depois, mesmo porta-vozes reconhecidamente inspirados em certos organismos oficiais, como o Instituto Italiano para a África, têm tomado posição cada vez mais compreensiva em face das autoridades das potências detentoras de colónias, muito particularmente em África, e vêm encarando as responsabilidades que incumbem sobre tais países por forma já quase despida de todos os preconceitos, aparentemente aqui tão profundamente enraizados, após o último conflito.

3. Várias razões teriam contribuído para esta evolução da opinião pública. Em primeiro lugar, a perda da esperança de que a exibição de um anticolonialismo provado contribuiria para abrir ao comércio exportador italiano grandes facilidades aos novos Estados criados na África do Norte e nos países do Médio Oriente. Efectivamente, a mudança de tom, por excessivamente brusca, teve todo o aspecto de pouco convincente, não cancelou, como um pouco ligeiramente fora aqui julgado, recordações demasiado vivas de um período recente e não bastou para suprir, com apelos à simpatia internacional, realidades económicas fundamentais, que estão na base de todos os movimentos do comércio mundial e à luz das quais a Itália se encontra em clara posição de inferioridade, em relação a países como a Alemanha, a Inglaterra, a França ou os Estados Unidos. Em segundo lugar, a verificação de quanto esta repetida afirmação de anticolonialismo dificultava, por parte de potências coloniais, a aceitação de uma colaboração italiana, em capitais ou mão-de-obra, pois nenhum Governo pretendia admitir, no seu território, elementos abertamente enviados como agentes e apologistas

de uma brusca transformação das regiões que tais governos administram. Em terceiro lugar, a convicção de que tal posição não favorece os seus interesses perante a ONU, mesmo em relação à política de mandatos, em virtude de, um pouco paradoxalmente, não serem gratos àquela instituição certos excessos de zelo, em favor da independência dos territórios sujeitos a tal regime, preferindo ela a mais discreta acção desenvolvida por países colonizadores, como a Inglaterra, no Cameroun, no Togoland e na Tanganika, a França no Cameroun e no Togoland, e a Bélgica, em Ruanda Aveli, à larga publicidade independentista de que o Governo de Roma rodeou a sua actividade na Somália. Finalmente, a comunidade de pontos de vista, notável entre o anticolonialismo oficial democrata-cristão italiano e aquele socialista e comunista, acabou por se impor aqui como evidente, e levantou a questão de saber se a Itália não estaria trabalhando, em última análise, a benefício de interesses que ela tem todo o empenho em sufocar e combater.

4. Nestes termos, não podem passar despercebidas certas afirmações produzidas na grande imprensa deste país, coordenadas em dois sentidos fundamentais: a tese segundo a qual uma retirada apressada e intempestiva das potências colonialistas de todos os territórios ainda não-autónomos, apenas deixaria o vácuo atrás de si e que tal vazio, mascarado de meras independências nominais, poderia ajudar a acção de agitadores comunistas; a opinião dos que defendem ser a ingerência da ONU nas questões africanas um perigo inútil para o equilíbrio político naquele continente pois não só o comité especial criado para tratar das milhares de reclamações diariamente apresentadas, em *New York*, por deputações africanas, acerca dos mais absurdos assuntos, dá uma excessiva importância formal a tais reclamações, o que produz efeitos altamente deletérios em toda a administração local, como também os Comités de Tutela e de Informações sobre Países sem Governo Independente não passariam de outros tantos elementos de perturbação, impedindo as negociações por contacto directo e não podendo, ao mesmo tempo, satisfazer aspirações que, imprudentemente, não tinham hesitado em acordar.

5. As pretensões aqui levantadas acerca da Somália [...] bem como a consciência de que será mais fácil à Itália encontrar acolhimento às suas pretensões africanas através de entendimentos de chancelaria com países coloniais, mesmo propondo como preço o seu eventual apoio à obra realizada por esses países em África, que com novos Estados, vivendo os primeiros momentos de hipernacionalismo e habitualmente, criados já sob o domínio económico de qualquer grande potência, contribuíram fortemente para esta mudança de atitude. Não a acompanhou, todavia, ainda, a opinião oficialmente expressa por órgãos deste Governo.

6. Seja em homenagem ao antigo programa, de partido e de coligação governamental, seja pela crença na possibilidade de obtenção de vantagens, preservando na mesma linha de conduta, buscando encorajamento em pretensas satisfações de carácter moral, na esperança de um desenvolvimento das relações comerciais com países como a Libéria e no exemplo alemão e holandês, o *Senhor Badini Confalonieri*, Subsecretário dos Negócios Estrangeiros, entendeu dever fazer, em nome do gabinete, uma tomada de posição clara acerca desta matéria, reafirmando a tese anticolonialista.

7. Escreve-se, na referida declaração, feita a propósito da situação que criará à Somália a obtenção da sua independência, dentro de cinco anos: «Quando se fala da Somália é verdadeiramente necessário libertar-se de todo o pensamento oculto, prejuízo ou resíduo de colonialismo. Fazê-lo sair pela porta para o readmitir, pela janela, sob a aparência de paternalismo, em nada contribui para a clarificação do problema» e depois, citando o texto de um jornal austríaco, «os Italianos não foram à Somália para garantir, pela força, o futuro das plantações de bananas e instaurar um regime colonial. Os Italianos souberam compreender melhor do que qualquer outra Nação europeia como os homens e os problemas da África sofreram uma profunda transformação».

8. Desconhece-se, ainda, se as palavras do Senhor Confalonieri às quais não foi dada qualquer repercussão na imprensa, representam uma afirmação de princípio profundamente sentida por este Governo ou não passam de um processo para tentar reduzir o alcance e o natural ressentimento criado por certas atitudes, assumidas por grande parte da opinião pública deste país e, o que oferece interesse muito especial, pelo próprio Instituto Italiano para a África. Em qualquer hipótese, servem elas para elucidar acerca da extensão e do sentido de uma reforma do pensamento, aqui dominante, acerca da política euro-africana, cujas implica-

ções não poderão passar despercebidas e que parece destinada a modificar largamente, a curto ou longo prazo, a política italiana em relação às potências responsáveis pela administração de territórios ultramarinos.

A bem da Nação
António Ferro»

Ofício n.º 7 de 4 de Maio de 1955,<br>
o Ministro de Portugal em Roma ao MNE.<br><br>
(AHD/MNE, 2P A58 M139)

«La questione di Goa»

«Desde algumas semanas que a imprensa indiana recomeçou os seus ataques contra Portugal acerca da questão de Goa. O jornal oficioso *Hindustan Times*, retomando conceitos focados recentemente pelo Primeiro-Ministro acerca dos métodos empregados pelos Portugueses para pôr fim às reuniões e demonstrações não violentas da população de Goa, afirma que a atitude portuguesa é devida, e não em pequena parte, ao facto de Lisboa julgar poder contar com o apoio dalgumas potências ocidentais com que Portugal tem alianças militares e de outra natureza. O jornal convida tais potências a esclarecer a sua posição em relação ao problema de Goa e, ao mesmo tempo, pede ao Governo uma revisão de toda a sua política e a adopção das medidas necessárias para defender a liberdade da população de Goa.

Para ter uma ideia da gravidade da crise nas relações entre Nova Deli e Lisboa, considera-se o facto dos socialistas indianos projectarem uma nova invasão «não-violenta» de Goa, provindo de todas as regiões da Índia. A situação torna-se cada dia mais pesada. O Ministro de Portugal em Nova Deli recusou-se a aceitar as notas de protesto dirigidas pelo Ministro dos Estrangeiros indiano. Nos meios portugueses faz-se notar que a União Indiana não só trabalha em toda a parte onde reside um goês – no Quénia, no Paquistão e na própria União – para mostrar a sua animosidade contra Portugal, mas que continua a acumular providências restritivas em relação às pessoas, ao correio, às mercadorias, com o fim de isolar o Estado Português da Índia e de lhe tornar a vida muito difícil. A Índia propõe-se, mediante os seus renovados protestos e as suas acusações, nem sempre fundadas, a alimentar na opinião pública a hostilidade contra Lisboa. Nova Deli não tem dúvidas acerca do que poderia acontecer aos que tivessem a coragem de perturbar a ordem.

Segundo os Portugueses, do conjunto das declarações dos meios responsáveis indianos, deduzem-se três pontos dignos de nota: imperativos geográficos, dificuldades administrativas, provocadas pelo facto dos territórios de Goa estarem divididos e, finalmente, receios, no campo defensivo, provocados pela presença duma soberania estrangeira.

Os Portugueses rejeitam a validade dos argumentos puramente geográficos, com o exemplo da Europa Ocidental, pouco mais extensa do que a União Indiana e na qual se encontram numerosos Estados, desde a Alemanha até ao Luxemburgo, cujas existências estão unicamente legitimadas por razões de carácter histórico.

Os Portugueses repudiam os argumentos chamados estratégicos, pois o Governo de Lisboa não só se não recusa a prestar à União Indiana todas as garantias, na matéria, mas é também o mais antigo aliado de Inglaterra de cuja *Commonwealth* a União Indiana faz parte.

Nos próprios círculos portugueses, enquanto se demonstra que os territórios de Goa representam unicamente um ónus económico, demográfico e financeiro, reafirma-se a tese da impossibilidade para Portugal de renunciar a eles e isto por razões exclusivamente espirituais. Em tais possessões, com efeito, os Portugueses criaram uma comunidade humana absolutamente diferente da existente na União e que, portanto, não pode ser absorvida por esta última.

Pelo que diz respeito às sondagens que, por parte indiana, são feitas acerca da interpretação dos tratados anglo-portugueses de 1642 e de 1661 e do Pacto Atlântico, para saber como estes funcionariam na hipótese de agressões à soberania portuguesa nas regiões de Goa, sublinha-se, nos meios lusitanos, que aqueles tratados não carecem sequer de ser interpretados. [...]

Em relação ao Pacto Atlântico, os Portugueses fazem notar que os artigos quinto e sexto garantem entre os signatários uma zona atlântica de garantia e de acção imediata que manifestamente não compreende a Índia. E isto já foi objecto duma comunicação formal feita pelo Governo português à União Indiana, em Abril de 1953.»

Esteri 1955, «La questione di Goa», 15 giugno,<br>
transcrição parcial da tradução portuguesa do Boletim de Imprensa da Legação de<br>
Portugal em Roma, n° 25/55, de 24 de Junho de 1955, pp. 6-9.

(AHD/MNE, 2P A17 M103)

## O Panorama Cultural em Roma

«Senhor Ministro dos Negócios Estrangeiros
Excelência,

A existência em Roma, de institutos, centros de informações e propaganda e outras entidades afins, representando a grande maior parte dos países, vem criar, para Portugal, uma situação à qual se me afigura de urgente necessidade pôr termo. Com efeito, não só às grandes potências, cuja extrema actividade cultural e de propaganda é conhecida demais para se lhe fazer referência, mas também os pequenos países desenvolvem aqui um programa muito maior do que me foi dado verificar noutros centros. Lembro entre os organismos aqui operantes: 1) a USIS (*United States Information Service*) que mediante centros existentes em quase todas as cidades e às vezes até em vilas, tem a seu cargo a penetração cultural dos Estados Unidos neste país; 2) o *Centre Culturel Français,* situado num dos mais belos palácios romanos (o palácio *Campitelli*), que, com a sua biblioteca, as suas projecções semanais gratuitas de filmes em língua original, as conferências de personalidades do mundo literário e artístico francês, constitui um dos fulcros da vida intelectual de Roma; a esta acção se junta, não com menos interesse, a desenvolvida pela Academia Francesa, da Vila Medicis, a do *Centre d'Études St. Louis de France*, a puramente turística do *France Tourisme Service* e a do *Bureau de Presse et Documentation,* directamente dependente da Embaixada; 3) o *British Council,* hospedado com a sua esplêndida biblioteca no palácio *del Drago* e cuja actividade é valiosamente apoiada pelo *Bureau* Inglês de Informações e Imprensa que põe ao dispor do público um dos mais completos arquivos fotográficos existentes em Itália; 4) o *Instituto Español de Lengua y Literatura,* agora dirigido por Eugénio Montez, que promove cursos de língua, conferências, exposições e que é frequentado por muitos intelectuais romanos; sendo também de apontar a actividade do *Centro Turístico Español* e do *Bureau* de Imprensa da Embaixada, com sede própria e bastante penetração. Mas como já disse esta actividade cultural e de propaganda não é prorrogativa das grandes potências. Um país como a Áustria possui um Instituto de Cultura (dirigido pelo Professor Helbert, antigo Presidente do Instituto de Alta Cultura de Viena) entre os mais eficazes desta capital. Organizam-se ali cursos trienais de língua, concertos, conferências, enquanto o *Bureau* de Imprensa da Embaixada publica um boletim político cultural em língua italiana e uma intensa actividade é desenvolvida também pelo *Bureau* Austríaco de Turismo, com sede própria e esplêndido arquivo fotográfico, e pelo *Bureau* Comercial, gerido pela Câmara de Comércio Austríaca. A Bélgica tem uma academia de prestígio onde funciona também o Instituto Histórico Belga, importante pelas suas pesquisas nos arquivos do Vaticano, cujos resultados são publicados no boletim do Instituto. O Egipto tem, igualmente, a sua academia e já anunciou a abertura para Janeiro próximo de um centro de informações. Existem um Instituto Histórico Holandês, um Instituto Sueco de Estudos Clássicos (além do famoso Instituto Sueco de S. Miguel de Capri), com uma boa biblioteca arqueológica, apoiado pelo Centro Sueco de Informações, que desenvolve uma intensa actividade de propaganda com projecção periódica de filmes, publicações e conferências. Além disso, todos os países da América Latina, começando pelo Brasil e pela Argentina, aumentaram, recentemente, com extraordinário incremento, a sua actividade, de tal forma que não há, por assim dizer, dia em

230

que não se realize uma manifestação (exposição, conferência, concerto, etc.) organizada por um dos inúmeros centros culturais e turísticos daqueles países. É esta uma forma de contra-ofensiva, no que respeita ao comunismo que penetrou largamente, neste país, depois da guerra, e uma forma de se opor à actividade política dos países da cortina de ferro. A Associação Cultural para as Relações com o URSS fornece os seus simpatizantes de publicações gratuitas ou a preços irrisórios (livros encadernados, obras completas de pensadores russos em razão de 100, 150 liras, (isto é: 4-6 escudos por volume). Quase todas aquelas representações diplomáticas publicam boletins, distribuídos gratuitamente e largamente. Escolho entre todas as revistas editadas pelas missões diplomáticas desta cidade, para submeter ao exame de V. Ex.ª, a da Índia pois se trata de um país cuja acção tem neste momento grande interesse para nós. Mas os boletins das outras embaixadas não são inferiores a este pela sua beleza tipográfica, iconográfica e categoria dos textos. É escusado dizer que as representações diplomáticas neste país, possuem, igualmente, escritórios comerciais destinados a fomentar a exportação dos seus produtos para a Itália.

2. Não seriam apenas considerações de prestígio, em face de tão patente desigualdade, que me lavariam a apresentar o problema da criação de um centro de informações, embora lhes reconheça um peso que não carece de ser referido. Outras se levantam, e estas de maior vulto e alcance.

3. Assim foi-me dado observar, durante o decurso da questão de Goa, a quase completa impossibilidade de levar a efeito uma acção de esclarecimento da opinião pública sobre um ponto de tão particular interesse para a vida nacional. Só à custa de improvisações difíceis de repetir se conseguiu criar ambiente de verdadeira eficiência prática. Pude, igualmente, verificar, pelas repetidas perguntas feitas a esta Missão por indivíduos interessados no estudo de problemas políticos e culturais (e não se poderá esquecer a atracção que o regime corporativo português representa para as novas gerações), ou por empresas empenhadas em obter esclarecimentos de carácter económico (e ainda aqui referirei muito particularmente aquelas que entretêm um comércio importador de produtos africanos) ou ainda por entidades interessadas no desenvolvimento de programas turísticos (e estas, muito especialmente, ligadas a círculos de acção monárquica ou católica), como seria fácil, no presente momento, exercer aqui uma actividade que, dado o complexo de circunstâncias ao qual acima aludi, colocariam Portugal entre os países cujo reflexo em Itália poderia exercer a mais profunda atracção. E não se esqueça que a Itália conta cinquenta milhões de habitantes e uma média de oito milhões de turistas.

4. Contudo, ainda para além destes aspectos, afigura-se-me essencial a imediata criação de um centro que constitua a base de iniciativas de mais largo fôlego, considerando o facto de o Governo italiano estar realizando continuamente, em Roma, Milão, Florença, Bari, Nápoles, Veneza e tantas outras cidades, exposições, feiras e demais iniciativas similares às quais Portugal se não tem furtado participar senão com evidente dano das actividades comerciais portuguesas (e tenho presente recentes pedidos de aumentos de contingentes que diversas firmas exportadoras nacionais têm feito em relação à Itália). Cada participação portuguesa levada a efeito, de cada vez, atinge um custo exagerado e é feita em condições precárias, até no respeitante a prazos como recentemente sucedeu com a Exposição de Agricultura em Roma. A presença em Itália de um centro habilitado com pessoal especializado e servindo de depósito a tanto material inutilizado após cada exposição de certame não parece sequer dever ser encarecido.

5. Nestes termos, e sem prejuízo de eventuais futuras iniciativas como, por exemplo, a valorização do Instituto Português de Santo António, rogo a V. Ex.ª se digne interessar o Secretariado Nacional da Informação com o qual já directamente contactei, o Fundo de Fomento de Exportação e demais entidades oficiais e particulares afins na concessão de verbas que permitam levar a efeito, o mais breve possível, a constituição de um Centro de Informações de Portugal em Roma.

6. Inicialmente, poderia ele, à semelhança do que se fez em Genebra, funcionar com uma simples verba, concedida pelo Secretariado Nacional de Informação, de 150 a 200 mil escudos para uma primeira instalação, e 400 a 600 mil escudos para encargos administrativos (quantia bem inferior, insignificante até, em relação à de Genebra, se nos lembrarmos que a Suíça tem uma população de 4 milhões de habitantes enquanto a da Itália atinge cerca de 50 milhões), à qual se juntariam, oportunamente, outras concedidas por diversos organismos interessados, que permitissem o alargamento das actividades do referido Centro.

7. Muito agradeceria a V. Ex.ª se dignasse habilitar-me com uma decisão sobre esta matéria pronta quanto possível.

A Bem da Nação

António Ferro»

Ofício n.º 706 de 20 de Dezembro de 1954,
o Ministro de Portugal em Roma ao MNE.

(AHD/MNE, PEA M283)

## PANORAMA DA CULTURA PORTUGUESA EM ITÁLIA

«Senhor Ministro dos Negócios Estrangeiros
Excelência,

Assisti ontem, de manhã, a uma lição do Professor Prado Coelho numa das aulas da Faculdade de Letras da Universidade de Roma, a quem ofereci um jantar na Embaixada. Amanhã, 21 do corrente, o mesmo catedrático falará em Nápoles.

2. Desde que aqui cheguei que tenho procurado estudar o problema cultural do nosso país em Itália. Creio que é sobretudo nesse campo que a nossa presença neste país mais se poderá salientar, com aquelas consequências vantajosas que advêm desta forma de expansão da nossa cultura.

3. Mas a Itália e sobretudo Roma são meios de alto nível intelectual, com enormes tradições que não admitem experiências de segundo plano. E tenho verificado que, após a última Grande Guerra, Portugal, se não tem estado ausente aqui, nesses problemas que se esforçam por valorizar, não deu até agora à nossa representação cultural, primeiro, articulação eficiente nos seus leitorados, depois, uma boa escolha dos elementos que para aqui se tem mandado.

4. Não tive ainda ocasião de estudar o problema no Norte de Itália onde, à primeira vista, me parece que haveria necessidade duma presença portuguesa (julgo para tal indicada a Universidade de Milão), mas ao sul, já posso afirmar que tem de ser revisto o actual panorama da cultura portuguesa.

a) Nós, em Roma, temos o velhíssimo Instituto de Santo António, de grandes tradições, hoje caído numa total apatia e que facilmente poderia ressurgir. Ainda que o assunto não me pertença, não pode ele ser desligado da articulação do problema cultural português nesta capital de Itália e centro ubérrimo da cultura latina. O Instituo é hoje residência do ilustre Patriarca D. José da Costa Nunes e da sua família e também do Reitor, Monsenhor Borges e do Consultor Eclesiástico da nossa Embaixada no Vaticano, Monsenhor Carreira. Também aloja dois bolseiros e o nosso Leitor na Universidade de Roma. O Instituto está assim transformado em hospedaria que de facto o foi para os peregrinos portugueses que, noutras épocas, demandavam a Capital do Cristianismo.

No entanto, e muito inteligentemente, o actual Reitor daquela velha instituição começou há uns tempos a esta parte um trabalho pessoal de investigação nos arquivos secretos do Vaticano. Ora eu penso – e o Reitor da mesma forma – que fácil seria constituir neste Instituto um centro vivo de investigações históricas portuguesas, orientadas e sistematizadas pelo Reitor, onde deveriam colaborar aqueles aprendizes de História que a Igreja, em todos os países e também no nosso, destina a esse alto mister. Poderíamos assim transformar este hospício de bolseiros, – a transferir até para a mesma *Via dei Portoghesi*, no *Albergo dei Portoghesi*, encostado à Igreja de Santo António –, num centro vivo de História e mantermos aqui investigadores nossos que iriam desbravando os riquíssimos arquivos papais na sua grande parte por conhecer, no que diz respeito aos nossos interesses históricos.

b) A par do Instituto temos em Roma o Grupo dos Amigos de Portugal que neste momento não se articula com os estudos e ensino na Universidade por desentendimentos pessoais.

232

Limitada a sua esfera de acção e apoiada por nós tão benemérita associação, poderíamos ter ali um centro da melhor propaganda de Portugal com conferências de estrangeiros e Portugueses, concertos e projecções de documentários do nosso país, auxiliando-os nós na publicação dum boletim que não possuem e que seria muito útil para divulgação da nossa vida e cultura. Esse Grupo não tem actualmente sede mas creio que o poderíamos albergar no Centro de Informações e numa das salas desta Chancelaria, preparada pelo meu antecessor para seu gabinete mas que não é utilizado agora. Dirige essa agremiação o Professor Leo Magnino, pessoa que conheço há muitos anos e que sem possuir uma grande categoria neste país e nesta cidade se tem mostrado um amigo nosso, entusiasta sãs pelas coisas portuguesas e seu divulgador. Dizem que não é sincero e perigoso por criar a intriga em sua volta, mas é elemento que com prudência poderemos utilizar a nosso favor.

c) Finalmente, no topo deste edifício, teríamos os estudos universitários que estão organizados mas diminuídos por falta de orientação e de preparação dos elementos que para aqui temos mandado ultimamente como leitores. Na direcção desta actividade, na Faculdade de Letras, está um italiano de grande valor e de grande preparação, o Professor Giuseppe Carlo Rossi, antigo Leitor em Portugal e que sobre o nosso país tem já uma bibliografia notável. No entanto, como reparte a acção entre Roma e Nápoles e também pelo excesso de trabalho intelectual, este catedrático está infelizmente muito diminuído por cansaço que não esconde. Convinha limitar-lhe a sua acção à Universidade de Roma e dar-lhe uma colaboração condigna da nossa parte. Seria também justo e oportuno, neste momento, galardoa-lo com uma condecoração que me permitirei muito brevemente propor a V. Ex.ª.

Tendo verificado hoje o seminário dos nossos estudos nesta Universidade, verifiquei que a sua biblioteca de livros portugueses era incompletíssima. Convinha desde já que as academias, o Instituto para a Alta Cultura, as universidades de Coimbra e Lisboa, a Agência Geral do Ultramar e o Secretariado Nacional de Informação enviassem regularmente as suas publicações para esta biblioteca e para a de Nápoles, pois estes livros são a única fonte que os estudantes de português destas universidades têm à mão para os seus estudos e investigações.

De Roma, é este o panorama geral a articular com Nápoles, de que me ocuparei brevemente:

1. Reorganização do Instituto de Santo António, transformando-se num centro de investigações históricas nos arquivos papais para a publicação de documentos (era necessário que fosse dotado com verba especial para este efeito), em séries de volumes orientados e sistematizados, cuja direcção pertenceria ao Reitor do mesmo Instituto.

(Assunto para ser definido pelas seguintes entidades: Fazenda Pública, Reitor de Santo António e Embaixada de Portugal junto da Santa Sé).

2. Apoio e em certo modo orientação ao Grupo dos Amigos de Portugal, facilitando-lhes a sua sede e subvencionando-os para a publicação do seu boletim ao mesmo tempo que pelo SNI lhe enviaríamos os documentários cinematográficos que se tem feito e se estão preparando sobre Portugal)

(Assunto para ser tratado por esta Embaixada se V. Ex.ª estiver de acordo)

3. Universidade de Roma – Escolha acertada de um Leitor que seja útil enviar para uma cidade como esta cheia das melhores tradições culturais que mantém. Conseguir que o professor catedrático que dirige superiormente os nossos estudos se ocupe só desta Universidade, não repartindo os seus esforços, como actualmente, com a Universidade de Nápoles, onde poderia ficar com o encargo superior do nosso ensino um dos seus assistentes. Para isso seria preciso conseguir a criação da cadeira independente de estudos portugueses, como existe em Nápoles. Envio regular das nossas publicações oficiais.

(Assunto a ser tratado pelo Instituto de Alta Cultura e com a actuação desta Embaixada para as delicadas *démarches* a realizar com o fim de se conseguir que o Professor Rossi fique na Universidade de Roma, encarregado da direcção dos estudos de português). [...]

A bem da Nação

Eduardo Brazão»

Ofício n.º 127 de 20 de Abril de 1958,
o Embaixador de Portugal em Roma ao MNE, transcrição parcial

(AHD/MNE, 2P A2 M608)

## Elementos da Propaganda Cultural Portuguesa em Itália

«Senhor Ministro dos Negócios Estrangeiros
Excelência,

Permita-me V. Ex.ª que, dentro do plano cultural que tive a honra de submeter a essa Secretaria, insista por alguns pedidos feitos e alargue e pormenorize algumas das sugestões então apresentadas [...].

1. Um dos elementos da nossa propaganda cultural em Itália em que mais confio é no boletim proposto do Grupo dos Amigos de Portugal. Essa publicação, como já o referi, seria uma réplica dos *Estudos Italianos em Portugal* e deveria mesmo chamar-se *Estudos Portugueses em Itália*. Nele colaborariam não só especialistas italianos ligados a este país, mas também os nossos bolseiros. Estes que aqui vêm com o objectivo de se especializarem ou prepararem as suas teses doutorais poderiam, assim, ter a possibilidade, que também era incentivo aos seus trabalhos e que em Portugal dificilmente conseguem, de verem publicados as suas investigações nestes arquivos, institutos e bibliotecas. Seriam nomes que iam sendo por aqui conhecidos, seriam obras apresentadas e que em geral não se realizam por carência de possibilidades de publicação no nosso país, seriam novos contributos científicos, literários e artísticos sobre as relações entre Portugal e a Itália. Mas, como foi explicado, o Grupo dos Amigos de Portugal não tem recursos [...].

2. Também me referi [...] à vantagem de termos aqui, como quase todos os países da Europa, uma academia portuguesa. Ela, ou poderia ser criada na base duma reorganização do Instituto de Santo António ou fora dessa velha instituição, hoje inteiramente morta, mas que poderia reviver, mesmo sem aceitarmos a primeira hipótese apontada, criando nela um núcleo de investigadores para a publicação dos documentos referentes a Portugal existentes no celebérrimo Arquivo Secreto do Vaticano. Mas este assunto não pertence propriamente a esta Missão.

No caso de se vir a decidir a criação duma academia portuguesa fora do Instituto de Santo António, nós encontraremos facilidades junto do Governo italiano para a cedência gratuita do terreno; e, por sondagens particulares, sei que a Fundação Gulbenkian estaria, em princípio, disposta a participar na construção do edifício. Este deveria compreender salas de conferências, de projecções, biblioteca e os quartos e demais dependências para os nossos bolseiros.

Teríamos assim reunidos esses estudantes portugueses que então não viriam servir apenas os seus interesses pessoais mas que constituiriam também aqui um elemento vivo de propaganda cultural portuguesa. Essa projectada academia, no meu parecer, deveria ser dirigida por um catedrático português que teria a seu cargo a cadeira da nossa cultura na Universidade de Roma.

Em complemento do exposto no parágrafo anterior, teríamos de nos esforçar para criar a licenciatura independente da nossa língua e cultura na Universidade de Roma, tal como já existe em Nápoles. Será difícil atingir-se aqui este objectivo, mas penso que tudo talvez se facilitasse se nós ligássemos o Brasil a este empreendimento.

Depois da visita de Gronchi ao nosso país irmão, o Brasil tornou-se muito popular em Itália. E enquanto dura – não será talvez por muito tempo – este favorável ambiente, seria talvez oportuno levar a Embaixada brasileira a trabalhar connosco para conseguir a licenciatura independente de estudos luso-brasileiros. [...]

A mim parece-se que a presença viva de Portugal no campo cultural, em países como a Itália, é indispensável à nossa projecção política.

A bem da Nação
Eduardo Brazão»

Ofício n.º 372 de 9 de Dezembro de 1958,
o Embaixador de Portugal em Roma ao MNE, transcrição parcial

(AHD/MNE, 2P A2 M608)

## PELA LIBERDADE DEMOCRÁTICA EM PORTUGAL

«All'Ambasciatore del Portogallo in Italia

Signor Ambasciatore,

Più di duecento studenti e giovani italiani hanno partecipato ad una manifestazione di solidarità con la giuventù portoghese e per l'amnistia ai prigionieri politici, sotto la presidenza dell'UNURI (Unione Nazionale Universitaria Rappresentativa Italiana) e con l'appoggio di tutti i movimenti antifascisti della gioventù italiana e del Comitato Italiano per l'Amnistia e le Libertà Democratiche in Portogallo.

I participanti alla manifestazione hanno avuto modo di ascoltare nemerosi oratori e di constatare che da 36 anni il Governo che Ella, Signor Ambasciatore rappresenta nel nostro paese, conduce una politica contraria alla autonomia delle associazioni studentesche, una parte delle quali era riuscita a sopravvivere fino ad oggi grazie alla lotta incessante degli studenti.

In questi due ultimi mesi, questa situazione si è straordinariamente aggravata e ha attirato la preoccupata attenzione dell'opinione pubblica europea e mondiale.

Il Governo che Ella Signor Ambasciatore rappresenta nel nostro paese, non soltanto ha proibito la commemorazione, ormai abituale, della Giornata dello Studente, non soltanto si è ostinato a impedire la formazione in Portogallo di una Unione Nazionale Studentesca – rivendicazioni del tutto legittime – Esso ha:

– Sciolto gli organi direttivi legittimamente eletti dalle associazioni studentesche portoghesi

– Sciolto gli organi direttivi di tutti le altre organizzazioni studentesche (cori, teatri, cineclub, ecc...)

– Fatto attaccare dalla polizia a più riprese gli studenti e le studentesse, molti dei quali sono stati seriamente feriti

– Fatto arrestare centinaia e centinaia di studenti, i loro familiari e anche qualche professore (1.500 persone all'Università di Lisbona il giorno 11 maggio, e 300 studenti a Coimbra il 19 maggio).

Queste arbitrarie misure di violenza hanno provocato la crisi più grave di tutta la storia dell'Unversità portoghese. Migliaia di studenti fanno da due mesi lo sciopero astenendosi dalle lezioni e dagli esami e vedono così in pericolo la prosecuzione dei loro studi universitari; il Rettore dell'Università Clasica di Lisbona, Marcello Caetano ha rassegnato le sue dimissioni, subito seguito da quatro Presidi di Facoltà; le Università di Lisbona e di Coimbra vivono circondate e occupate dalla polizia. L'Università di Lisbona ha chiuso in anticipo l'anno accademico.

I giovani delle organizzazioni giovanile antifasciste italiane presenti alla manifestazione (movimenti giovanili repubblicano, socialdemocratico, democraticocristiano, socialista, liberale, comunista e radicale; organizzazioni giovanili sindacali della CGIL, CISL, UIL; organizzazione studentesche AGI, Intesa universitaria, UGI; Comitato Gioventù Italiana aderente alla WAY; ed altre associazioni giovanili democratiche) non possono non sentirsi colpiti da questa situazione dolorosa che travaglia la gioventù del Portogallo, e solidarizzare con la lotta coraggiosa dei loro colleghi portoghesi.

Noi La preghiamo quindi, Signor Ambasciatore, di trasmettere al Governo che Ella rappresenta l'espressione della nostra più viva protesta.

A nome degli studenti e della gioventù italiana e nell'interesse di una solida amicizia fra l'Italia e il Portogallo, noi chiediamo al Governo da Lei rappresentato:

– La soppressione delle misure arbitrarie di repressione delle libertà degli studenti, di scioglimento degli organi direttivi delle associazioni studentesche e di tutti gli altri provvedimenti presi contro gli studenti

– La liberazione immediata di tutti gli studenti e degli altri giovani imprigionati in seguito ai recenti avvenimenti

– Una inchiesta e la relativa punizione dei responsabili delle violenze perpetrate dalle forze di polizia che hanno provocato tanti feriti e tanti morti, compresi quelli del primo e dell'otto maggio a Lisbona, Porto, ecc...

– L'amnistia totale per tutti gli altri prigionieri politici ed esilati de Portogallo, compresi i giovani che stanno in prigione da molti anni come il poeta Borges Coelho, gli studenti Carlos Aboim, Carlos Brito, l'ex presidente della JOC, Manuel Serra, l'ex dirigente studentesco Carlos Costa ecc...

I recenti avvenimenti e la politica arbitraria e antidemocratica del Governo portoghese hanno ferito profondamente non solo i giovani portoghesi, ma la gioventù di tutto il mondo.

L'avvenire dei buoni rapporti fra il Portogallo e l'Italia dipende dalle misure che saranno prese da questo momento per riparare le ingiustizie commesse e per giungere ad una soluzione democratica dei problemi della gioventù e del popolo portoghese.

Noi La preghiamo, Signor Ambasciatore, di mettere il Suo Governo al corrente della ripercussione che i recenti avvenimente hanno avuto sull'opinione pubblica italiana e della gravità della situazione così venutasi a creare nel nostro paese.

Noi pensiamo, Signor Ambasciatore, che Ella mettendo al corrente il Governo Portoghese della vivissima emozione creatasi in Italia per gli ultimi avvenimenti, non potrà davvero ignorare i sentimento di sdegno che anima ogni sincero democratico del nostro paese ed in particolare gli studenti e tutti i giovani, e si renderà quindi interprete del significato que questo sdegno viene ad assumere quale autentica espressione dell'animo del nostro popolo.

Con la certezza che Ella vorrà farsi interprete di quanto si è voluto sottoporre alla Sua attenzione, La preghiamo di accogliere i nostri ossequi.

L'Unione Nazionale Universitaria Rappresentativa Italiana (UNURI)

I Dirigenti i Movimenti Giovanili Antifascisti

Il Comitato Italiano per l'Amnistia e le libertà democratiche in Portogallo»

Ofício n.º 457/611, não datado,<br>
a *Unione Nazionale Universitaria Rappresentativa Italiana* (UNURI)<br>
ao Embaixador de Portugal em Roma.

(AHD/MNE, PEA M532)

## As boas relações do Embaixador Girolamo Messeri com o Estado Novo: críticas e denúncias

«*L'Unità* transporta, de uma publicação periódica da imprensa vermelha, um ataque ao Embaixador Messeri por apoiar Portugal na sua política africana. Trata-se de *Giorni: Vie Nuove*, cujo último número – diz *L'Unità* – se ocupa desta matéria, a que o órgão oficial comunista deu espaço, resumindo-a na primeira página, com um título bastante destacado a duas colunas.

O Embaixador Messeri é acusado de proteger ('*caldeggiare*') um apelo do Governo italiano, «para que, conjuntamente com os outros países da NATO, intervenha contra os movimentos de libertação nacional da África e para que concorra, sempre com os outros países aliados, para bloquear, na ONU, qualquer reconhecimento directo ou indirecto dos movimentos de libertação de Angola, Moçambique e Guiné».

O Embaixador da Itália em Lisboa é, por isto, submetido a um ataque de *L'Unità* que não o poupa no seu passado político.

O «despacho» enviado ao Governo italiano por Messeri sobre esta matéria, foi publicado na íntegra por *Giorne: Vie Nuove*. Nesse «despacho» – sempre segundo *L'Unità* – Messeri «não só se torna porta-voz do ataque do Governo fascista português ao movimentos de libertação nas colónias africanas, mas, ainda mais, faz suas as argumentações que servem seja ao Governo português, seja à pressuposta opinião pública portuguesa, para atacar a própria política da ONU na África».

Tudo vem a propósito da reunião do Conselho de Segurança em Addis-Abeba.

Messeri é ainda atacado pelos seus «violentos ataques aos regimes democráticos independentes da África com as mais vergonhosas teses racistas», que constam de tal «despacho», entre os quais ataques, *L'Unità* cita: «a conquista da independência da parte de muitos Estados ter-se-ia transformado numa sociedade criadora de crimes ('*criminogena*'); muitos países africanos

236

seriam governados por instrumentos ao serviço do comunismo internacional ou por criminosos como Sekou – Touré; os chefes dos movimentos de libertação não representam ninguém».

Extractos da imprensa italiana de 9 de Março de1972

(AHD/MNE, PEA M728)

«1. Apenas a imprensa comunista se moveu contra o Embaixador da Itália em Lisboa, todo o arco vermelho vibrou unissonantemente.

Ainda ontem, após a publicação do documento 'cifrado e secreto' pela imprensa comunista (*Giorni: Vie Nuove*, comentado em *L'Unità*) se fizeram ouvir as vozes de Giancarlo Pajetta e alguns outros deputados comunistas, interrogando o Presidente do Conselho, Andreotti, e o Ministro dos Negócios Estrangeiros, Moro, «para saberem se não concordam em exonerar imediatamente do seu cargo de representante da República Italiana, nascida da resistência antifascista, o Embaixador em Lisboa, Girolamo Messeri, autor de uma inqualificável nota diplomática publicada pelo periódico *Giorni – Vie Nuove*, na qual se patrocina com uma quente terminologia de tipo racista, colonialista e fascista, um apelo do Governo fascista de Lisboa ao Governo italiano, para que a Itália, juntamente com os outros países da NATO, intervenha na ONU e em todas as outras assembleias (*sedi*), para bloquear qualquer iniciativa dos movimentos de libertação africanos de Angola, Moçambique e da Guiné-Bissau; e para saber se não achem seu dever levar o assunto ao conhecimento do Parlamento, pondo toda a correspondência diplomática do Senhor Messeri à disposição da Comissão de Assuntos Externos, a fim de que ela seja examinada em sessão privada».

Os comunistas querem ainda que o Governo italiano faça chegar às mãos do «Governo fascista» de Lisboa «uma categórica (*'precisa'*) resposta ao 'apelo' de que resulte 'inequivocamente' que a Itália não está disponível para vergonhosas operações colonialistas».

O assunto foi imediatamente aproveitado pelos socialistas, cujo chefe dos seus serviços externos, De Pascalis, distribuiu imediatamente à imprensa uma declaração, pedindo um desmentido, «que de resto seria impossível», e, então, pedir a substituição do Embaixador italiano em Lisboa.

(De Pascalis, tremendo inimigo que em todas as oportunidades se manifesta contra Portugal, no seu Governo e no seu regime, é aquele socialista que chefiou uma comissão de esquerdistas italianos idos a Portugal para «fiscalizarem» as últimas eleições políticas e que tanto se intrometeram na nossa vida interna, que tiveram de ser expulsos do nosso país).

O *Avanti* de hoje traduz o eco de tudo isto no título a quatro colunas, em quem em tom imperativo, diz: «Exonerar imediatamente o Embaixador em Lisboa». O texto transcreve alguns trechos da nota de Messeri publicada por *Giorni: Vie Nuove*, chama ao Embaixador «*indigno*» e refere-se a um encontro de Messeri com o nosso Director-geral dos Assuntos Políticos, S. Ex.ª Embaixador Caldeira Coelho, que é também citado (por meio de uma fotocópia de uma nota de Messeri, enviada à Farnesina) como se vê no semanário comunista *Giorni: Vie Nuove*.

*Paese Sera* refere-se ao assunto com um título achincalhante que é este: «O Embaixador Messeri: viva o colonialismo».

*Il Tempo*, numa linguagem moderada, deixa perceber o seu espanto pelo facto de um documento como aquele ter chegado «por vias misteriosas» a um semanário do Partido Comunista.

Todavia, não se pode dizer que haja na notícia publicada por este jornal que tão amigo tem sido nosso, comentário algum, directo, a nosso favor.

A notícia pretende ser objectiva, embora sejam salientadas passagens da nota de Messeri que nos favorecem, como a transcrição da que diz respeito a uma declaração do Presidente da Corte Suprema da Costa do Marfim sobre «sociedades criadoras de criminalidade» (países da África negra de recente independência) e sobre o facto de «os chefes dos chamados movimentos insurrecionais não representarem nada nem ninguém».

O referido jornal apresenta a matéria na segunda página, em posição central, e dá-lhe títulos a três colunas assim redigidos: «Divulgados pelos comunistas uma nota da Farnesina – trata-se de um documento sobre as colónias portuguesas redigido pelo nosso Embaixador em Lisboa, Messeri, chegado por vias misteriosas a um semanário do Partido comunista».

O semanário em questão (*Giorni: Vie Nuove*) ostenta um título em que salienta que a matéria lhe foi fornecida em carácter «exclusivo» e não esconde que o assunto foi transmitido em cifra e com a nota de secreto pelo Embaixador em Lisboa.»

Extractos da imprensa italiana de 10 de Março de 1972

(AHD/MNE, PEA M728)

«No *Giornale d'Italia* da tarde de ontem, o seu director Alberto Giovannini, veio à estacada com um comentário central, na primeira página, metido entre vinhetas, como a apontá-lo à opinião pública num rectângulo de três colunas, a propósito do caso Messeri. E diz: «Sob o entulho deste nosso Estado, é agora possível tudo e o contrário de tudo. A livre circulação das ideias é um crime, e a opinião é culpa, quando não coincidem com os interesses e a prepotência das esquerdas». É agora praxe judiciária que todo o processo tenha, como natural corolário, um contra-processo, posto em pé pela imprensa social-comunista a qual encontra depois, quase sempre, magistrados complacentes e dispostos a abraçar as suas teses; assim é costume que documentos ou relatórios de funcionários do Estado «fujam» dos arquivos em que são conservados para irem parar nas folhas da extrema-esquerda».

E, partindo deste preâmbulo, Giovannini «chega» a Lisboa.

«Não é de ninguém se admirar – diz – que também uma informação do nosso Embaixador em Lisboa tenha aparecido na revista comunista *Giorni: Vie Nuove*, oferecendo a oportunidade a *L'Unità* e ao *Avanti* para desencadearem uma ofensiva insolente e violenta contra o diplomata «reaccionário». E isto porque ele «assinalou ao Ministro a verdadeira situação das colónias portuguesas, o autêntico vulto «criador de crimes» dos chamados movimentos de libertação, temidos e repelidos pelos próprios nativos, e o estado de ânimo do Governo português em relação à ONU e, por isso, aos países (entre os quais a Itália) que nela participam».

E depois de lembrar que é a função do Embaixador informar o Ministro, livres cada um deles de avaliar o caso comunicado nas suas práticas consequências, Alberto Giovannini dirige-se especialmente ao socialista De Pascalis (de quem na resenha de ontem lembrei o passado em relação a Portugal) com estas palavras: «Responsável pela Secção Internacional do PSI (não obstante o seu turvo passado de «fuzilador» e «massacrador» do povo italiano, qualificativos que lhe dizem respeito, já que em 1945 era companheiro de Almirante, (agora acusado em Reggio Emilia (feudo comunista) de fuzilador e massacrador).

De Pascalis, como ontem apontei no meu serviço, pediu a imediata substituição do Embaixador, já que «um desmentido do Ministro seria impossível», e uma também imediata «revisão profunda» das representações diplomáticas da Itália.

A isto observa o jornalista: «É claro que se as substituições dos embaixadores devessem acontecer como consequência de «fuga» de documentos diplomáticos da Farnesina, a «revisão» chegaria, em pouquíssimo tempo, à célula comunista e ao núcleo socialista do Ministério dos Estrangeiros, aos quais não faltariam, de certo, os instrumentos necessários para se apoderarem, tendo-os entre mãos, dos documentos reservados e torná-los públicos». E ironicamente: «Tanto mais que, entre os militantes destes grupos ideológico-ministeriais não faltariam, provavelmente, «companheiros» (termo social-democrata) de segura fé, prontos a tomar o posto do diplomata liquidado. Seria o modo de unir o útil ao agradável à custa dos interesses da Itália».

Para os sociais-comunistas – observa o jornalista – «o que convém são embaixadores misto de «agitprop» e conspiradores, servindo-se da imunidade diplomática, empenhados unicamente em fomentar dificuldades (más relações) entre o nosso país e aquele em que estamos acreditados», e isto sem prestígio para o Estado italiano, cujos interesses não são puramente ideológico, mas económicos e estratégicos».

E termina assim: «E pois que discutimos sobre Portugal, é talvez oportuno acrescentar que, se o De Pascalis, antes de abrir a boca para arrancar os rins ao iníquo regime de Lisboa, se dirigisse a Nenni, este ter-lhe-ia podido recordar que, quando os pesquisadores italianos foram sequestrados (e em parte massacrados com as armas fornecidas pelos países democráticos) pelos «libertadores» da África Negra, foi possível salvar os sobreviventes, graças à intervenção determinante do Governo português que, precisamente, por força da política colonial que as esquerdas quereriam destruir para vantagem dos massacradores tribais, tem ainda um prestígio entre a gente africana».

(Obs: Pietro Nenni era o Ministro dos Negócios Estrangeiros da Itália, no tempo dos acontecimentos no Biafra, quando se deram os casos referidos).


*L'Unità* é o único jornal desta manhã (ainda não chegaram os de Milão e Turim) que se ocupa do caso Messeri e ainda na primeira página. É, todavia, relativamente pequeno o espaço que lhe concede (cinco centímetros de suas colunas e com um título de caixa menor). Ele pergunta: «Quando será Messeri destituído?» E, em subtítulos sem relevo, aponta: «O honorável (é deputado) Bernassola afirma que a Democracia-Cristã é «solidária» com os movimentos africanos de libertação – ignóbil campanha salazarista das direitas».

O comentário do *Giornale d'Italia* referido acima pôs engulhos na garganta do jornal comunista que o menciona entre o cepticismo com que acolhe a declaração do «honorável» Bernassola, a ponto de perguntar: «A Democracia-Cristã é verdadeiramente solidária «activamente» com os movimentos de libertação? Demonstre-o com os factos.

Na verdade, a declaração de Bernassola é referida pelo órgão oficial da Democracia-Cristã, *Il Popolo*, o qual, por outro lado, não se ocupou ostensivamente do caso Messeri, até agora. Bernassola diz, na sua nota, que fala em nome da Democracia-Cristã e afirma que ela está em estreito contacto com Agostinho Neto, Marcelino dos Santos, Ivo Carreira e Manuel Jorge, cujos movimentos apoia ao mesmo tempo que apoia toda «a oportuna iniciativa das Nações Unidas em favor dos direitos da gente de cor».»

Extractos da imprensa italiana de 11 de Março de 1972

(AHD/MNE, PEA M728)